LE BOUDDHA

CHEMINS D'ÉTERNITÉ

Collection dirigée par Olivier Germain-Thomas

Ouvrages du même auteur
sur la spiritualité

Satori, dix ans d'expérience avec un maître zen, nouv. éd., « Spiritualités vivantes », Albin Michel, 1984.

Les maîtres spirituels, Bordas, 1988.

Alexandra David-Neel, Aventure et spiritualité, 2e éd., Albin Michel, 1991.

Les hauts lieux de la spiritualité en Europe, Bordas, 1992.

Zen et Occident, « Spiritualités vivantes », Albin Michel, 1992.

Histoire de la chrétienté d'Orient et d'Occident (406-1204), Albin Michel, 1995.

Les maîtres zen, Bayard Éditions, 1996.

L'Arbre et l'Éveil. Entretiens avec Jean Biès. « L'Expérience intérieure », Albin Michel, 1997.

JACQUES BROSSE

LE BOUDDHA

Pygmalion
Gérard Watelet
Paris

DANS LA MÊME COLLECTION

SAINT FRANÇOIS DE SALES
par François Angelier

SAINT PAUL
par Gérard Leclerc

Sur simple demande adressée aux
Éditions Pygmalion/Gérard Watelet, 70, avenue de Breteuil, 75007 Paris,
vous recevrez gratuitement notre catalogue
qui vous tiendra au courant de nos dernières publications.

ISBN 2-85704-519-0

À S.D. Fa-Kan

« La connaissance que j'ai acquise est profonde, difficile à comprendre, paisible, au-delà du raisonnement, seulement accessible aux sages, mais l'humanité prend plaisir à la satisfaction du désir, elle s'en réjouit, elle se complaît dans l'agitation. La connaissance est éloignée d'elle, comment la souhaiterait-elle, puisqu'elle ne recherche pas l'apaisement, qu'elle ne veut renoncer ni à l'attachement ni à la convoitise ? »

Le Bouddha Shākyamuni.

Prologue

Depuis qu'il a pris pied en Occident, on ne peut plus considérer le bouddhisme comme une religion exotique qui nous demeurerait étrangère. Non seulement des penseurs s'y réfèrent fréquemment, mais un nombre croissant de nos contemporains sont aujourd'hui des pratiquants, voire des moines. L'approche du bouddhisme n'est cependant pas facile selon nos catégories mentales, nos critères de jugement. Peut-on même parler de religion ? Certainement pas, si l'on compare le bouddhisme aux religions monothéistes, puisqu'il ne possède ni dogme ni Église instituée, et repose non sur des croyances mais sur l'expérience personnelle de chacun. On pourrait plus justement le définir comme une ascèse fondée sur la méditation, comme un mode de pensée et de vivre différent, dont le but serait la délivrance.

Telle est son originalité propre qui découle des prédications du Bouddha Shākyamuni (VIe-Ve siècles av. J.-C.). Il convient donc d'exposer tout d'abord cet enseignement fondamental, encore qu'on ne puisse le pénétrer vraiment que par la pratique de la méditation. C'est pourquoi tant d'ouvrages occidentaux sur le bouddhisme sont d'ores et déjà périmés. Leurs auteurs, pour savants qu'ils soient, n'ont le plus souvent de lui qu'une vue extérieure, toute intellectuelle ; ils ne s'appuient pas sur une vérification personnelle, pourtant indispensable.

L'auteur du présent ouvrage est moine zen et enseigne le bouddhisme depuis vingt ans. De ce fait, il a dû, sans le déformer, adapter aux besoins et à la compréhension de ses auditeurs un enseignement parfois ardu, et les aider à résoudre les difficultés qu'ils rencontraient. Il s'est donc efforcé de rendre son exposé aussi clair, aussi simple que possible, tout en mettant dans un souci d'authenticité le lecteur en contact direct avec les textes fondateurs.

Du fait que la doctrine n'a jamais été fixée une fois pour toutes, à travers le temps le bouddhisme n'a cessé d'évoluer. S'il est toujours resté fidèle à l'enseignement originel du Bouddha Shākyamuni [1], celui-ci a donné lieu à de nombreux commentaires et à des interprétations parfois divergentes. De plus, se répandant dans toute l'Asie, le bouddhisme a dû s'acclimater selon des mentalités différentes, assimiler des éléments hétérogènes, ce qui a engendré des écoles nationales, en apparence dissemblables. Bien qu'unique en son principe, le bouddhisme est donc multiple en ses développements.

Il convenait enfin de présenter la situation actuelle du bouddhisme dans le monde et d'évoquer les étapes de sa récente percée en Occident, avant de conclure sur ce qu'il peut aujourd'hui nous apporter.

---

1. Les voyelles surmontées d'un accent plat se prononcent avec une légère accentuation.

1

La vie du Bouddha Shākyamuni

Bouddha est un mot sanskrit, il vient de *Bodhi* qui signifie « l'Éveil ». L'Éveil est la révélation de la connaissance suprême, la compréhension parfaite qui, seule, permet d'échapper au cycle des naissances et des morts, dans lequel nous sommes tous enfermés, et de parvenir à la délivrance finale, le *nirvāna*. Bien que tout homme soit potentiellement un « Éveillé », la réalisation de cet état suppose un très long cheminement préalable à travers d'innombrables vies antérieures.

Si Shākyamuni, le Bouddha historique, est le seul dont on connaisse la vie et l'enseignement, il aurait été, selon la tradition, précédé de six autres Bouddhas censés avoir vécu sur terre dans un très lointain passé. Shākyamuni aura lui-même un successeur encore à venir, Maitreya, le « Miséricordieux », incarnation de l'amour universel.

En naissant, Shākyamuni n'était encore qu'un Bodhisattva, un « être éveillé » en marche vers la délivrance. Il ne devint un Bouddha que lors de son Éveil ultime et définitif (*sambodhi*) au pied de l'arbre de la *Bodhi* à Bodhgayā. Il s'y était préparé au cours de vies antérieures si nombreuses qu'elles se déroulèrent, est-il précisé, pendant « quatre-vingt-onze ères cosmiques » (*kalpa*), c'est-à-dire durant un temps inimaginable. Alors qu'il n'était encore qu'un ascète nommé Sumedha, il aurait affirmé devant son maître, le Bouddha Dīpamkara (« Celui qui allume la lampe »), le plus ancien Bouddha dont le nom soit connu, sa certitude de devenir un jour lui-même un Bouddha, ce que confirma Dīpamkara, lequel prophétisa qu'il le serait sous le nom de Gotama ; le nom de naissance de Shākyamuni fut en effet Siddhārtha Gotama.

L'ascète Sumedha était lui-même l'héritier de vies sans nombre, au cours desquelles il avait expérimenté tous les modes d'existence possibles. Tout être vit cette lente maturation, dont le fruit est l'Éveil, passant par toutes les étapes du *samsāra*, la « perpétuelle errance », la « transmigration », où chaque existence est déterminée par le *karma* accumulé lors des précédentes, jusqu'à ce qu'il atteigne le *nirvāna*. Le parcours du futur Bouddha est présenté comme un modèle dans le recueil extrêmement populaire des « histoires de naissances », les *Jātaka*. On l'y voit pratiquer la parfaite compassion en s'offrant lui-même en sacrifice jusqu'à son avant-dernière existence qui le fit naître dans le ciel des *Tushita* (les « Satisfaits », les « Joyeux »), d'où il redescendit sur terre pour son ultime incarnation.

Le contexte religieux et culturel

De l'existence historique du Bouddha Shākyamuni, nous ne connaissons somme toute que fort peu de chose [1]. Les plus anciens textes bouddhiques répondaient à une préoccupation tout autre : mettre par écrit un enseignement transmis jusqu'alors oralement, recueillir la doctrine afin de la diffuser. C'est seulement environ trois siècles après la mort du Bouddha que l'on commença à rassembler les éléments d'une « biographie », auparavant dispersés dans différents *sūtra* [2], ou fondés sur la tradition orale.

Les plus connues de ces « vies » sont le *Mahāvastu* (« le Grand Événement »), datant du début de notre ère [3], le *Lalitavistara* (« présentation détaillée du Jeu »), dont la composition anonyme se situe entre le IIe siècle avant et le IIe siècle après J.-C., et le *Buddha Charita* (« la carrière du Bouddha »), dont l'auteur, Ashvagosha, poète et philosophe indien bien connu, vécut aux Ier-IIe siècles de notre ère. Le titre du *Lalitavistara* indique son orientation : la vie du Bouddha y est présentée comme un jeu cosmique, le jeu cosmique lui-même, tandis que le *Buddha Charita* prétend donner une biographie complète, de la naissance à l'extinction ultime et définitive (le *Parinirvāna*) ; c'est cependant une œuvre poétique, tout aussi légendaire, qui contribua beaucoup à répandre un culte dévotionnel pour la personne du Bouddha [4].

---

1. Même les dates de sa naissance et de sa mort demeurent conjecturales. Si la tradition est unanime en ce qui concerne la durée de son existence : quatre-vingts ans, elle admet deux chronologies possibles : 566-486 av. J.-C., ou 448-368 av. J.-C. Les orientalistes modernes considèrent comme la plus vraisemblable la première, celle que nous adoptons ici.

2. En particulier, les *Dīgha Nikāya* et les *Majjhima Nikāya* du *Sutta Pitaka*, la seconde « corbeille » du Canon pāli (*Tripitaka*, les trois corbeilles), le plus ancien et le plus complet des recueils des Écritures bouddhistes.

3. Œuvre composée au sein de l'École du *Theravāda*.

4. La nature de ces « documents » conduisit même naguère certains érudits à nier jusqu'à l'existence historique du Bouddha Shākyamuni, attitude hypercritique depuis longtemps abandonnée.

Quelles que soient les réserves que puisse faire un érudit occidental au sujet de ces sources essentielles, sans elles on ne peut retracer une vie du Bouddha qui soit réellement ce qu'elle fut : un modèle et un enseignement. Il importe toutefois de vérifier point par point que ce qu'elles avancent ne soit pas contredit par les données historiques, d'en exclure les amplifications oratoires, ainsi que les manifestations quelque peu féeriques de l'invisible. Si la vie du Bouddha Shākyamuni fut une aventure exceptionnelle, elle n'en fut pas moins humaine, donc soumise à des conditions définies de temps et de lieu. La démarche du Bouddha s'inscrit dans l'histoire de l'Inde gangétique des VIe-Ve siècles. Si elle se dégage des mouvements de pensée qui l'animaient, elle les reflète aussi.

Au milieu du VIe siècle, époque de la naissance du futur Shākyamuni, la société indienne qui peuplait le bassin du Gange se trouvait déstabilisée. Commençaient alors à se constituer de grands royaumes qui absorbaient progressivement les petites principautés fondées sur les clans et les liens familiaux. Une urbanisation croissante engendrait à la fois une élite cultivée et une extrême misère. La religion elle-même traversait une crise profonde. Les anciens usages védiques s'étaient peu à peu vidés de leur substance. Le brahmanisme dominant avait réservé à la classe des prêtres, les brahmanes, le monopole des actes religieux : eux seuls adressaient leurs louanges aux nombreuses divinités (les *deva*) ; eux seuls accomplissaient les sacrifices destinés à se les concilier et à obtenir pour les membres de la communauté les bienfaits de l'existence : santé, prospérité et immortalité.

Si, parmi les brahmanes, il existait de saints hommes, beaucoup se montraient avides et arrogants. Les sacrifices, bases de la vie religieuse, agissaient d'une manière mécanique, en quelque sorte contraignante à l'égard des *deva*. Aussi, certains spiritualistes commençaient-ils à mettre en doute leur validité. De ces sacrifices étaient d'ailleurs seuls véritables bénéficiaires les riches, capables de verser aux brahmanes d'importants honoraires, ce qui leur permettait d'espérer traverser dans les meilleures conditions le *samsāra* (la « migration »), la série indéfinie des existences successives ; la transmigration de vie en vie était en effet de croyance courante. Quant aux autres, ils étaient voués à renaître encore dans des conditions misérables.

Les brahmanes étaient placés au sommet d'une hiérarchie sociale rigide. Elle comprenait trois autres classes (*varna*, littéralement « couleur »). Aux *kshatriya*, princes et guerriers, incombait le maintien de l'ordre social ; les *vaishya*, dénommés aussi les « ravitailleurs », comprenaient les paysans, les éleveurs et les commerçants. Les membres de ces trois premières classes étaient appelés « deux fois nés » (*dvīja*), ce que n'étaient pas les *shūdra*, ouvriers et serviteurs, inexistants en tant que personnes.

Dans les deux classes des *kshatriya* et des *vaishya*, se développait au VIe siècle une sourde protestation qui visait moins l'ordre établi que les insuffisances de la vie spirituelle telle que l'avaient conçue leurs ancêtres. « Ceux qui en prirent le plus nettement conscience furent les brahmanes pauvres, les petits nobles à demi exilés dans les marches frontières de l'Inde civilisée. Ceux-ci avaient en effet le loisir de penser et, de plus, ils avaient reçu dans leur adolescence une éducation qui avait formé et informé leur esprit quant aux choses de la religion. Ce n'est certes pas par hasard que deux des plus grands mouvements de pensée qui prirent leur essor à ce moment, le bouddhisme et le jaïnisme, aient eu précisément pour promoteurs des hobereaux nés à l'extrême limite du territoire où florissait la civilisation brahmanique, l'un au pied même de l'Himālaya, l'autre plus à l'est, aux confins du Bengale [5]. »

Les plus intrépides de ces chercheurs de vérité étaient les ascètes, les *shramana* (« ceux qui font des efforts »). Les uns erraient de village en village, mendiant leur nourriture ; les autres s'établissaient dans quelque grotte ou sous des huttes de feuillage dans la forêt et y vivaient de cueillette. Certains vagabondaient, le corps nu couvert de cendre, et hantaient les lieux de crémation. Il y avait certes parmi eux des individus suspects, des charlatans, des demi-fous, et même des criminels qui ainsi se cachaient ; mais beaucoup plus nombreux étaient les hommes sincères, épris d'absolu, qui, ayant tout quitté, cherchaient obstinément à résoudre par eux-mêmes le grand mystère de l'existence humaine. Les *shramana* provenaient principalement des villes, où étaient remises en question les anciennes croyances et où le spectacle de l'opulence croissante des uns et de la misère toujours plus sordide des autres les avait scandalisés. S'ils appartenaient à tous les milieux, ils avaient choisi de ne plus en avoir aucun, ayant délibérément abandonné toute identité sociale. Le peuple respectait ces saints hommes, mais surtout en raison des pouvoirs magiques qu'ils étaient censés posséder. La plupart des *shramana* pratiquaient le Yoga en tant que technique de libération [6].

Lorsqu'ils se rencontraient, ils en profitaient pour échanger leurs idées et discuter sur les grandes questions. Tous admettaient l'interminable transmigration à laquelle ils voulaient échapper, et la plupart d'entre eux le fait que ce processus était lié au *karma*, mot qui signifie littérale-

5. A. Bareau, *Bouddha*, Paris, 1962, p. 10.

6. Le mot *Yoga* (le « joug ») désignait toute recherche spirituelle visant l'union mystique avec Dieu. Tous ceux qui s'y adonnaient s'appelaient des « yogi ».

ment « acte », et en désigne les conséquences proches ou lointaines, positives ou négatives, tout *karma* présent engendrant un *karma* futur, c'est-à-dire une nouvelle existence qu'il détermine et conditionne. Dans leur recherche, qui avait une orientation nettement métaphysique, se manifestait une très grande indépendance de pensée par rapport au brahmanisme. Déjà parmi eux circulaient les toutes premières *Upanishads* [7]. Pour elles, la délivrance ne pouvait résulter que de la prise de conscience de l'identité de l'*ātman*, le Soi véritable et immortel de l'homme, et du *Brahman*, l'Absolu impersonnel, et de sa fusion avec lui. L'indéfinissable *Brahman* peut être considéré comme la substance divine, qui soustend l'univers entier et qui est immuable, éternelle, absolue. Il est la Réalité suprême, Être, Conscience et Félicité (*Sat-chit-ānanda*). De ce fait, l'*ātman* qui lui correspond en l'homme n'est plus seulement l'« âme », mais la présence au plus profond de chacun du « Soi » universel, qui ne se révèle et ne se développe que dans les exercices spirituels, tels ceux du Yoga.

En revanche, l'accord n'existait plus parmi les *shramana*, lorsqu'il s'agissait de définir la nature foncière de l'être humain. Y avait-il une survie ? S'il y en avait une, qui survivait, transportant dans une nouvelle existence ce produit du *karma* ? Sur ce point, les avis différaient du tout au tout. Selon leurs opinions, les *shramana* se divisaient en quatre groupes principaux. Les matérialistes niaient qu'il existât autre chose que l'esprit propre à chacun qui se dissolvait après la mort ; toute idée de renaissance, de progression spirituelle et de délivrance, n'avait

---

7. Textes inspirés et anonymes, en prose ou en vers, ou plus souvent en prose mêlée de vers, constituant le *Vedānta*, la « fin » du *Vēda*. Ils étaient en effet récités à la fin de l'énoncé solennel du *Vēda*. Par la suite, le mot *Vedānta* en vint à signifier « l'aboutissement » du *Vēda*.

donc pour eux aucun sens. Ils se contentaient de mener une vie sobre et équilibrée et y trouvaient sagement tout leur plaisir. L'attitude des sceptiques était moins radicale, plus nuancée. Fuyant les disputes religieuses et philosophiques qu'ils estimaient parfaitement vaines, afin de préserver la paix de leur esprit, ils tenaient que, sur les questions essentielles, toute connaissance était impossible. Il est à remarquer que deux des principaux disciples du Bouddha, Shāriputra et Mahāmaudgalyāyana, son ami d'enfance, tous deux d'origine brahmanique, avaient d'abord été des sceptiques.

À l'extrême opposé, se situaient *ajīvaka* et *jaïns*. Les *ajīvaka* soutenaient que *niyati*, le « destin », puissance impersonnelle, était le maître de tout être, de toute chose. Il déterminait les actes de chacun, ce qui excluait le principe même du *karma*. C'était *niyati* seul qui faisait évoluer les êtres des formes les plus basses de l'animalité jusqu'à l'être humain, et de l'homme ordinaire à l'ascète *ajīvaka*, lequel n'aspirait plus qu'à sa propre dissolution et se laissait souvent périr d'inanition. Les *ajīvaka* pratiquaient un ascétisme extrêmement sévère.

Si les *ajīvaka* n'ont guère laissé de trace durable, il en va tout autrement des *jaïns*, toujours présents dans l'Inde d'aujourd'hui [8]. Ils furent constitués en communauté religieuse par Vardhamāna, le *Mahāvīra*, contemporain exact du Bouddha. Mais le *Mahāvīra* (le « grand héros ») n'était lui-même que le dernier des vingt-quatre *Tīrthankara* (« celui qui prépare le gué »), ou *Jina* (« héros » ou « triomphateur »). Si les *Tīrthankara* sont donnés pour avoir appartenu à un passé extrêmement lointain, le prédécesseur du *Mahāvīra*, qui aurait vécu deux cent cinquante ans avant lui, fut un personnage his-

8. Ils sont actuellement plus de deux millions et vivent surtout dans l'ouest de l'Inde.

torique, objet d'un culte fervent. La vie de Vardhamāna présente des analogies frappantes avec celle de Shākyamuni. À l'âge de trente ans, il quitta la vie de famille pour devenir ascète errant et eut la révélation de l'« omniscience », une nuit d'été, au bord du Gange [9]. Il prêcha ensuite de place en place, respecté par les princes et rassemblant les foules, n'ayant de séjour fixe que durant les trois mois de la saison des pluies. Lui et ses onze grands disciples furent parmi les premiers à s'opposer aux prétentions des brahmanes d'être les seuls détenteurs de la vérité. On peut s'étonner que ces deux prédicateurs, qui parcouraient les mêmes régions au même moment et s'adressaient aux mêmes auditoires, ne se soient jamais rencontrés. « Peut-être, conclut un spécialiste du jaïnisme, ont-il évité de le faire parce qu'ils avaient le sentiment d'avoir des opinions trop différentes [10] ». À propos du jaïnisme et du bouddhisme, on a parlé de « frères jumeaux ». C'est vrai, mais ces jumeaux se sont constamment tourné le dos.

Leurs doctrines s'opposaient sur un point fondamental. Tous deux niaient l'existence d'un *ātman* indivisible et immortel, unique et universel [11]. Mais, pour les jaïns, cette négation de l'*ātman* n'était que relative. Ils admettaient en effet l'existence d'un principe vital, propre à chacun et individuellement distinct, le *jīva* (de *jīv*, « vivre »), qui « anime » tout être et toute chose. Le Bouddha était beaucoup plus catégorique : l'être individuel était *anātman*, il n'existait pas en soi, ne résultant que de la réunion provisoire de cinq éléments, les *skandha*. Pour

---

9. Selon la tradition, cet « éveil » se situerait en 527, soit quatre ans avant celui du Bouddha.

10. W. Schubrig, « Le Jaïnisme », dans les *Religions de l'Inde*, III, Paris, 1966, p. 252.

11. « Ishvara est la forme suprême que l'esprit humain peut donner à l'Absolu » (donc au Brahman) (Vivekānanda).

les jaïns, le *jīva* incarné est soumis au *karma* : « Seul, le *karma* l'oblige à être là où [il] est ; s'il disparaît totalement, [il] monte au sommet du monde [12]. » Le but du jaïn est donc de délivrer le *jīva* du *karma* au moyen d'une ascèse stricte et du respect absolu de toute vie, *ahimsā*, la « non-violence » poussée jusqu'aux plus minutieux détails. Il faut s'abstenir totalement de tuer, ne serait-ce qu'un insecte, acte qui, même involontaire, produit du *karma* négatif. Ce respect de toute vie, cette compassion, sont aussi caractéristiques du bouddhisme. Sinon dans leur principe, du moins dans leurs applications, jaïnisme et bouddhisme sont en réalité très proches.

Les auteurs n'ont pas manqué de souligner qu'à la même époque, mais en Grèce, et particulièrement en Ionie, régnait une effervescence intellectuelle intense, à bien des égards comparable à celle qui agitait l'Inde, « un amour de la discussion, de la spéculation intellectuelle pure qu'on ne trouve guère développé à un tel point qu'en Grèce et dans l'Inde. Dans ces entretiens comme dans les méditations solitaires, l'esprit des sages s'aiguisait, leurs doctrines s'édifiaient peu à peu, les opinions les plus diverses, les plus hardies prenaient corps, et ce premier jaillissement de la pensée indienne à l'aube de son histoire, dans cette complète liberté, dans cette magnifique anarchie spirituelle, est en tous points comparable à celui qui, au même moment, illuminait le ciel de l'Hellade [13] ». Si l'on adopte les dates traditionnelles du Bouddha (566-486), il aurait en effet été contemporain de Pythagore de Samos (580-493), de Parménide d'Élée et de Xénophane de Colophon (v. 580-490), enfin d'Héraclite d'Éphèse (540-480). On a moins remarqué [14]

12. W. Schubrig, *op. cit.*, p. 264.
13. A. Bareau, *op. cit.*, p. 11.
14. Sauf J.L. Borges dans *Qu'est-ce que le bouddhisme ?* trad. fr., Paris, 1979, p. 27.

qu'un élan du même ordre animait au même moment la Chine. Confucius (551-479) et, s'il a eu une existence historique, le mystérieux Lao-tseu (570-490) sont eux aussi les contemporains de Shākyamuni, vivant eux-mêmes dans une époque profondément troublée, celle des « Royaumes combattants ». Ils se sont référés, tel le Bouddha, à l'ancienne tradition perdue, le premier, Confucius, pour tenter de rétablir l'harmonie (cosmique) dans l'État comme dans l'homme, le second, Lao-tseu, plus radicalement encore, afin de restaurer en l'homme, perturbé par le progrès technique et les institutions nouvelles, la « vertu naturelle », prise ici au sens premier du latin *virtus* (de *vir*, l'homme), la force, l'énergie (en sanskrit, *vīrya*), en conformité avec l'ordre universel, avec l'énergie primordiale, le *Tao*. Un millénaire environ après le Bouddha historique, bouddhisme et taoïsme se rencontreront en Chine et l'École bouddhiste chinoise du *tch'an* (en japonais, *zen*) résultera de ces rapprochements. De telles concomitances, à priori inexplicables, font du VIe siècle celui de la naissance de la philosophie, au sens d'amour – et de recherche – de la sagesse, mais aussi de connaissance de l'homme par lui-même.

Siddhārtha Gotama

Celui qui, à sa naissance, reçut ce double nom : Siddhārtha, « celui qui atteint son but » et Gotama, « le meilleur d'entre les bovidés », nom clanique faisant allusion aux troupeaux, source de richesse, possédés par les Shākya, naquit vers 566 av. J.-C. [15] à Kapilavastu, modeste capitale d'un minuscule État du Téraï népalais, au pied

15. Cette date a naturellement fait l'objet d'interminables controverses. Elle est adoptée aujourd'hui par la plupart des historiens.

des premiers contreforts de l'Himalaya, près de l'actuelle frontière indo-népalaise, à 240 kilomètres au nord de Bénarès, la ville sainte. Il appartenait à la classe noble des Shākya, dont son père, Shuddodana, était le chef. Sa mère, Māyā, serait morte peu après sa naissance et le petit Siddharta fut élevé par la sœur de sa mère, Mahāprajāpatī, devenue, suivant l'usage, la seconde épouse de Shuddodana.

Nul ne doute que le jeune Siddhārtha possédait tous les dons : les textes vantent non seulement sa précoce et prodigieuse intelligence, mais son extraordinaire habileté dans tous les exercices physiques. Toutes les femmes s'éprenaient de lui. À l'âge de seize ans, il épousa la jeune Yashodarā. La vie de Siddhārtha fut d'abord celle de tous les princes héritiers de son temps. Les textes décrivent complaisamment ses trois palais, les musiciennes qui charmaient ses loisirs, les mille distractions qui faisaient de sa vie une existence toute de luxe et de volupté. Son père, qui le choyait, veillait à lui procurer « constamment les plaisirs des cinq sens ». Il y avait intérêt, car, lors de la naissance de son fils, les devins consultés avaient prédit pour celui-ci une destinée tout à fait hors du commun : il serait soit un souverain universel (*chakravartin*), soit un Éveillé, un Bouddha. Et, bien sûr, Shuddodana, comme tous les pères, avait choisi pour lui ce qui lui semblait le sort le plus enviable.

De crainte qu'il ne connût trop tôt les dures réalités de l'existence, il avait donné l'ordre que, lors des promenades du prince, tout spectacle déplaisant lui fût épargné. Cependant, un jour, l'inévitable se produisit.

Les quatre rencontres

Siddhārtha fit atteler son char pour aller se promener. Il sortit par la porte orientale de la ville. Là, il vit par hasard un vieillard à la tête blanche, au dos voûté, qui, appuyé sur un bâton, marchait avec peine. « Quel est cet homme ? demanda-t-il à son cocher. – C'est un vieillard. – Qu'appelle-t-on un vieillard ? – On l'appelle ainsi parce qu'il n'a plus longtemps à vivre. – Mais alors, bon cocher, deviendrai-je moi aussi un vieillard ? N'échapperai-je pas à ce sort ? – Vous et moi en sommes menacés. » Siddhārtha fit faire demi-tour à l'attelage et, accablé, rentra au palais [16].

Quelque temps après, le prince commanda qu'on lui prépare son char. Il sortit cette fois par la porte sud et, tout aussitôt, aperçut un homme qui, amaigri, affaibli, s'appuyait contre une porte et respirait avec peine. Il interrogea son cocher : « Quel est cet homme ? – C'est un malade, seigneur. – Qu'appelle-t-on un malade ? – Un homme qui souffre et dont la vitalité s'épuise. – Tomberai-je moi aussi malade ? Ce sort ne me sera-t-il pas épargné ? – Vous comme moi y serons soumis. » Siddhārtha revint dans son palais plus triste encore.

Lors de sa troisième sortie, par la porte occidentale, le jeune prince rencontra un cortège funèbre. Le mort était porté sur une civière que suivaient ses parents affligés et gémissants. « Quel est cet homme, s'informa Siddhārtha. – C'est un mort. – Qu'appelle-t-on un mort ? – Celui qui a terminé ses jours, seigneur. Son souffle a cessé, son esprit s'en est allé, abandonnant son corps vide. Il est à jamais séparé des siens. – Conduis-moi près de lui. » Et

16. Tout ce récit s'inspire directement du *Dīgha Nikāya*, 14 (trad. angl.). T.W. et C.A.F. Rhys Davids, *Dialogues of the Buddha*, 3 vol., *Pāli Text Society*, Londres, 1899-1921

Siddhārtha considéra un moment le cadavre. « Serai-je moi aussi un jour séparé des miens qui ne me verront plus et que je ne verrai plus ? – Sans doute, seigneur. Nul n'y échappe. » Shuddodana, tenu au courant par le cocher, était de plus en plus inquiet.

Or il arriva qu'en sortant de son palais, Siddhārtha croisa un homme, le crâne rasé, portant la robe jaune ocre des renoncés (*shramana*), qui, tenant un bol à la main, marchait en regardant le sol. « Et celui-là, qu'a-t-il fait ? demanda le prince. Pourquoi son vêtement et son attitude sont-ils si différents de ceux des autres ? – C'est un religieux errant qui a quitté sa maison. – Qu'entend-on par quitter sa maison ? – Cela veut dire qu'il s'est dompté lui-même et se consacre tout entier à la vie sainte et aux bonnes actions, qu'il ne fait jamais tort à autrui et traite toute créature avec patience et compassion. » Lorsqu'il eut entendu cela, le visage de Siddhārtha s'éclaira. « Conduis-moi auprès de cet homme. » Le prince lui posa les mêmes questions et il obtint les mêmes réponses. Alors, s'inclinant devant lui, il dit : « En vérité, maître, vous que l'on nomme un religieux errant, êtes incontestablement un être supérieur, puisque votre conduite est en tous points parfaite. » Cette fois, Siddhārtha s'en revint joyeux au palais. Lorsque Shuddodana l'apprit, il pensa en lui-même : « Les devins l'avaient justement prédit. Un jour, mon fils quittera bien certainement la vie de famille. » Et il fit tout ce qu'il put pour qu'il abandonne cette pensée.

Le grand départ

Il semble que ce fut la naissance de son fils, Rahula, qui provoqua chez Siddhārtha Gotama, alors qu'il avait vingt-neuf ans, la crise morale dont il ne sortit qu'en quittant sans retour son foyer. Un soir, après que le jeune prince se fut diverti, comme à l'accoutumée, en compagnie de ses musiciennes, celles-ci s'assoupirent et tombèrent bientôt dans un sommeil profond. « Le Bodhisattva, s'étant éveillé en sursaut, les regarda. Elles étaient demeurées sur place, appuyées les unes sur les autres, leurs vêtements en désordre, à demi nues, telles des statues de bois. Leurs nez coulaient, leurs yeux pleuraient, de leurs bouches s'échappait la salive. Leurs cithares et leurs flûtes gisaient à terre, éparpillées. Siddhārtha perçut alors le palais comme un tertre funéraire. À trois reprises, il s'écria : "Malheur ! Malheur ! Fuyons ! J'ai regardé le palais où réside le roi, et sa forme a changé." Au plus intime de lui-même, il fut submergé de dégoût et du désir intense de tout quitter [17]. Il se dit : "La vie de famille est encombrée et asservissante ; partir [afin de vivre en *shramana*] est une grande ouverture. Il n'est pas facile, en restant dans sa famille, de mener une vie sainte et parfaite, tel un coquillage poli. Ne vaudrait-il pas mieux raser mes cheveux et ma barbe, porter le vêtement couleur de safran et quitter ma maison pour mener la vie d'un errant [18] ?" »

Le Bodhisattva alla trouver en pleine nuit Tchandaka, son fidèle écuyer et lui dit : « Lève-toi ! Harnache mon cheval Kanthaka, de telle sorte que personne ne puisse t'entendre. » Tchandaka répliqua : « Seigneur, la nuit n'est pas propice à la promenade. De plus, aucun ennemi ne donne assaut au palais. – Il y a de grands ennemis, ne le sais-tu pas ? Ce sont la vieillesse, la maladie et la mort. Il n'existe pas de pires ennemis. Obéis vite à mes ordres, afin qu'on ne puisse me retenir. » Lorsque le

17. Récit également tiré du *Dīgha Nikāya*.
18. *Majjhima Nikāya*, I, 240, trad. angl. I.B. Horner, *Middle Length Sayings*, 3 vol., *Pāli Text Society*, Londres, 1954-1959.

Bodhisattva voulut enfourcher son cheval, celui-ci poussa un grand hennissement de tristesse, mais les dieux dispersèrent son cri de façon que personne ne pût l'entendre. Quand Siddhārtha se présenta devant la porte du palais, elle s'ouvrit d'elle-même, et aussi la porte de la ville. Il se dirigea alors vers le bois d'Anuya, non loin de la cité.

Descendu de cheval, Siddhārtha se dépouilla de ses bijoux. Il les tendit à Tchandaka, lui disant : « Emporte-les, emmène aussi mon cheval. Quand tu rentreras au palais, salue de ma part mon père et ma mère. Dis-leur que je les quitte à présent afin d'étudier la Voie de la délivrance, mais qu'ils ne s'attristent pas, je leur reviendrai bientôt. » Tchandaka, en larmes, s'agenouilla et dit : « Ô mon maître, les devins jadis ont prédit que le prince deviendrait un noble roi qui ferait tourner la Roue de la Loi, pourvu des sept joyaux et de mille fils, et qui régnerait sur les quatre continents. Il gouvernera le monde selon la Loi, sans utiliser les armes, car il sera pacifique de nature [19]. Pourquoi échanger le trône, et même ces bijoux, contre les souffrances de l'ascèse au sein des montagnes incultes ? » Mais le Bodhisattva demanda : « Qu'ont donc prédit les devins, sinon que, si je ne prenais plaisir aux voluptés du monde, je quitterais la vie de famille afin d'étudier la Voie en vue de devenir un Éveillé parfait et suprême. Puisque tu as entendu ces paroles, pourquoi t'affliges-tu maintenant ? Retourne vite informer mes parents de ma résolution. Même si mes os se desséchaient et pourrissaient, tant que je n'aurai pas tari la source de la vieillesse, de la maladie et de la mort, je ne reviendrai pas. » Alors Tchandaka, en larmes, se

19. C'est là le portrait du souverain universel (*chakravartin*), figure idéale en Inde, particulièrement chez les bouddhistes. Tel était le destin que Suddhodana avait espéré pour son fils.

prosterna, tourna trois fois autour de lui, en se tenant à sa droite [20] et retourna au palais [21].

Ayant pris la route, le Bodhisattva rencontra un chasseur qui portait de grossiers vêtements de couleur ocre. L'abordant, il lui demanda d'échanger ses riches habits, valant cent pièces d'or, contre sa défroque, ce à quoi l'homme consentit bien volontiers. Poursuivant son chemin, Siddhārtha parvint devant un arbre *sumanā* (espèce de jasmin à grandes fleurs), au pied duquel méditait un ascète au crâne rasé. Il résolut alors de se débarrasser de sa chevelure et la coupa sur-le-champ [22].

Bientôt, le Bodhisattva se mit en quête de maîtres capables de lui enseigner les techniques spirituelles. Se dirigeant vers le sud, il gagna le royaume de Maghada (Bihar méridional). Pendant six ans, il erra autour de la capitale Pātaliputra (actuelle Patna). Il étudia d'abord sous la direction du yogi Alāra Kālāma de Vaisali (à 40 km au N.-O. de Patna). Il demanda à son maître à quoi conduisait son *Dharma* [23] ; celui-ci lui répondit : « Au royaume de la non-existence. » Ayant parfaitement maîtrisé cet art, le Bodhisattva se dit à lui-même : « Ce *Dharma* mène non pas au dégoût du monde, à l'absence de passion, à la suppression de la transmigration, à la sérénité, à la connaissance supérieure ni à l'intelligence suprême, mais seulement au néant. » Et il quitta ce maître. Il se rendit ensuite auprès d'Uddaka, fils de Rāma, qui enseignait près de Rājagriha (à 60 kilomètres au S.-E. de Patna). Il

20. Marque d'honneur due à un Bouddha.

21. *Mahāvastu*, édit. franç. E. Senart, 3 vol., Paris, 1882-1897, et trad. angl., 3 vol., *Sacred Books of the Buddhists*, Londres, 1945-1957.

22. D'après le *Mahāvastu* (J.J. Jones, *The Mahāvastu translated from the Buddhist Sanskrit*, Londres, 1949-1956).

23. *Dharma* est pris ici au sens d'enseignement de la Vérité suprême.

l'interrogea sur la nature de son *Dharma* : il conduisait au domaine où il n'y a plus ni connaissance ni non-connaissance, ni idée ni absence d'idée. Siddhārtha l'atteignit aisément, apaisa son mental jusqu'au point où la conscience devient si subtile qu'on ne la perçoit presque plus. Enchanté des résultats obtenus par son disciple, Uddaka le reconnut comme son propre maître, car seul son défunt père, qui avait été son instructeur, était parvenu jusqu'à cet état de conscience. Mais Gotama refusa de telles offres, disant qu'il n'avait pas atteint son but. Néanmoins, cinq disciples s'attachèrent à celui que l'on appela alors Shākyamuni, « le sage silencieux des Shākya », et le suivirent dans ses pérégrinations. À Pātaliputra, le Bodhisattva avait fait la connaissance du jeune roi du Maghada, Bimbisāra, qui, par la suite, allait devenir son disciple.

Shākyamuni

De là, Shākyamuni partit pour les environs de la ville sainte d'Uruvelā (actuelle Bodh-gayā), dans le Bihar, à 90 kilomètres au sud de Patna. Il vit la rivière Naïranjanā, avec son eau pure, ses escaliers d'accès, les agréables bocages qui la bordent, les hameaux de pasteurs qui l'entourent ; et là, en vérité, l'esprit du Bodhisattva fut on ne peut plus charmé : « Commode, certes, est ce coin de terre, ravissant, favorable à la retraite, c'est un endroit tout à fait convenable pour un fils de famille désireux de se livrer à la méditation ; or tel est mon désir. Il faut que je m'y installe. » Il s'établit dans un bosquet sacré dont il dit : « Ici, se trouve réuni tout ce qui est nécessaire à un grand cœur qui veut lutter pour sa délivrance [24]. » Cette

24. *Majjhima Nikāya*, 26.

fois, le Bodhisattva était décidé à tenter le tout pour le tout. « Les dents serrées et la langue appuyée contre le palais, je maîtrisai, écrasai, domptai ma pensée par l'esprit. » Il en éprouva des douleurs pénibles, mais ne faiblit pas. C'était encore insuffisant. Il pratiqua alors de longues rétentions du souffle qui engendrèrent de violents maux de tête et d'estomac ; il lui semblait qu'il brûlait. Il réduisit sa nourriture, se contentant d'une ou deux poignées de soupe de pois, de haricots ou de lentilles. « Mon corps devenait d'une extrême maigreur. Semblables à des joncs secs étaient mes bras et mes jambes… semblable au pied d'un chameau était mon postérieur… semblable à un chapelet était mon épine dorsale… exactement comme les poutres du toit d'une maison en ruine saillaient mes côtes ; de même qu'au fond d'un puits on perçoit à peine les étoiles, de même on voyait à peine mes pupilles enfoncées… Quand je voulais tâter mon ventre, ma main rencontrait ma colonne vertébrale [25]… » Le Bodhisattva se dit alors : « Ce n'est pas grâce à cet ascétisme terrible que je dépasserai la loi humaine et que j'arriverai à distinguer clairement la véritable non-naissance. Il existe peut-être un autre moyen de parvenir à l'Éveil. »

Il se souvint alors d'un épisode de sa petite enfance. Son père, ce jour-là, traçait rituellement le premier sillon, inaugurant ainsi la période des semailles. On avait déposé l'enfant à l'ombre fraîche d'un pommier-rose, l'arbre Jambu [26]. Les femmes qui prenaient soin de lui l'ayant quitté pour un moment, le petit Siddhārtha était

25. *Majjhima Nikāya*, *ibid.*

26. Le Jambu (*Eugenia jambolana*) est un arbre cosmogonique dans la tradition indienne. Il porte un fruit unique de très grande taille, couleur d'or. Lorsque ce fruit tombe dans une rivière, ses pépins produisent des pépites d'or qui sont entraînées vers la mer et que l'on trouve parfois sur les rivages. Cet or est d'une valeur ines-

entré spontanément en méditation. « Là, détaché de tout désir, détaché de toute mauvaise disposition, mais l'esprit alerte et attentif, je parvins au premier *dhyāna* (étape de la méditation), né de la solitude, rempli de joie et de bonheur. N'était-ce pas déjà la voie de l'Éveil ?... Craindrais-je maintenant un tel bonheur, si différent des plaisirs des sens ? Et je vis que je n'avais aucune crainte d'un tel bonheur. Mais comme il m'est difficile d'atteindre un tel bonheur en soumettant mon corps à de pareilles mortifications, si je prenais une nourriture plus substantielle ? Et je pris de la soupe de riz. »

Les cinq ascètes qui vivaient avec moi se disaient : « Quand l'ascète Gotama aura établi le *Dharma* [27], il nous le communiquera. » Mais lorsqu'ils me virent prendre de la nourriture, ils me quittèrent en disant : « L'ascète Gotama renonce à tout effort pour vivre dans l'abondance [28]. »

L'Éveil

Alors, tout aussitôt, le Bodhisattva parvint dans la méditation au premier *dhyāna* qu'il avait découvert étant enfant et avec lui au bien-être ineffable. De là, il entra dans le second stade qui dissipe tout jugement et toute analyse et se caractérise par le total apaisement et la concentration, dans la joie, de la conscience subtile. De là, il atteignit le troisième *dhyāna*, d'où la joie elle-même est exclue : « Renonçant à la joie, je demeurai impassible, mais pleinement attentif et conscient, n'éprouvant

timable. (E. Sénart, *Essai sur la légende du Bouddha*, 1875.) Cet épisode, comme tous les épisodes principaux de la vie du Bouddha, se déroule au pied de l'un des arbres sacrés de l'Inde.

27. La Doctrine en tant qu'elle exprime l'Ordre universel.
28. *Majjhima Nikāya*, I, 247-249.

plus que la félicité profonde » ; cette félicité est détachée de tout objet et le sujet lui-même a disparu, elle est comblante et impersonnelle. Enfin, il accéda au quatrième et ultime *dhyāna* : là n'existent plus ni perception ni non-perception, mais, à la cime de la conscience, pure lucidité et parfaite sérénité [29]. Ayant dûment constaté l'excellence de la méthode, le Bodhisattva se dirigea vers l'arbre de haute stature qui dominait un bosquet consacré aux divinités et qui allait devenir l'Arbre de la *Bodhi* (l'Éveil). C'était un pipal (*Ficus religiosa*), l'arbre *Ashvatta* des anciennes cosmogonies indiennes, autrement dit, l'Arbre cosmique lui-même [30].

Mais, avant de s'asseoir à son pied, le Bodhisattva se fit la réflexion suivante : « Sur quoi étaient assis les Prédestinés antérieurs, au moment où ils acquirent le suprême et parfait Éveil ? » Et, là-dessus, il pensa : « C'est sur une jonchée d'herbe *kusha* qu'ils étaient assis. » Et aussitôt, il aperçut un homme qui ramassait cette herbe « agréable au toucher, douce, fraîche et pure », qui servait – et sert encore – aux brahmanes pour y déposer les offrandes des sacrifices. L'homme en céda bien volontiers une bonne litière à l'ascète. Revenant vers l'arbre, Shākyamuni en fit cérémonieusement sept fois le tour, en se tenant à sa droite, puis à son pied disposa la jonchée d'herbe *kusha*.

Six années s'étaient écoulées depuis son départ. Durant ce temps, il avait expérimenté toutes les techniques de délivrance, jusqu'à l'extrême ascétisme qui l'avait conduit aux portes de la mort, mais s'était refusé à les franchir sans avoir acquis la connaissance suprême. À

---

29. Sur les quatre *dhyāna* (*samāpatti*), *Dīgha Nikāya*, I, IX, p. 183-184.

30. Sur l'Arbre de la *Bodhi*, v. J. Brosse, *Mythologie des arbres*, p. 55-68.

Uruvela même, il avait déjà médité pendant quarante-neuf jours [31]. Aussi, s'asseyant au pied de l'arbre dans la posture des yogis [32], « face à l'Est, devant le cours brillant de la claire rivière Naïranjanā », le Bodhisattva prit-il la ferme résolution suivante : « Dussent mon corps se dessécher, ma peau et mes os se dissoudre, tant que je n'obtiendrai pas l'Éveil, si difficile à obtenir, je ne bougerai pas de ce siège. »

Mais à peine y eut-il pris place qu'apparut le séducteur, *Māra*, le dieu de la mort, qui est aussi *Kāma*, le Désir amoureux. Déjà, alors qu'il s'apprêtait à quitter Kapilavastu, Māra s'était présenté devant lui, afin de le dissuader de mener la vie ascétique. Il lui avait dit : « Ne pars pas. Dans sept jours, le joyau de la Roue [celle du *Dharma*, l'Ordre cosmique] se manifestera pour toi, et tu obtiendras la souveraineté sur les quatre continents avec leur cortège de deux mille sous-continents [33]. Reviens donc sur tes pas. » En effet, d'après les prédictions et selon son *karma*, Siddharta pouvait devenir à son choix soit un empereur universel, soit un Bouddha accompli et enseignant. Il interrogea alors l'apparition : « Qui es-tu donc ? – Je suis le Puissant. » Le Bodhisattva rétorqua : « Māra, je sais fort bien que je verrai se manifester la Roue ; mais je n'ai que faire de la royauté. Ce que je veux, c'est devenir un Bouddha pour l'exultation des dix mille univers... » Depuis lors, « Māra s'attacha à ses pas, guettant une occasion, comme l'ombre suit le

---

31. Sept fois sept, le nombre sacré par excellence. Sept avaient été les circumambulations du Bodhisattva autour de l'Arbre de l'Éveil. Dans la tradition, sept est le nombre de l'homme parfaitement réalisé, mais aussi celui de l'achèvement du monde et de la plénitude des temps.

32. La posture dite du « lotus ».

33. La totalité de la surface terrestre, selon la cosmogonie indienne.

corps [34] ». Māra n'avait plus désormais qu'une dernière chance de l'empêcher d'accomplir l'irréparable. Cette fois, il ne lui proposa plus ce que le Bodhisattva avait déjà rejeté mais, plus sournoisement, d'abandonner sa quête afin d'adopter la vie d'un religieux voué aux sacrifices et aux bonnes actions, ce qui lui vaudrait beaucoup de mérites. Le Bodhisattva répondit sèchement qu'il n'en avait que faire [35].

Le *Lalitavistara*, la vie du Bouddha en tant que « Jeu » cosmique, s'étend ensuite complaisamment et très emphatiquement sur cette lutte à laquelle il donne une intensité dramatique et un cadre cosmique. Ce sont les armées de Māra : les désirs des sens, la faim, la soif, l'avidité, la luxure, l'envie, la torpeur, la paresse, la lâcheté, qui se jettent à l'assaut de l'ascète impassible que Māra tente d'évincer de son siège, sous prétexte que de son acte héroïque nul ne pourra témoigner. Shākyamuni se remémora tout le *karma* qu'il avait accumulé au cours de ses innombrables existences antérieures, puis prit à témoin la terre, en la touchant de la main. Celle-ci aussitôt se mit à trembler, ce qui provoqua la panique des forces du Mal qui s'enfuirent aussitôt. De cette scène somme toute très simple, le *Lalitavistara* donne une version qui se veut impressionnante. On y voit la déesse Sthāvarā, la « Grande Terre », jaillir du sol et proclamer : « Il en est bien ainsi, ô grand homme, il en est comme tu l'as affirmé, j'en suis témoin oculaire. » Ce serait cette apparition miraculeuse qui aurait mis en déroute les forces du Mal [36]. Cet épisode, « la terre prise à témoin », est très souvent figuré

34. *Māra-Samyutta* et *Bikkhuni Samyutta*, cités par A. Foucher, *La Vie du Bouddha d'après les textes et les monuments de l'Inde*, Paris, 1949.

35. Cette tentation du Bouddha dans la solitude a évidemment été comparée à celle de Jésus au désert.

36. *Lalitavistara*, chap. XXI.

dans l'iconographie bouddhiste. On y voit Shākyamuni en méditation, touchant la terre du bout des doigts de sa main droite [37].

Lorsque le Bodhisattva parvint dans l'état de méditation profonde, le soleil s'était couché ; à l'horizon se levait la pleine lune d'avril, baignant d'une clarté bleutée le paysage et faisant miroiter la rivière. Après avoir franchi une à une les quatre étapes du *dhyāna*, le Bodhisattva, « sa pensée ainsi recueillie, immobile, lumineuse, parfaite, fixée sur le but à atteindre... dirigea son esprit, au cours de la première veille, vers la reconnaissance du souvenir de ses existences antérieures : à savoir d'une naissance, de deux naissances, de trois, quatre, cinq, de dix naissances, de vingt, de trente, de quarante, de cinquante, de cent naissances, de mille naissances, de cent mille naissances, au cours de multiples ères cosmiques de création et de destruction du monde. J'étais en tel endroit, j'avais tel nom, j'appartenais à tel clan, à telle caste, je ressentais tels plaisirs, telles douleurs, telle fut la fin de cette vie. Après être sorti de cette existence, je renaquis ailleurs et ailleurs encore. Je me souvins ainsi d'un très grand nombre de vies antérieures, avec les conditions et les caractéristiques propres à chacune, et dans le détail. En vérité, ô brahmane, au cours de la première veille de la nuit, j'atteignis pour la première fois une telle connaissance. L'ignorance fut chassée, la science apparut, les ténèbres furent chassées, la lumière apparut, tandis que je restais actif, clairvoyant, ardent et résolu. Tous les sentiments de joie que j'éprouvais n'avaient aucun effet sur ma pensée.

Celle-ci étant ainsi recueillie, purifiée, débarrassée de toute souillure, ferme, stable, immobilisée, mais assouplie et malléable, je l'inclinai vers la connaissance des

---

37. *Sutta-nipāta*, 425-449.

causes de la mort et de la renaissance, de la transmigration des êtres. De l'œil divin, parfaitement pur et surhumain, je vis les êtres mourir et renaître, humbles ou illustres, beaux ou laids, ayant des destinées heureuses ou malheureuses. Je compris que tous ces êtres obtenaient selon leurs actes (*karma*) et je me dis en moi-même : "Ceux qui commettent des fautes dans leurs actes, dans leurs paroles, dans leurs pensées, qui méprisent ce qu'ils devraient respecter, estiment ce qui est dangereux pour eux, dénigrent les saints hommes, ont des vues erronées et vivent conformément à ces vues, ceux-là prennent le chemin de la perdition. Après la destruction de leur corps, après leur mort, ils renaissent dans le malheur, dans la ruine, dans l'enfer. Ceux qui sont guidés par la droiture dans leurs actes, dans leurs paroles, dans leurs pensées, qui ne méprisent pas ce qu'il faut respecter, rejettent ce qui est dangereux, vénèrent les saints hommes, ont des opinions justes et vivent en conformité avec elles, ceux-là renaissent dans une bonne destinée et prennent le bienheureux chemin du monde céleste.

Ainsi, de l'œil divin, je vis les êtres mourir et renaître, humbles ou illustres, beaux ou laids, ayant de bonnes ou de mauvaises destinées. En vérité, ô Aggivesana, au cours de la partie médiane de la nuit, j'atteignis la deuxième connaissance, l'ignorance fut chassée, la science apparut, les ténèbres furent dissipées, la lumière se fit, tandis que je demeurais vigilant et attentif, ardent et résolu, sans que me trouble la joie en laquelle je me trouvais."

Alors le Bodhisattva, sa pensée recueillie, parfaitement mûre, arrivé à la dernière veille de la nuit, quand paraît l'aurore, au moment où l'on bat le tambour, afin d'obtenir le remède à ce grand amas de souffrances, grâce à la connaissance suprême qui opère la destruction de toute corruption, prépara sa pensée et la dirigea fermement.

Il lui vint à l'esprit : "Misérable, en vérité, est le

destin de celui qui vient en ce monde, y naît pour y souffrir, vieillir et mourir, et qui renaît encore et encore. Qui peut mettre fin à tant de misère ? Nul ne le sait.” Et le Bodhisattva pensa :

“La vieillesse et la mort (*Jarā*) n’existent que parce qu’il y a eu naissance (*Jāti*). La naissance est la cause de la vieillesse et de la mort.

Qu’est-ce que la naissance ? La venue à l’existence, le devenir (*Bhava*). La naissance a pour cause l’existence.

Qu’est-ce que l’existence ? Sinon la prise de possession, l’attachement (*Upādāna*). La prise de possession entraîne la venue à l’existence.

La prise de possession est elle-même la conséquence du désir (*Trishnā*).

Mais, sans la sensation (*Vedanā*), il n’y aurait pas de désir. La sensation est l’occasion du désir.

Il n’existe pas de sensation sans contact (*Sparsha*), le contact, le toucher provoquent la sensation.

Qu’est-ce qui fait que le contact existe ? Ce sont les six [38] sièges [des qualités sensibles], *Shadāyatana*.

Mais ces six sièges ne sauraient exister sans le nom et la forme (*Nāmarūpa*).

Le nom et la forme ont pour origine génératrice la conscience (*Vijñāna*).

La conscience elle-même ne peut naître que des prédispositions, des conceptions et intentions antérieures, les *samskāra*.

Les *samskāra* émanent de l’ignorance (*Avidyā*), sans elle, ils ne pourraient exister.

Tels sont donc la cause, l’origine et le fondement de ce monde qui n’est qu’une grande masse de douleurs.” »

Le Bodhisattva, ayant ainsi longuement médité sur des lois auparavant ignorées, la compréhension parfaite se fit

38. Le mental est considéré comme le sixième sens.

jour, la connaissance et la sagesse furent produites et la lumière apparut. Puis, après mûre réflexion, le Bodhisattva vérifia ce qu'il venait de découvrir en le reprenant en tous sens, d'abord négativement : « La naissance n'existant pas, il n'y a ni vieillesse ni mort… », puis en sens inverse : « L'ignorance n'existant pas, il ne saurait y avoir de prédispositions, de ce fait, il n'y a pas de conscience, etc. »

« Et c'est ainsi que chez le Bodhisattva, à force de rouler en tout sens et à fond en son esprit des conceptions inouïes jusqu'alors, la connaissance, la clairvoyance, la science ultime, la compréhension, la sagesse, l'inégalable sapience (*prajñā*) se produisirent, et il lui vint cette intuition : "Moi que voici, en cet instant, je sais ce qui est." Reprenant alors la série des conditions, l'enchaînement de la production conditionnée et interdépendante, il parvint à la conclusion finale : "Telle est l'essence de *duhkha* (l'insatisfaction existentielle, la souffrance attachée à la condition humaine), telle est l'origine de cette souffrance, telle est la suppression de cette souffrance, voici le chemin qui mène à la suppression de cette souffrance. C'est là ce que j'ai reconnu selon la vérité." Telles sont les "quatre nobles vérités", le fondement de l'enseignement que devait répandre Shākyamuni.

Et c'est ainsi qu'à la dernière veille de la nuit, à la pointe de l'aube, au moment où les hommes sont profondément endormis, et où l'on bat le tambour, le Bodhisattva, grâce à son inégalable sapience, ayant embrassé d'un seul regard tout ce qu'un homme, un grand homme, un surhomme, le taureau des hommes, l'éléphant des hommes, le lion des hommes, le héros des hommes, le lotus blanc des hommes, l'homme capable de porter le plus lourd des fardeaux, le conducteur des hommes, ayant su, connu et compris tout ce que l'on peut savoir, connaître, comprendre et voir en face, s'illumina de la suprême et parfaite illumination. »

Dès qu'il eut atteint le grand Éveil, celui qui, en ce moment précis, était devenu le Bouddha prononça ces paroles : « J'ai traversé bien des naissances dans le cycle des naissances et des morts, cherchant en vain l'architecte de l'édifice. Naître et renaître sans fin, quel tourment, quelle misère !

Ô architecte de l'univers, maintenant, je t'ai découvert. Plus jamais, tu ne rebâtiras l'édifice. Toutes ses poutres sont brisées, son faîtage est écroulé. Mon esprit est délivré, car je suis arrivé à l'extinction des désirs [39]. »

Le Bodhisattva, devenu un Bouddha accompli, poussa alors ce cri de triomphe : « La route est coupée, la poussière a disparu, les ruisseaux ont cessé de couler. La route étant coupée, est survenue la fin de la souffrance [40]. »

Après l'Éveil

Selon le *Majjhima Nikāya* [41] et le *Mahāvagga* du *Vinaya* [42], « le Bienheureux passa sept jours en méditation sous, ou devant, l'arbre de la *Bodhi*, qu'il contempla fixement sans jamais cligner les yeux, ne cessant de se répéter : "C'est ici que je me suis éveillé à l'Éveil suprême, complet et parfait [43], c'est ici que j'ai mis un

---

39. *Dhammapada*, stances 153-154.

40. *Majjhima Nikāya, sutta* 36 ; *Dīgha Nikāya*, 14 ; *Samyutta Nikāya*, vol. II, p. 104 ; *Lalitavistara*, chap. XXII.

41. *Majjhima Nikāya*, éd. cit., 167.

42. *Mahāvagga* du *Vinaya Pitaka* (*Theravāda*), trad. angl. I.B. Horner, *The Book of Discipline*, 6 vol., *Pāli Text Society*, Londres, 1938-1966.

43. Cet Éveil, ou Illumination (*Bodhi*) qui fait un Bouddha « pleinement éveillé » (*Samyak-Sambbuddha*), est l'Éveil suprême, complet et définitif, désigné par les mots *Anuttara Samyaksambodhi*, l'Éveil parfait et universel.

terme à l'immémoriale souffrance de la naissance, de la vieillesse et de la mort" ». « De même que c'est la règle pour les rois de ne pas quitter de sept jours le lieu de leur sacre, de même les Bouddhas, quand eux aussi ils sont consacrés, pleins de recueillement, de sept jours ne décroisent pas leurs jambes. » Les récits canoniques disent qu'ensuite le Bienheureux demeura dans la paix et la félicité qu'il venait d'atteindre, prononçant ces paroles : « Heureuse est la solitude de celui qui est rassasié, de celui qui a entendu la Vérité, de celui qui voit. Douces sont la mansuétude et la bienveillance envers les êtres vivants. » Car le Bouddha, en même temps que l'omniscience (*sarvajñatā*), avait acquis la grande compassion (*mahākarunā*). Pendant trois autres semaines, il séjourna au même lieu sous trois autres arbres. Sous l'arbre Mutchalinda, alors que « le ciel s'était couvert et que, pendant sept jours, régnèrent le vent et la pluie, le froid et l'obscurité, Mutchalinda, le roi des Nāgas (génies en forme de serpent) sortit de l'arbre, sa demeure, et entoura sept fois de ses replis le corps du Bienheureux, abritant sa tête du chaperon de sa tête de cobra. Lorsque reparut le ciel serein et sans nuages, le nāga, déroulant ses anneaux et changeant d'aspect, se transforma en un beau jeune homme qui, debout devant le Bouddha, lui rendit hommage les mains jointes [44] ».

Plus prosaïque est la deuxième période, la semaine passée par Shākyamuni sous l'arbre Tārāgana, dont le nom signifie la « Voie du salut », ou l'« arbre du passage ». Là, deux riches marchands, les deux frères Trapousha et Bhallika, furent arrêtés dans leur voyage par une appari-

44. Cet épisode est particulièrement développé dans le « *Sūtra des six Perfections* » (*Pāramitā*), où le Nāga Moutchalinda, après avoir eu une vision des trois précédents Bouddhas, devient le disciple du Bouddha Shākyamuni.

tion qui leur dit : « Ici se trouve le Bienheureux qui vient d'atteindre à l'état de Bouddha. Allez donc lui rendre hommage en lui offrant un gâteau de riz et un rayon de miel. Vous en tirerez un grand avantage pour vous. » Ainsi firent-ils et le Bouddha, qui n'avait pris aucune nourriture depuis plusieurs semaines, accueillit bien volontiers leur offrande [45]. Puis il se rendit au pied du banyan *Adjapala*, le *vata* ou *nyagrodha*, le figuier des banyans (*Ficus benghalensis*), un autre arbre sacré, et c'est sous son ombrage qu'il reçut la visite des dieux.

« Il me vint à l'esprit : le *Dharma* que j'ai découvert est profond, difficile à comprendre, caché, apaisant, excellent, au-delà du raisonnement, subtil, accessible [seulement] aux sages. L'humanité vit dans l'agitation du monde, est emportée dans l'agitation du monde et se complaît dans cette agitation [46]. Il lui est en conséquence difficile de percevoir l'enchaînement des causes et des effets, de saisir la loi de la production conditionnée et interdépendante [telle qu'il venait de la découvrir], et ainsi de souhaiter s'y soustraire, de parvenir au détachement, à l'extinction de la convoitise, à la cessation du désir, à l'arrêt, au *nirvāna*.

Si j'enseigne ce *Dharma* et qu'on ne puisse le comprendre, il n'y aura pour moi que vains efforts et fatigue inutile. Ce que j'ai acquis au prix de tant de peine, à quoi bon le révéler ? Ceux qu'aveuglent les passions et la haine, l'attraction et la répulsion, qui vivent sous la tyrannie du désir, enveloppés d'épaisses ténèbres, comment

45. *Mahāvagga* du *Vinaya* : *Majjhima Nikāya*, éd. cit., p. 167-169.

46. Le texte dit : « dans l'*ālaya vijñāna* », c'est-à-dire la conscience obscurcie par les semences karmiques (*vāsanā*), provenant des existences précédentes et qui engendrent les *samskāra* (créations psychiques, intentionnalité), lesquels troublent notre vision et constituent la cause principale de notre ignorance.

pourraient-ils comprendre une telle Doctrine qui remonte à contre-courant, profonde, subtile, mystérieuse, difficile à saisir ? »

S'étant fait ces réflexions, le Bouddha fut porté à se désintéresser des êtres pour qui il ne pouvait rien. Or Brahmā Sahampati, le Créateur [47], comprenant les pensées du Bienheureux, se dit : « Hélas, le monde va périr. Ce monde sera détruit si le *Tathāgata* ["celui qui est parvenu"], le Saint, l'Éveillé parfait et accompli préfère rester en repos et renonce à enseigner le *Dharma.* »

Aussitôt, il apparut et, s'inclinant devant le Bouddha, le supplia : « Daigne le Bienheureux enseigner le *Dharma.* Il est des êtres dont les yeux ne sont obscurcis que par une taie légère et qui sont aptes à comprendre le *Dharma.* S'il ne leur est pas enseigné, ils ne pourront être libérés... Comme un homme debout sur un rocher au sommet d'une montagne examine tout ce qui l'entoure, ainsi, toi, l'omniscient parvenu à la cime du *Dharma*, toi qui, libéré toi-même du chagrin et qui vois tout, abaisse tes regards vers les créatures misérables qui y sont soumises, opprimées par la naissance et la vieillesse. Lève-toi, Victorieux, parcours le monde, guide la caravane, toi qui t'es affranchi toi-même. Daigne le Bienheureux enseigner le *Dharma.* Il en est qui le comprendront. »

Rempli de compassion pour l'humanité souffrante, le Bouddha accompli considéra à nouveau le monde des hommes et vit que certains d'entre eux étaient en effet aptes à comprendre. À Brahmā, il répondit : « La porte de l'éternité est grande ouverte à tous les auditeurs ; que ceux qui ont des oreilles entendent et aient la foi... »

Alors, le Bienheureux se dit : « À qui, en premier

47. Il ne faut pas confondre avec Brahman, l'Absolu, Brahmā, le Créateur de l'univers, première divinité de la Trinité (*Trimūrti*), composée de Brahmā, Vishnu et Shiva.

lieu, enseignerai-je le *Dharma* ? Quels sont ceux qui le comprendront le plus facilement ? » Et il pensa aussitôt à ses anciens maîtres, Alara Kālāma et Uddaka Rāmaputra, hommes sages, instruits, intelligents et subtils. Mais il apprit qu'ils venaient de mourir. Il songea ensuite aux cinq moines, résolus et énergiques, qui avaient été ses compagnons et l'avaient entouré de soins tandis qu'il pratiquait l'ascèse, puis l'avaient quitté. Grâce à sa vision divine, il sut qu'ils se trouvaient près de Kāshī (Bénarès), dans le parc aux gazelles d'Isipatana, et il se mit en route pour ce voyage à pied d'une centaine de kilomètres.

En chemin, le Bienheureux rencontra un ascète nu, appartenant à la secte des *Ajīvaka*. Étonné de l'éclat qui se dégageait de sa personne, celui-ci l'aborda : « Ta physionomie est sereine, ton teint clair et pur. Qui t'a initié, ami ? Qui est ton maître ? Que t'a-t-il enseigné ? » Le Bouddha lui répondit par ces stances :

« J'ai tout vaincu, tout surmonté. À présent, je sais tout, je suis purifié de toute souillure, je suis parvenu à l'affranchissement des désirs. Ayant obtenu par moi-même la connaissance surnaturelle, qui pourrais-je reconnaître comme maître ? Je n'ai pas de maître, je n'ai pas non plus d'égal, nul n'est semblable à moi. Je suis l'incomparable instructeur, le saint [*Arhat*] de ce monde, je suis parvenu à l'Éveil parfait, j'ai atteint le *nirvāna*.

Je me rends présentement à Kāshī, afin de mettre en mouvement la Roue du *Dharma*. Je vais battre le tambour de l'immortalité (*amata*) au sein des ténèbres d'un monde aveugle [48].

« Prétendrais-tu, ami, être le Victorieux sans limite ?

– Sont victorieux ceux qui comme moi ont détruit les

48. Ainsi, comme on l'a vu, battait-on le tambour à l'aurore afin de réveiller le monde des humains assoupis.

corruptions. Je les ai vaincues. C'est pourquoi, Upaka, je suis le Victorieux [49]. »

À ceci, Upaka, l'ascète nu, répondit : « C'est bien possible, Révérend. » Et, secouant la tête, il prit un autre chemin [50].

Le sermon de Bénarès

Enfin, le Bienheureux arriva au parc des gazelles à Isipatana (aujourd'hui Sarnath, près de Bénarès), où se trouvaient les cinq moines. « L'ayant aperçu de loin, ils tinrent conseil, se disant : "Voici venir le *shramana* Gotama. Il est retourné au monde, a renoncé aux mortifications et vit dans l'abondance. Ne le saluons pas, ne nous levons pas à son arrivée…" Mais, à mesure que le *Bhagavat* (Bienheureux) approchait, les moines sentaient leur résolution faiblir. Ils s'avancèrent au-devant de lui et chacun s'empressa à le servir, l'un le débarrassa de son bol à offrandes et de son *kasāya* [51], l'autre lui avança un siège, un troisième lui apporta de l'eau et une serviette pour qu'il pût se laver les pieds. Mais, comme dans la conversation, les moines l'appelaient par son nom, le Bienheureux leur dit : "Ô moines, ne vous adressez pas au *Tathāgata* par son nom, ne l'appelez plus ami. Le *Tathāgata* est le saint [*Arhat*], le Bouddha parfaitement accompli. Écoutez-moi, ô moines, Je suis parvenu à la délivrance de la mort [*amata*], j'instruis, j'enseigne la

49. Il ne faudrait pas voir dans ce discours de l'orgueil, mais la constatation lucide de l'état où est parvenu Shākyamuni en tant que Bouddha. Auparavant, il avait humblement demandé à la Terre d'attester son Éveil, ce qu'elle fit, et c'est le Créateur lui-même qui le pria d'accomplir sa mission.

50. *Majjhima Nikāya*, éd. cit., p. 167-171.

51. La robe de dessus des moines, portée comme une toge.

Doctrine. Bientôt, en cette vie même, grâce à votre propre connaissance surnaturelle, vous percevrez directement, et, en conséquence, vous vivrez le but suprême de la vie parfaite pour lequel les fils de famille renoncent au monde et mènent l'existence errante des renoncés (*shramana*) [52]." »

Les moines, convaincus, l'écoutant attentivement, le Bienheureux reprit la parole en comparant le moine en quête de la vérité « à un daim qui, vivant au plus profond de la forêt, s'ébat en toute liberté. C'est en toute confiance qu'il s'avance, en toute confiance qu'il se tient debout ou se couche, en toute confiance qu'il se repose, car il se sait hors d'atteinte du chasseur. De même, le moine qui, s'étant détourné des désirs impurs, pénètre dans les quatre *dhyāna* [53], c'est en toute confiance qu'il s'avance, en toute confiance qu'il se repose : il est hors de danger [54] ».

Ces préliminaires achevés, le Bouddha tint alors ces propos solennels : « Il y a, ô moines, deux extrêmes que doit éviter le renoncé : l'attachement aux plaisirs et aux passions, qui engendre une existence vile, grossière, sans noblesse et sans profit, vouée au malheur, et l'attachement aux mortifications, à la macération de soi-même, qui procure une vie pénible, ignoble, sans profit et vouée elle aussi au malheur. Également éloigné de ces deux

---

52. Les bouddhistes appellent cette première prédication le Sermon de « la Roue de la Loi » (*Dharma chakra pravartana sūtra*). La Loi (*Dharma*) est celle qui régit l'univers, la Roue est son mouvement qui le maintient identique à lui-même. Dans la cosmogonie indienne, ce mouvement peut se ralentir, avant de s'arrêter, à la fin d'une ère cosmique. Il faut alors qu'un maître divin, tel le Bouddha, identifié au *Dharma* lui-même, la « remette en branle ». Tel est, on vient de le voir, le sens de l'intervention de Brahmā, le Créateur.

53. Les quatre étapes de la méditation.

54. *Majjhima Nikāya*, fin du chap. XXVI.

extrêmes, se trouve le chemin du milieu [55], découvert par le *Tathāgata*, celui qui ouvre les yeux, qui ouvre l'esprit, conduit à la véritable Sagesse [*prajñā*], à l'apaisement, à la connaissance surnaturelle, au *sambodhi* [l'Éveil suprême], au *nirvāna* [l'extinction du désir]. Quel est, ô moines, ce chemin du milieu découvert par le *Tathāgata*, qui ouvre les yeux et l'esprit, conduit à la véritable Sagesse, à l'apaisement, à la connaissance surnaturelle, au *sambodhi* et au *nirvāna* ? C'est la Noble Voie aux huit branches (*Ashtangika Mārga*) : la compréhension droite [56], l'intention droite, la parole droite, l'activité droite, les moyens d'existence justes, l'effort juste, l'attention juste, la concentration juste. Tel est, ô moines, le chemin du milieu, découvert par le *Tathāgata*, qui ouvre les yeux et l'esprit [57].

Voici encore, ô moines, la sainte et sublime Vérité sur *duhkha* (la douleur) [58] : la naissance est douleur, la vieillesse est douleur, la maladie est douleur, la mort est douleur, la nécessité de vivre avec ceux que l'on déteste est douleur, la séparation d'avec ceux que l'on aime est douleur, autrement dit, les cinq agrégats d'appropriation [59] sont douleur.

Voici encore, ô moines, la sainte et sublime Vérité sur l'origine de la douleur : c'est la soif [le désir, la convoitise, *trishnā*], qui conduit de naissance en naissance,

---

55. La Voie médiane ou la Voie du milieu, ainsi se définit le bouddhisme.

56. On peut aussi traduire : juste, correcte, ou même parfaite.

57. *Dhamma-cakkapavadana sutta* (en pāli), *Vinaya Pittaka*, I, 10-12, trad. fr. de Môhan Wijayaratna, dans *Sermons du Bouddha*, Paris, 1988, p. 105-108.

58. *Duhkha* peut se traduire par douleur et souffrance, mais, peut-être plus exactement, par misère ou malheur, la misère de la condition humaine.

59. C'est leur coalescence qui détermine l'existence en tant que séparée de l'Être.

accompagnée de l'attachement aux plaisirs des sens, et recherche sa satisfaction de-ci de-là, c'est-à-dire le désir du plaisir, le désir de l'existence, le désir de la non-existence.

Voici encore, ô moines, la sainte et sublime Vérité sur la cessation de la douleur : c'est la guérison et le détachement complet de cette soif, son abandon, son rejet, ne plus y attacher d'importance, s'en libérer.

Voici encore, ô moines, la sainte et sublime Vérité du chemin qui conduit à la cessation de la douleur, c'est la Noble Voie aux huit branches : compréhension juste, intention juste, parole juste, activité juste, moyens d'existence justes, effort juste, attention juste, concentration juste.

Ô moines, c'est par la compréhension : "Ceci est la Noble Vérité sur la douleur", parmi les choses qui n'avaient jamais été entendues auparavant, que s'est révélée à moi la vision de l'œil divin, s'est élevée en moi la connaissance, s'est élevée en moi la sagesse, s'est élevée en moi la science, s'est élevée en moi la lumière.

Tant que, ô moines, ma vision et ma connaissance conformes à la réalité des quatre Nobles Vérités sous leurs trois aspects et dans leurs douze modalités [celles de la "Production conditionnée"] n'étaient pas absolument claires en moi, je ne me suis pas reconnu comme ayant atteint l'Éveil complet, suprême et parfait devant ce monde des divinités, de Māra et de Brahma, avec ses troupes de religieux et de brahmanes, avec ses êtres divins et humains. Mais, dès que, en vérité, ô moines, ma vision et ma connaissance furent devenues absolument conformes à la réalité des quatre Nobles Vérités, sous leurs trois aspects et dans leurs douze modalités, alors j'ai proclamé mon Éveil face à ce monde des divinités, de Māra et de Brahma, avec ses troupes de religieux et de brahmanes, avec ses êtres divins et humains. En outre, s'est élevée en moi cette connaissance profonde : "Inébranlable est ma délivrance, cela est ma dernière naissance, il n'y aura plus jamais d'autre existence [60]." »

Les cinq moines, ravis de ce qu'ils venaient d'entendre, louèrent les paroles du Bienheureux. Et, dès qu'il eut terminé son exposé, le vénérable Kaundinya, ayant acquis soudainement l'œil pur et sans tache du *Dharma*, déclara : « Tout ce qui est sujet à la naissance est sujet à la destruction. » Et le Bienheureux prononça solennellement ces paroles : « En vérité, Kaundinya a compris ; vraiment, Kaundinya a compris. » Dès cet instant, le vénérable Kaundinya fut appelé Ajñata Kaundinya [Kaundinya qui a compris la Doctrine]. Ayant pénétré le *Dharma*, n'ayant plus besoin d'autre chose dans sa confiance absolue en la Doctrine du Maître, Kaundinya dit au Bouddha : « Daignez, seigneur, me conférer l'ordination. » À la suite d'un nouveau discours du Bienheureux sur le *Dharma*, les quatre autres la sollicitèrent à leur tour. Puis, le Bouddha compléta ainsi son premier enseignement :

Sur l'impermanence du Moi (*Anattalakkana Sutta*) [61]

« La forme (*rūpa*) [62] n'est pas le moi. Si la forme était le moi, ô moines, la forme ne serait pas sujette aux maladies, et l'on pourrait dire à propos du corps : "Je veux qu'il soit ainsi, je ne veux pas qu'il soit ainsi..."

60. *Mahāvagga* du *Vinaya Pitaka*, I, 110, 112.

61. Traduction de ce *Sutta* dans E.H. Brewster, *Gotama le Bouddha. Sa Vie d'après les Écritures pālies*, trad. fr., Paris, 1951, p. 79-81, et dans Mōhan Wijayaratna, *Sermons du Bouddha, op. cit.*, p. 123-126. Nous en donnons ici une version abrégée.

62. La forme, la matière du corps.

La sensation (*vedanā*) n'est pas le moi, et il en va de même de la perception (*shadāyatana*), des formations psychiques (*samskāra*) et de la conscience (*vijñāna*), sinon l'on pourrait dire : "Je veux qu'ils soient tels ou tels."

– Qu'en pensez-vous, ô moines, le corps est-il périssable ou impérissable ?

– Le corps est périssable, seigneur.

– Et ce qui est périssable, cause-t-il de la joie ou de la douleur ?

– De la douleur, seigneur.

– Alors donc, de ce qui est périssable, de ce qui cause de la douleur, de ce qui est sujet au changement, peut-on dire : Cela est mien, je suis cela, cela est mon Soi ?

– C'est impossible, seigneur.

[Le même dialogue se poursuit au sujet de la sensation, de la perception, des formations psychiques et de la conscience.]

– Ainsi donc, ô moines, pour ce qui est du corps, passé, futur ou présent, en nous-mêmes ou au-dehors, grossier ou subtil, laid ou beau, fort ou faible, lointain ou proche, il doit être tel qu'il est, lorsqu'on se dit : "Tout ce corps n'est pas le mien, je ne suis pas ce corps, il n'est pas mon Soi."

[Conclusions identiques pour la sensation, la perception, les formations psychiques et la conscience.]

Considérant les choses ainsi, ô moines, le disciple sage et noble ne s'identifie pas avec le corps, il se détourne de lui, il éprouve pour lui de l'aversion, il ne s'identifie pas non plus avec les sensations, les perceptions, les formations psychiques et la conscience, mais il s'en détourne, rien de tout cela n'est lui. Lorsqu'il s'en détourne, il est sans désir, sans passions, il est affranchi du désir et des passions. Ainsi libéré, il a la connaissance de ce qu'est la libération, et il sait : "Il n'y aura plus de naissance nouvelle, la conduite pure est désormais vécue, tout ce qui devait être achevé est achevé, plus rien ne reste à accomplir, il n'est plus [pour moi] de devenir." »

Ainsi parla le Bienheureux. Les cinq moines se réjouirent de ses paroles. Aussitôt l'esprit de chacun des moines fut détaché du monde et délivré de toute souillure. À ce moment, il y eut six *Arhat* [63].

Ainsi naquit la première communauté bouddhique.

Une prédication itinérante

Bientôt, d'autres disciples, déjà moines, ou laïcs, se joignirent à eux, tel Yasa, fils d'un riche notable de Bénarès, qui « menait une vie de plaisir », mais renonça au monde et demanda l'ordination monastique, entraînant à sa suite ses parents et ses proches qui devinrent disciples laïcs [64]. Les textes pālis racontent plusieurs autres conversions, celle par exemple des cinquante amis du groupe des « Bons vivants » d'Uruvelā qui vivaient dans la débauche. Ayant rencontré le Bouddha tandis qu'ils cherchaient une courtisane qui leur avait dérobé des objets de valeur, ils lui demandèrent s'il ne l'avait pas rencontrée. En réponse, celui-ci les interrogea : « Ô, jeunes gens, que vaut-il mieux : vous chercher vous-mêmes, ou bien chercher une femme ? – Il vaut certes mieux nous chercher nous-mêmes. – Eh bien, asseyez-vous, je vais vous prêcher la Doctrine [65]. » « De ce jour, il y eut soixante et un *Arhat* dans le monde. »

---

63. Saint parvenu au parfait détachement et ayant atteint le plus haut niveau sur la voie spirituelle.

64. *Vinaya Pitaka*, cité par A. Bareau, *Bouddha*, p. 93-95.

65. *Mahāvagga* du *Vinaya Pitaka*, cité par E.H. Brewster, *op. cit.* : VII. Histoire de Yasa, VIII. Les premières zélatrices, p. 81-87.

Depuis lors, le Bienheureux ne cessa de mener une vie errante, accompagné d'une foule croissante de disciples, tant moines que laïcs. Au bout de quelques années, les moines furent, dit-on, au nombre de deux mille deux cent cinquante, dont les mille « ascètes aux tignasses hirsutes » (*jatila*) amenés par les trois frères Kāshyapa, et les deux cent cinquante mendiants (*parivrajaka*), avec à leur tête Shāriputra et Maudgalyāyana. Lorsque Kāshyapa reconnut le Bouddha comme son maître, les cinq cents *jatila*, ses disciples, ne se rallièrent au *Sangha* qu'à la suite des prodiges déployés pour eux par Shākyamuni qui n'avait pas trouvé d'autre moyen de les convaincre. Ils renoncèrent alors au culte du feu qu'ils célébraient. Entrèrent en même temps dans la communauté les deux frères de Kā shyapa, Kāshyapa de Gayā et Kāshyapa de Nādi, suivis chacun de ses disciples au nombre de cinq cents.

Shāriputra et Maudgalyāyana étaient depuis leur plus jeune âge les élèves de Sanjaya, un ascète « sceptique » qui avait cinq cents disciples. Mais, ayant entendu à Rājagriha la prédication d'Asvajit, l'un des cinq premiers moines convertis à Bénarès, Shāriputra et Maudgalyāyana furent immédiatement convaincus de la supériorité de l'enseignement de Shākyamuni. Ils allèrent aussitôt le trouver, entraînant avec eux deux cent cinquante élèves de Sanjaya. Maudgalyāyana parvint à l'état d'*Arhat* sept jours après son ordination et Shāriputra au bout de quinze jours [66].

Grâce aux commentaires sur les *Theragāthā* et le *Therigāthā* (Hymnes des Anciens [moines] et des Anciennes [nonnes] [67], nous connaissons les origines de

66. La conversion de Shāriputra et de Mahāmaudgalyāyana par le moine Asvajit, disciple du Bouddha, est relatée dans le *Mahāvagga* (E.H. Brewster, *op. cit.*, p. 108-113).

67. Édition *Pāli Text Society*, Londres, 1883.

trois cent vingt-huit parmi les premiers moines et nonnes. Les deux tiers venaient des régions urbaines ; 41 p. 100 d'entre eux étaient brahmanes, 23 p. 100 kshatriya, 30 p. 100 vaishya, 3 p. 100 sūdra et 3 p. 100 paria [68].

Bien qu'il préférât personnellement la beauté des sites naturels où il méditait en solitaire, le Bouddha prêchait souvent dans les villes où nombre de gens s'interrogeaient sur les questions métaphysiques et étaient en quête d'une nouvelle discipline spirituelle. Le Bouddha et ses disciples ne reniaient nullement l'hindouisme, pas même en son état contemporain, le brahmanisme. Ils affirmaient n'avoir cessé de lui appartenir. Néanmoins, ils n'en acceptaient pas indistinctement toutes les opinions ni toutes les méthodes, mais ne refusaient nullement d'en discuter avec leurs rivaux. Le Bouddha rejetait toute position extrême, toute vaine spéculation, afin de concentrer son enseignement sur ce qui pouvait conduire à l'apaisement, au détachement, à la reconnaissance de la véritable nature de l'homme que celui-ci devait découvrir en lui-même, et finalement à la délivrance.

C'est ce qu'illustre le dialogue fameux entre Shākyamuni et son disciple, Mālunkyaputta. Ce dernier vint le trouver et lui dit : « Seigneur, tandis que je méditais seul, m'est venue cette pensée : il y a des problèmes inexpliqués, laissés de côté par le Bienheureux. Ce sont : l'univers est-il éternel ou non éternel ? L'univers est-il infini ou fini ? L'âme et le corps sont-ils une même chose, ou l'âme est-elle une chose et le corps une autre chose ? Le *Tathāgata* existe-t-il après la mort, ou n'existe-t-il pas après la mort, ou existe-t-il et [à la fois] n'existe-t-il pas après la mort ?... Ces problèmes, le Bienheureux ne les explique pas. Cette attitude me déplaît. J'irai donc vers le

68. P. Harvey, *Le Bouddhisme*, *op. cit.*, p. 45.

Bienheureux et je l'interrogerai à ce propos. S'il ne me répond pas, je quitterai le *Sangha* et je m'en irai. » Le Bouddha se contenta de répondre : « T'ai-je jamais dit : "Viens, Mālunkyaputta, mène la vie sainte sous ma direction et je t'expliquerai ces questions ?" – Non, Seigneur. – Eh bien, Mālunkyaputta, suppose maintenant qu'un homme ait été blessé par une flèche empoisonnée. Ses amis et ses parents amènent un chirurgien. Mais l'homme dit : "Je ne laisserai pas retirer la flèche, tant que je ne saurai qui m'a blessé : si c'est un *kshatrya* ou un brahmane, ou un *vaishya*, ou un *sūdra* ; quel est son nom, quelle est sa famille ; s'il est grand ou petit ; de quelle cité ou de quel village il vient. Je ne me laisserai pas retirer la flèche avant de savoir avec quelle sorte d'arc on a tiré sur moi, et de quelle nature était la corde de l'arc, et quelle sorte de plume terminait la flèche, et de quoi était faite la pointe de la flèche." Mālunkyaputta, cet homme mourrait sans savoir ces choses. De même, Mālunkyaputta, si quiconque dit : "Je ne mènerai pas la vie sainte sous la direction du Bienheureux avant qu'il ne donne une réponse à ces questions", il mourrait avec ces questions laissées sans réponse par le *Tathāgata*... Et pourquoi, Mālunkyaputta, n'ai-je pas expliqué ces questions ? Parce que ce n'est pas utile, que ce n'est pas fondamentalement lié à la vie sainte et spirituelle, que cela ne conduit pas à l'aversion [pour le monde], au détachement, à la cessation [de *duhkha*], à la tranquillité, à la pénétration profonde, à la réalisation complète, au *nirvāna*. Voilà pourquoi je n'en ai pas parlé [69]. »

Aussi, les réponses du Bouddha étaient-elles nuancées, conformes aux besoins de qui l'interrogeait, et donc parfois contradictoires. À Phalguna qui croyait en

69. Version abrégée tirée du *Majjima Nikāya*, n° 63, *Cūla-Mālunkya Sutta*.

l'existence d'un *ātman* personnel et lui demandait quel était l'être qui touche, sent, désire et comprend, il répondit de manière péremptoire : « Je nie qu'il existe un être qui touche, sente, désire et comprenne », tandis qu'à Vatsagora qui, ne croyant pas en l'*ātman*, l'interrogeait sur la non-existence d'un moi, Shākyamuni refusa de l'admettre, pour ne pas confirmer la doctrine de ceux « qui croient à l'anéantissement [70] ». Dans ce cas, il n'ajustait pas seulement sa réponse à la personne, mais, pour lui, la vérité ne pouvait se trouver qu'entre ces deux extrêmes, elle ne pouvait être cernée ni par l'un ni par l'autre de ces points de vue. Elle était, en somme, indicible et ne pouvait être éprouvée que du dedans.

De toute manière, la Doctrine, telle qu'elle s'exprimait dans les prédications du Bouddha, faisait preuve d'une remarquable tolérance. Le disciple, même ordonné, n'était nullement enjoint de renoncer aux croyances qu'il avait héritées de ses pères. Il pouvait toujours, s'il le jugeait utile, pratiquer les anciens rites, honorer les innombrables divinités de l'hindouisme jusqu'aux dieux mineurs incarnés dans les forces de la nature, les arbres, les sources, les rivières. On a vu les dieux se manifester dans la vie même du Bouddha. Par la suite, ils furent incorporés à la future mythologie bouddhique, mais à un rang inférieur à celui des Bouddhas. Ils n'en avaient pas moins droit au respect et les invoquer pouvait n'être pas sans effet. Mais sur la question ultime, celle d'un Dieu transcendant, éternel, immuable, le Bouddha n'a jamais voulu se prononcer. Il ne faudrait pas en conclure, ainsi qu'on le fait généralement, qu'il s'est « refusé à admettre [son] existence [71] ». À

A.F.70. *Samyutta Nikāya*, trad. C. Rhys Davids, F.L. Woodward, réédit. 1950-1956, II, 13 et IV, 400.

71. A. Bareau, « Le Bouddhisme originel » dans *Les Religions de l'Inde, op. cit.*, III, Paris, 1966, p. 95.

lire attentivement les Écritures, on ne peut donc, sans forcer indûment les textes, parler du bouddhisme comme d'un « athéisme ». La position du Bouddha était plus subtile : pour le non-éveillé, la question demeurait insoluble ; en conséquence, il lui fallait d'abord obtenir l'Éveil.

Tel fut l'objet unique de sa prédication. Le Bouddha n'a pas tout enseigné à ses disciples, il ne s'en est jamais caché, mais seulement ce qui pouvait leur être utile : « Ô moines, j'ai beaucoup appris, mais très peu enseigné. Cependant, je ne me suis pas conduit comme les maîtres qui ferment le poing et gardent pour eux leur secret : je vous ai enseigné les Quatre Nobles Vérités. Voilà ce qui est utile ; voilà les principes et le guide de la vie religieuse ; voilà qui conduit au dégoût du monde, au renoncement, à l'apaisement, à la compréhension suprême, à l'Éveil parfait, au *nirvāna*. C'est pourquoi je l'ai enseigné [72]. »

Tout au long de sa carrière, le Bouddha Shākyamuni a proposé son enseignement comme une méthode de guérison de la misère existentielle (*duhkha*) de l'être humain, mais jamais comme une vérité de foi. Non seulement il admettait le doute, mais il le considérait comme un préalable nécessaire : « Il est juste que vous soyez dans le doute et la perplexité, car le doute s'est élevé en une matière qui est en soi douteuse. Maintenant, écoutez, Kālāma, ne vous laissez pas guider par des rapports, par la tradition ou par ce que vous avez entendu dire. Ne vous laissez pas guider par l'autorité des textes sacrés, ni par la simple logique ou le raisonnement, ni par les apparences, ni par le plaisir de spéculer sur des opinions, ni par des vraisemblances, ni par la pensée "il est notre Maître". Mais, Kālāma, lorsque vous savez par vous-mêmes que certaines choses sont défavorables (*akushala*), fausses et mauvaises, alors, renoncez-y... Et lorsque par

72. *Samyutta Nikāya*, V, 437-438.

vous-mêmes vous savez que certaines choses sont favorables (*kushala*) et bonnes, alors, acceptez-les et suivez-les [73]. » Aux moines, le Bouddha allait jusqu'à dire qu'un disciple devait examiner le *Tathāgata* (Bouddha) lui-même de façon à ce qu'il pût être entièrement convaincu de la valeur de son enseignement. Le bouddhisme n'est donc pas une affaire de foi, et surtout pas de « foi aveugle ». Le mot sanskrit *shraddhā*, que l'on traduit d'ordinaire par « foi », désigne en fait la confiance qui naît d'une conviction que l'on a acquise personnellement. De plus, le Bouddha dénonçait les abus qui pouvaient découler de la certitude de détenir la Vérité : « Il est inconvenant qu'un homme qui défend la vérité en vienne à la conclusion : "Ceci seul est la vérité, tout le reste est faux." Un homme peut croire ce qu'il veut, il peut dire : "Je crois ceci." Jusque-là il soutient la vérité, mais il ne doit pas dire que ce qu'il croit est la seule vérité et que tout le reste est faux. »

Shākyamuni mettait même en garde ses disciples contre un attachement excessif à son propre enseignement. Pour ce faire, il utilisait la célèbre parabole du radeau. Celui-ci, faute de pont et de bac, est absolument nécessaire pour traverser le fleuve et passer de la rive dangereuse à la rive où l'on se trouvera en sécurité. Mais lorsque, grâce au radeau, l'homme aura gagné l'autre rive, se dira-t-il : « Il serait bon que je porte maintenant le radeau sur ma tête ou sur mon dos » ? Ne devrait-il pas plutôt se dire : « Il serait bon que maintenant je dépose ce radeau à terre, ou que je le laisse à flot, et que je m'en aille là où il me plaira » ? « De même, ô moines, j'ai enseigné une doctrine semblable à un radeau ; elle

73. *Anguttara Nikāya*, trad. angl. F.L. Woodward et E.M. Hare, *The Book of Gradual Sayings, Pāli Text Soc.*, 5 vol., Londres, 1932-1936.

est faite pour traverser, non pour être portée [74]. » Autrement dit, l'enseignement n'est qu'un moyen, pas une fin.

Il ne faut donc pas s'étonner qu'une doctrine aussi tolérante, aussi généreuse, qui s'adressait directement au cœur de chacun, ait pu rassembler de vastes auditoires partout où passait le Bouddha, en un temps où était mise en doute l'orthodoxie brahmanique qui exigeait que l'on acceptât telle quelle une tradition qui se présentait comme seule détentrice d'une Vérité qui ne pouvait être mise en question. La doctrine soulignait que le *karma* et ses conséquences dans la vie de chacun ne dépendaient que du respect ou non d'une morale commune à tous les hommes, quel que soit leur statut social. Contrairement à l'enseignement brahmanique, celui du Bouddha s'adressait à tous sans distinction de sexe ou de caste. Aussi venaient à lui indistinctement hommes et femmes, ascètes et marchands, brahmanes et artisans et jusqu'à des princes et même des courtisanes, ce qui ne pouvait manquer de faire scandale. Ceux qui étaient admis dans le *Sangha* l'étaient à égalité, sans tenir compte de leur précédent statut social. Enfin, tandis que les brahmanes n'enseignaient qu'en sanskrit, la langue sacrée, à l'époque incompréhensible, sauf aux lettrés qui l'avaient étudiée, le Bouddha employait la langue vulgaire et recommandait aux disciples envoyés en mission de prêcher dans le dialecte de leurs auditeurs.

Eux-mêmes venaient de tous les milieux. Les dix qui constituaient l'entourage immédiat du Bouddha sont nommément connus. Shāriputra et Mahāmaudgalyāyana, deux amis d'enfance, avaient été des « sceptiques » et même des agnostiques. Le premier fut respecté pour sa sagesse, le second en raison de ses dons de voyant et de thaumaturge. Ils périrent tous deux assassinés par des

74. *Majjhima Nikāya*, éd. *Pāli Text Soc.*, p. 134-135.

ennemis du bouddhisme peu avant la mort de leur maître [75]. Kāshyapa d'Uruvelā que, pour le distinguer de ses deux frères, on nomma Mahākāshyapa, le « Grand Kāshyapa », était un homme ascétique, austère, rigoriste et autoritaire, tandis que se caractérisait par sa profonde humilité, sa grande tendresse, Ānanda, dont le nom signifie « Béatitude », cousin du Bouddha, qui devint le serviteur dévoué de son Maître, position qu'il n'accepta d'ailleurs que lorsque Shākyamuni l'eut assuré qu'elle ne lui procurerait aucun privilège.

C'est Ānanda qui intervint auprès du Bouddha pour lui faire accepter la requête présentée respectueusement par Mahāprajāpati, sa tante maternelle qui avait été sa mère adoptive, d'admettre aussi les femmes à l'ordination, ce qui lui fut reproché plus tard par l'intransigeant Mahākāshyapa. Parmi les dix disciples, Subhūti était renommé pour son extrême bonté et sa compréhension pénétrante du difficile concept de Vacuité (*Shūnyata*), Pūrna (l'« Exaucé » ou l'« Achevé »), comme le grand interprète du *Dharma*, Katyāyana, expert dans la discussion et l'exégèse, Aniruddha, connu pour ses pouvoirs surnaturels, Upāli, l'ancien barbier des Shākya, qui néanmoins avait un rang supérieur à celui de ses anciens maîtres du fait qu'il avait reçu l'ordination avant eux ; la tradition fait de lui le spécialiste du rituel et de la discipline. Enfin, Rahula, le propre fils de Shākyamuni, entré dès l'âge de sept ans dans le *Sangha*. Ordonné par Shāriputra, il mourut, semble-t-il, très jeune et fut considéré par la suite comme le patron des novices.

Le cercle des fidèles qui ne cessait de s'agrandir comportait aussi des laïcs. Bien que demeurant dans le siècle, ils pouvaient professer publiquement leur apparte-

---

75. E. Lamotte, *Histoire du bouddhisme indien*, t. I, Louvain, 1958.

nance au *Sangha* par la « prise de refuge » (*trisharana*) auprès des « Trois Trésors » (*Triratna*) : le Bouddha, en tant que Maître, le *Dharma*, l'Ordre universel, devenu le « remède » par excellence quand on s'y rallie, le *Sangha*, considéré comme le moyen nécessaire pour progresser sur la Voie. Les fidèles laïcs (*upāsaka*) devaient respecter les cinq principaux préceptes moraux du bouddhisme (*shīla*, « obligations », « recommandations ») : respect de la vie et de la propriété, renoncement à toute activité sexuelle réprouvée, au mensonge et à la consommation de boisson enivrante ; ils avaient aussi à pourvoir à la subsistance matérielle de la communauté.

Certains d'entre eux sont restés célèbres pour leur munificence. Anāthapindika, riche marchand de Shrāvastī, la capitale du Koshala, située sur la rivière Rapti, affluent du Gange (le Koshala correspond à l'actuel Népal), acquit pour une somme importante le bois sacré de Jetavana et y fit construire un monastère pour le Bouddha et ses disciples ; c'était l'un des séjours favoris de Shākyamuni qui y passa, dit-on, dix-neuf saisons des pluies. S'illustrèrent aussi comme soutiens du *Sangha* la pieuse et riche Vishākhā, toute dévouée à la communauté, Jīvaka, le médecin du roi du Magadha, Ambapâli, une courtisane au grand cœur qui offrit au Bouddha un *vihāra* (« lieu de séjour »), c'est-à-dire une maison qui fut aménagée en monastère, dans un bosquet de manguiers [76], à Vaishālī (à 45 kilomètres au nord-ouest de l'actuelle Patna), enfin le roi du Magadha (actuel Bihar méridional), Bimbisāra, qui, après avoir entendu un sermon du Bouddha [77], devint un adepte laïc particulière-

76. Ambapāli signifie « rangée de manguiers ».

77. *Mahāvagga* du *Vinaya*, I, 22 ; trad. fr. « La prédication à Bimbisāra », dans *Les Écrits primitifs du bouddhisme*, Paris, 1949, p. 45-48.

ment actif, en tant que donateur et propagateur de la Doctrine. Bimbisāra offrit au Bouddha son jardin de plaisance Veluvana (« au bosquet de bambous »), près de Rājagriha, sa capitale (à 60 kilomètres au sud-est de Patna), et y édifia pour lui un monastère. Huit ans avant la mort du Bouddha, Bimbisāra fut assassiné par son fils Ajātassatu. Très ambitieux, le jeune prince forma un complot avec Devadatta, cousin du Bouddha, qui, membre influent du *Sangha*, en était venu à convoiter la place de son maître comme Ajātassatu celle de son père. Les deux hommes se mirent d'accord pour assassiner simultanément le Bouddha et le roi. Contre le Bouddha, ils organisèrent trois attentats successifs. D'abord, ils recrutèrent une bande de tueurs à gages ; mais ceux-ci, une fois en présence du Bouddha, furent si impressionnés qu'ils se convertirent sur-le-champ. Puis les conjurés tentèrent d'écraser le Bouddha sous un rocher énorme, mais celui-ci s'arrêta à ses pieds. Enfin, ils lancèrent contre lui un éléphant sauvage particulièrement féroce qui, arrivé devant le Bouddha, ploya le genou et lui rendit hommage. Nullement découragé, Devadatta tenta ensuite de susciter un schisme parmi les moines de Vaishālī. Accusant Shākyamuni de mener une vie trop facile et défendant un ascétisme plus rigoureux, il aurait réussi à rallier à sa cause cinq cents moines nouvellement ordonnés. Le Bienheureux, magnanime, laissa ces moines libres de suivre la discipline qui leur convenait. Cependant, lors de la mort du Bouddha, Devadatta proclama sa foi en son maître.

Quant à Ajātassatu, il parvint plus aisément à ses fins. Si le complot qu'il avait monté fut éventé, Bimbisāra, non seulement pardonna à son fils, mais lui céda le trône. Toutefois, Ajātassatu, pour plus de sécurité, fit emprisonner son père ainsi que son épouse et les laissa mourir de faim. Il n'en demanda pas moins conseil au Bouddha, quand il voulut conquérir le petit État démocratique de Vajjī, au nord de son royaume. Le Bouddha profita de l'occasion pour faire un exposé sur les mérites d'un système démocratique qui, tant qu'il reste uni, demeure invincible, leçon qui pouvait s'appliquer aussi au *Sangha*. Finalement, accablé par le remords, Ajātassatu vint en secret avouer son crime au Bouddha qui lui répondit : « Puisque tu reconnais ta faute, nous acceptons ton aveu », mais précisa que de ce fait le roi ne pourrait parvenir à la vision de la vérité [78].

Devenu fort populaire, Shākyamuni était souvent consulté par les puissants, tels Pasenadi, souverain du pays Koshala, les princes Licchavi qui gouvernaient l'État républicain de Vajjī, des hommes d'État, comme Vassakāra, le Premier ministre du Magadha, ou même des chefs militaires, tel le général Siha. À tous, il prodiguait des paroles de paix et stigmatisait la violence. Ainsi, lorsque Ajātassatu eut vaincu près de Kāshī (Bénarès) le roi Pasenadi, il déclara : « La conquête engendre la haine. / Le vaincu vit dans la misère. / Celui qui demeure paisible / ayant abandonné toute idée de victoire ou de défaite se maintient dans le bonheur... Un homme ruine un autre homme / jusqu'à ce que son acte cause sa propre ruine [79]. » Mais, malgré ses efforts, Shākyamuni ne put empêcher le prince Vidūdabha de massacrer de nombreux Shākya appartenant à son propre clan.

Partout, le Bouddha et ses moines étaient les bienvenus. Un jour, le roi du Koshala, Pasenadi, remarqua devant le Shākyamuni qu'à la différence de beaucoup d'adeptes des autres écoles, ses disciples étaient « joyeux et enthousiastes, jubilants et pleins d'exaltation, heureux dans leur vie spirituelle, leurs facultés satisfaites,

78. *Lalitavistara*, trad. cit., p. 379.
79. *Samyutta Nikāya*, I, 82-85.

exempts d'anxiété, sereins et paisibles, vivant d'un cœur léger, comme des gazelles ». Le roi ajouta qu'il pensait que ces heureuses dispositions provenaient du fait que « ces Vénérables avaient certainement réalisé complètement la haute et profonde signification de l'enseignement du Bienheureux [80] ».

Dès que les disciples furent devenus assez nombreux, assez instruits, le Bouddha les envoya prêcher la Doctrine à leur tour, s'adressant à eux en ces termes : « Je suis libéré, moines, de tous les liens à la fois divins et humains. Vous aussi, moines, êtes déliés de tous les liens à la fois divins et humains ; allez donc, voyageant pour le profit de beaucoup, pour le bonheur de beaucoup, par compassion pour le monde, pour le bien, le profit et le bonheur des dieux et des hommes. Que deux d'entre vous ne suivent pas le même chemin. Enseignez la Doctrine, moines, bonne dans son commencement, bonne dans son milieu, bonne dans sa fin, dans l'esprit et dans la lettre, et proclamez une vie religieuse pure et complète. Il y a des êtres de peu d'impureté qui périssent faute d'avoir entendu la Doctrine. Ils deviendront connaisseurs de la Doctrine [81]. »

Tout d'abord, le Maître et ses moines accomplissaient leur mission en toute saison, contrairement à l'usage. Mais la population s'en irrita : « Comment se fait-il que les *shramana* des Shākyas [les disciples de Shākyamuni] continuent à voyager même pendant la saison des pluies ? Ils foulent aux pieds les futures récoltes, abîment les plantes et détruisent d'innombrables petits êtres vivants. » En conséquence, le Bouddha décida d'entrer en retraite, lui et les siens, durant les trois mois de la saison des pluies. Il prit alors l'habitude de les passer dans les rési-

80. *Majjhima Nikāya*, édit. P.T.S., II, p. 121.
81. *Vinaya Pitaka*, I.

dences qui lui avaient été offertes, le plus souvent à Rājagriha, où furent créés jusqu'à seize monastères. La coutume s'institua qu'à la fin de la saison, les moines, leur retraite terminée, vinssent lui rendre visite, lui poser leurs questions et prendre ses directives [82].

Parfois, le Bouddha éprouvait le besoin d'être seul. « Accompagné de cette foule de moines et de nonnes, de fidèles laïcs, hommes et femmes, de rois et de ministres, de sectateurs d'autres écoles, j'en suis gêné et ennuyé. Si je me retirais dans la solitude ! » Ce qu'il fit un jour dans « l'épais bosquet de Rakkhila, près de Palileiyaka, au pied d'un arbre Bhada Sāl ». Or, il arriva qu'un noble éléphant, lassé par la présence de la foule de ses congénères, pensa de même et s'éloigna de son troupeau. Il arriva devant le Bienheureux, nettoya l'herbe autour de lui et lui apporta de l'eau dans sa trompe. Alors, le Bouddha entonna la stance suivante : « Le cœur du noble éléphant / est à l'unisson du mien. / Lui aussi se complaît dans la solitude de la forêt [83]. »

Le *Parinirvāna*

Pendant environ quarante-cinq ans, le Bouddha Shākyamuni, accompagné d'une foule toujours croissante de fidèles, chemina par petites étapes dans tout le bassin moyen du Gange, de Shrāvastī à Rājagriha, ne s'arrêtant que pour la retraite de la saison des pluies. En 486 (ou 483), âgé de quatre-vingts ans, Shākyamuni tomba gravement malade dans un monastère près de Vaishāli. Par un effort de sa volonté, il se remit : « Il ne convient pas

82. *Ibid.*
83. *Udāna*, trad. angl. F.L. Woodwark, in *Minor Anthologies*, vol. II, P.T.S., Londres, 1935.

que je quitte ce monde sans avoir parlé à mes disciples, sans avoir pris congé du *Sangha* [84]. »

Comme Ānanda le félicitait d'avoir recouvré la santé, le Bienheureux lui répondit : « Mais, Ānanda, je suis maintenant un vieillard chargé d'années. Mon voyage arrive à son terme, j'ai atteint la fin de mes jours, je suis âgé de plus de quatre-vingts ans. De même qu'un char usé ne peut continuer son chemin que grâce aux ligatures [qui maintiennent ensemble ses parties], de même, il me semble, le corps du *Tathāgata* ne peut continuer son service que grâce aux liens [qui l'enserrent]. C'est seulement, Ānanda, après avoir détruit en lui tout désir pour ce qui l'entoure que le *Tathāgata* obtient... cette concentration du cœur détaché de toute manière, c'est seulement alors que le corps du *Tathāgata* se sent à l'aise.

C'est pourquoi, Ānanda, soyez votre propre flambeau ; soyez votre propre refuge. Ne recherchez pas de refuge hors de vous-même. Prenez le *Dharma* comme flambeau, le *Dharma* comme refuge. Ne recherchez de refuge en nul autre qu'en vous-même. Et de quelle façon, Ānanda, un frère est-il à lui-même son flambeau, est-il à lui-même son refuge et, ne recherchant pas de refuge en dehors de lui-même, prend le *Dharma* comme flambeau, le *Dharma* comme refuge ? [Le *Dharma*, l'Ordre cosmique, se trouvant en nous-mêmes.]

De cette façon, moines : pour ce qui est du corps, un frère continue à surveiller son corps de manière à ce qu'il reste énergique, maître de soi et attentif, après avoir maîtrisé le désir et le découragement habituels à ce monde... [Et de même en ce qui concerne les sensations, les dispositions, les pensées], il continue à surveiller

84. Les citations suivantes sont tirées du *Mahā-Parinibbāna Sutta*, section XVI du *Dīgha Nikāya pāli*, qui contient un récit continu des derniers mois de la vie du Bouddha.

chacune d'elles de façon à rester énergique, maître de soi et attentif...

Et ceux qui, maintenant ou après ma mort, seront à eux-mêmes leur flambeau et leur refuge et ne rechercheront pas d'autre refuge, mais prendront le *Dharma* comme flambeau, lc *Dharma* comme refuge, ceux-là, Ānanda, atteindront la vérité sublime qu'ils brûlent de connaître. »

Un peu plus tard, le Bienheureux dit à Ānanda: « Celui qui a étudié, pratiqué, exercé et possédé les quatre fondements de la puissance surnaturelle [les Quatre Nobles Vérités], qui s'est établi sur ces fondements et les a fait siens au point de pouvoir les employer comme véhicule et comme base, celui-là peut, s'il le désire, continuer à vivre sans passer par une nouvelle naissance pendant un *kalpa*, ou pendant la partie du *kalpa* qui reste à accomplir. Maintenant, le *Tathāgata* les a entièrement étudiés et pratiqués, et il peut, s'il le désire, vivre encore pendant un *kalpa* ou pendant la partie du *kalpa* qui reste à accomplir. » Or Ānanda ne comprit pas l'intention si évidente, l'allusion si claire, et il ne lui vint pas à l'esprit de supplier le Bienheureux de rester encore durant le *kalpa* en cours.

Ensuite, le Bouddha demanda à Ānanda de rassembler dans la salle de réunion du sanctuaire de Tchapala tous les moines qui se trouvaient près de Vaishāli, et il leur tint ces propos :

« Toutes choses composées, ô moines, sont impermanentes, instables, fallacieuses, sujettes au changement. C'en est assez d'amasser des choses composées, c'en est assez de se restreindre. Ainsi donc, ô moines, après mon passage, ce que j'ai enseigné qui tend au profit dans le présent, au bonheur dans le présent, au profit dans un état à venir, au bonheur dans un état à venir, devra être saisi et assimilé par les moines... »

« Maintenant donc, ô moines, il faut que cette doctrine qui a été comprise et enseignée par moi, vous la saisissiez, la suiviez, la pratiquiez et la cultiviez, afin que cette vie religieuse devienne permanente et durable pour le plus grand avantage et le bonheur d'un grand nombre, par compassion pour le monde, le profit, l'avantage et le bonheur des dieux et des hommes. »

« Écoutez, ô moines, je m'adresse à vous tous : les choses composées sont transitoires, luttez avec ferveur. Dans peu de temps, le *Tathāgata* accédera au *nirvāna*. Dans trois mois à dater de ce jour, le *Tathāgata* atteindra le *nirvāna* [85]. »

L'assemblée s'étant retirée, Ānanda s'enquit de ce que deviendrait le *Sangha* après la disparition du Bienheureux. Celui-ci répondit que le *Sangha* ne dépendait que du *Dharma* qu'il avait enseigné et non d'un chef spirituel, pas même lui. Resté seul un moment, le Bouddha prononça cette stance :

Le Sage a renoncé à la vie courte ou sans limite
Que sa volonté enfermait en lui comme une cotte
[de mailles.
Il l'a brisée avec calme et remplie d'une joie infinie.

Puis, s'adressant à Ānanda, il dit encore : « Aujourd'hui encore, au sanctuaire de Tchapala, le *Tathāgata* a renoncé délibérément et sciemment à vivre jusqu'au terme fixé. » Aussitôt le vénérable Ānanda répondit : « Daignez, Seigneur, rester parmi nous durant le présent *kalpa*. Vivez encore pendant ce *kalpa* pour le bien et le bonheur d'un grand nombre d'êtres, par compassion pour le monde, pour le bien, l'avantage, le bonheur des dieux et des hommes. – Assez, Ānanda, ta prière vient trop tard. » Ānanda implora une seconde fois ; le Boud-

85. *Mahā-Parinibbāna Sutta*, II, 119.

dha ne répondit pas, puis, comme Ānanda attristé gardait le silence, il lui dit : « Si tu avais de nouveau imploré le *Tathāgata*, il aurait dû consentir à ta troisième demande. Tu as eu tort, Ānanda, tu as commis une faute. »

Mais, comme le vénérable Ānanda restait ensuite à pleurer, appuyé au chambranle de la porte du monastère et gémissait : « Hélas, je ne suis qu'un apprenti qui a encore à travailler beaucoup. Et le Maître qui me témoignait tant de bienveillance est sur le point de nous quitter », le Bienheureux, l'ayant appris, le fit venir.

« Assez de pleurs et de lamentations, Ānanda, n'ai-je pas prêché pour prémunir contre la séparation, la privation, l'éloignement de tout ce qui nous est cher et qui nous enchante ? Comment serait-il donc possible que ce qui est né, devenu, composé, qui a pour nature de disparaître, ne se dissolve pas... Cela ne se peut pas. Longtemps, Ānanda, tu étais très proche du *Tathāgata* par tes paroles, tes actes et tes pensées d'amour, de bonté et de joie, qui ne se démentaient jamais et dépassaient toute mesure. Tu as fait ce qu'il fallait, Ānanda, bientôt tu seras libéré à tout jamais des flots impurs. » Puis il dit : « Voici, Ānanda, le dernier regard que le *Tathāgata* jettera sur Vaishālī. Viens, Ānanda, allons à Kushinagara. Pour atteindre le *nirvāna*, le *Tathāgata* doit se rendre au terrain d'exercice des Malla, au bosquet des arbres Sāla jumeaux. » (Kushinagara est l'actuelle Kasia, dans l'État d'Uttar Pradesh, au nord du Gange.)

Le jour même de la mort du Bouddha, un jeune Malla, Pakkusa, qui avait été naguère son disciple, lui fit don de deux robes tissées d'or fin et prêtes à être portées : « Daigne le Bienheureux me faire l'honneur de les accepter. – Dans ce cas, ô Pakkusa, donnez-moi l'une des robes et donnez l'autre à Ānanda. » Puis il l'instruisit et le réjouit de ses directives. Après le départ de Pakkusa, le vénérable Ānanda revêtit le Bienheureux d'une des deux robes, puis s'exclama : « Quelle merveille, Seigneur, quel prodige ! Le teint du Bienheureux est si pur et tellement rayonnant que sur le corps du Bienheureux ces robes tissées d'or semblent avoir perdu tout leur éclat. – Il en est ainsi, Ānanda. En deux circonstances, le teint du *Tathāgata* devient pur et extrêmement rayonnant : la nuit où le *Tathāgata* s'éveille au suprême et parfait Éveil et la nuit où il s'éteint complètement dans le *nirvāna* sans résidu [*parinirvāna*]. Et aujourd'hui, Ānanda, à la troisième veille de la nuit, dans le bosquet des arbres jumeaux Sāla... le *Tathāgata* entrera en *nirvāna* [86]. »

« Le Seigneur, entouré d'un grand concours de moines, gagna la rive droite de la rivière Hirangavati et se rendit dans le bosquet de Sāla. Il dit au vénérable Ānanda : "Prépare-moi, entre les arbres Sāla jumeaux, un lit, la tête tournée vers le nord. Je suis malade, Ānanda, je veux me coucher." » Ānanda prépara le lit et le Bienheureux se coucha sur le côté droit, les jambes posées l'une sur l'autre ; il était calme et attentif. Bien que ce ne fût pas la saison, les deux Sāla jumeaux étaient couverts de fleurs. Celles-ci tombaient et se répandaient sur le corps du Bienheureux, honorant ainsi le successeur des Bouddhas du passé.

Or il se trouvait à Kushinagara un ascète errant appartenant à une autre secte. Lorsque ce Shubhada entendit dire : « Aujourd'hui, à la troisième veille de la nuit, l'ascète Gotama atteindra le *nirvāna* », il pensa :

---

86. Selon la tradition, le Bouddha serait mort à la suite d'un repas préparé pour lui par le forgeron Tchoundaka, qui, pour lui faire honneur, lui aurait offert de la viande de sanglier. Afin qu'il n'en éprouve pas de remords, le Bouddha chargea Ānanda de lui dire après sa mort : « C'est un bien pour toi, Tchoundaka, c'est un mérite pour toi que le *Tathāgata* soit mort après avoir mangé à son dernier repas le mets que tu avais préparé pour lui. »

« Des ascètes de mon école, des hommes vieux et pleins d'expérience, instructeurs des instructeurs, ont dit : "Quelquefois, bien rarement, apparaissent en ce monde des *Tathāgata*, des Éveillés." Aujourd'hui, à la dernière veille de la nuit, l'ascète Gotama entrera en *nirvāna*. Or un certain doute s'est élevé dans mon esprit et ma foi en l'ascète Gotama me fait espérer qu'il pourra m'exposer la Doctrine, de façon à le dissiper. »

Venu jusqu'au bosquet des arbres Sāla, et s'approchant du vénérable Ānanda, Shubhada lui fit part de ce qu'il venait de penser et ajouta : « Ô Ānanda, qu'il me soit seulement accordé de voir l'ascète Gotama. » Mais Ānanda lui répondit : « N'insiste pas, Shubhada, ne trouble pas le *Tathāgata*. Le Bienheureux est malade. » Shubhada renouvela une deuxième, puis une troisième fois sa requête, mais il obtint la même réponse. Or le Bienheureux avait entendu la conversation entre le vénérable Ānanda et l'ascète Shubhada. Il appela Ānanda et lui dit : « Cela suffit, Ānanda, n'empêche pas Shubhada de venir jusqu'à moi. Toute question qu'il me posera procédera de son désir de connaître la vérité. Quelles que soient les réponses que je fasse à ses questions, il les comprendra vite. »

Une fois instruit par le Bienheureux, l'ascète Shubhada s'écria : « Merveilleuses, Seigneur, sont les paroles sorties de votre bouche. C'est comme si l'on redressait ce qui est courbé, comme si l'on découvrait ce qui avait été caché, comme si l'on montrait le chemin à qui s'est égaré, comme si l'on apportait une lampe dans les ténèbres. Je vais au Seigneur comme à mon refuge, je vais au *Dharma* et au *Sangha* comme à mes refuges. Puissé-je devenir membre du *Sangha*, puissé-je recevoir l'ordination. »

Bien qu'il fût d'usage que celui qui avait appartenu à une autre école subisse une période de probation de quatre mois, le Bienheureux, ayant appelé Ānanda, lui ordonna de conférer immédiatement l'ordination à Shubhada. Peu après, Shubhada atteignit le but par lui-même. Il sut qu'il n'y aurait plus pour lui de naissance nouvelle et qu'il ne reviendrait plus en ce monde. Shubhada, nouveau venu au rang des *Arhāt*, fut le dernier disciple converti par le Bouddha lui-même.

Ānanda demanda alors au Bienheureux : « Quelles dispositions, Seigneur, devrons-nous prendre en ce qui concerne vos restes mortels ? – Ne vous préoccupez pas, Ānanda, des honneurs à rendre aux restes du *Tathāgata*. Soyez tout entier à votre salut, je vous en prie. Consacrez-vous à votre salut. Soyez ardent, zélé, attentif à votre salut, Ānanda. Il est parmi les nobles, parmi les brahmanes, parmi les chefs de maison, des sages qui ont la foi dans le *Tathāgata* et qui rendront aux restes du *Tathāgata* les honneurs qui conviennent. – Mais que ferons-nous, Seigneur, des restes du *Tathāgata* ? – Comme on traite les restes d'un roi des rois, d'un *chakravartin*, ainsi, Ānanda, traitera-t-on les restes du *Tathāgata*. »

Le Bouddha précisa qu'après avoir incinéré son corps, il conviendrait de déposer ses cendres dans un *stûpa* (tertre funéraire) érigé au croisement de quatre routes. « Et quiconque fera en cet endroit une offrande de fleurs, d'encens ou d'images, ou témoignera du respect et de la vénération, ou trouvera la paix du cœur, celui-là acquerra profit et félicité pour longtemps... C'est pourquoi un *Tathāgata*, un Éveillé parfait et accompli, est digne d'un *stupa*... »

Alors, le Bienheureux s'adressa au vénérable Ānanda : « Ne pensez pas, ô Ānanda : "Nous ne possédons plus la parole de notre maître décédé. Nous n'avons plus de maître." Ô Ānanda, ne voyez pas les choses ainsi. La Doctrine et la discipline que je vous ai enseignées, que je vous ai expliquées, seront votre maître lorsque j'aurai disparu. De plus, ô Ānanda, après ma disparition, les moines ne devront plus se saluer mutuellement du titre d'"ami" ainsi qu'ils le font à présent ; mais un moine plus jeune devra être salué par un moine plus ancien par son nom personnel, par celui de son clan ou par le titre d'"ami" ; mais un moine plus ancien devra être salué par un moine plus jeune du titre de "vénérable" ou de celui de "seigneur"... En outre, ô moines, si l'un d'entre vous éprouve encore des doutes ou de l'incertitude à l'endroit du Bouddha, ou de la Doctrine, ou de la Communauté, ou de la Voie, ou du Chemin, qu'il m'interroge, afin de ne pas ressentir plus tard le regret et dise : "Quand notre maître était présent, je n'ai pas essayé d'interroger le Bienheureux face à face." » Quand il eut ainsi parlé, les moines demeurèrent en silence. Une deuxième fois, une troisième fois, les moines restèrent silencieux. « Alors, en vérité, ô moines, si c'est par respect envers votre maître que vous n'osez pas l'interroger, que chacun d'entre vous s'adresse à l'un de ses compagnons. »

Quand il eut ainsi parlé, les moines demeurèrent en silence. Alors le vénérable Ānanda, prenant la parole, s'adressa au Bienheureux : « C'est merveilleux, ô Seigneur, c'est extraordinaire, ô Seigneur, comme j'ai confiance en cette communauté de moines ! Il n'est aucun moine, en cette communauté, qui éprouve de doute ou d'incertitude à l'endroit du Bouddha, ou de la Doctrine, ou de la Communauté, ou de la Voie, ou du Chemin. – La confiance que tu exprimes, ô Ānanda, est inférieure à la connaissance du *Tathāgata*. Il n'est vraiment aucun moine, en cette communauté, qui éprouve de doute ou d'incertitude à l'endroit du Boudha, ou de la doctrine, ou de la Communauté, ou de la Voie, ou du Chemin, car, ô Ānanda, le dernier de ces cinq cents moines est "entré dans le courant", il n'est plus soumis à la loi de la renaissance dans le malheur, il est fixé sur la Voie de la Délivrance, il a pour but l'Éveil complet. »

Alors, en vérité, le Bienheureux s'adressa ainsi aux moines : « À présent, ô moines, je vous dis ceci : soumis à la loi de la disparition est tout ce qui est composé, efforcez-vous d'atteindre le but avec diligence ! » Telles furent les dernières paroles du *Tathāgata*.

« Alors, en vérité, le Bienheureux entra dans le premier *dhyāna* (stade de la méditation). Étant sorti du premier *dhyāna*, il entra dans le deuxième, puis dans le troisième, puis dans le quatrième, le domaine de l'infinité de l'espace, le domaine de l'infinité de la conscience, le domaine de la vacuité, le domaine sans perception ni absence de perception, la cessation des sentiments et des perceptions. Alors, le vénérable Ānanda demanda au vénérable Anuruddha : « Ô vénérable Anuruddha, le Bienheureux a-t-il atteint la complète extinction ? – Non, ami Ānanda, le Bienheureux n'a pas atteint la complète extinction, il a seulement atteint la cessation des sentiments et des perceptions. » Alors, le Bienheureux, étant sorti du recueillement de la cessation des sentiments et des perceptions, atteignit le domaine sans perception ni absence de perception, le domaine de la vacuité, le domaine de l'infinité de la conscience, le domaine de l'infinité de l'espace, le quatrième *dhyāna*, puis le troisième, le deuxième, le premier. Étant sorti du premier, il atteignit le deuxième, le troisième, le quatrième. Immédiatement après être sorti du quatrième *dhyāna*, le Bienheureux s'éteignit complètement. Dès que le Bienheureux se fut complètement éteint, il se produisit un grand tremblement de terre, terrifiant, horrible, et le tonnerre des tambours divins éclata. »

2

Le *Sangha*

Le *Sangha* (« foule », « groupe », plus particulièrement groupe de personnes en quête de spiritualité réunies autour d'un maître), la communauté bouddhique, prit naissance aussitôt après le sermon de Bénarès, lorsque les cinq moines qui avaient été naguère les compagnons de Shākyamuni sollicitèrent de lui l'ordination. Le premier fut Ajnata Kaudinga, qui obtint immédiatement l'« entrée dans le courant » (*shrota āpanna*). Ainsi désigne-t-on le premier degré de sainteté, accessible à celui qui a acquis *shraddā*, la confiance spontanée dans le Bouddha et dans son enseignement, ou pénétré la Doctrine (le *Dharma*) par sa compréhension intellectuelle.

Celui qui est « entré dans le courant » s'est déjà libéré de l'illusion de l'existence d'un Moi, du doute, de l'ignorance, de la convoitise, de la haine, enfin de l'attachement aux rites et aux règles, mais il n'est pas encore délivré des passions (*klesha*). Cependant, il est déjà assuré de ne renaître que dans de bonnes conditions d'existence (*gati*) et pas plus de sept fois. S'il parvient à maîtriser ses passions, il n'aura plus besoin que de deux ou trois renaissances futures avant d'obtenir la délivrance finale. Au stade suivant du Sentier sacré (*Aryamārga*), les trois racines du Mal, le désir, la haine et l'ignorance, étant extirpées, le religieux parviendra à l'état de *sakridāgāmin*, « celui qui ne revient qu'une seule fois ». À la troisième étape du Sentier, libéré de tout attachement, il deviendra « celui qui ne revient plus » (*anāgāmin*). Enfin, la dernière étape fera de lui un *Arhāt*, un saint, en qui toute souillure, toute passion auront été définitivement abolies, et qui, au terme de sa vie, parviendra à l'extinction de tout désir, au *nirvāna* [1].

D'emblée, une fois ordonnés, Ajnata Kaundinga et ses quatre compagnons parvinrent à ce stade. Il y eut, en comptant le Bouddha, six *Arhāt* dans le monde. Ils furent ensuite soixante et un. Désormais, les conversions s'opérèrent suivant le schéma suivant : le Bouddha prenait à part le candidat et lui donnait l'enseignement graduel (*anupurviya dharmadesana*) : « Au candidat assis à ses côtés, le Bienheureux communique l'enseignement graduel, à savoir un discours sur le don, un discours sur la moralité, un discours sur le ciel, et lui expose les périls de la vanité et de la dépravation des plaisirs des sens, ainsi que les avantages qu'il y a à y renoncer. Lorsque le Bouddha a constaté que la pensée du candidat est souple, libre d'obstacle, joyeuse et bien disposée, alors il lui enseigne en entier l'excellente Doctrine des Bienheureux Bouddhas [du passé], à savoir les Quatre Nobles Vérités sur *duhkha* [la douleur], son origine, sa destruction et le chemin qui mène à sa destruction. » Ainsi éclairé, le candidat parvenait à la compréhension parfaite des Quatre

1. Mōhan Wijayaratna, *Le moine bouddhiste selon les textes du Theravāda*, Paris, 1983.

Nobles Vérités, de l'Octuple Sentier et du mécanisme de la Production conditionnée et interdépendante. Dès lors, pouvait s'ouvrir en lui l'« Œil de la Loi » (*Dharmacaksus*), la vision « pure et sans tache » ; il savait que « tout ce qui est sujet à naître est sujet à périr ».

Il était prêt désormais soit à adhérer au *Sangha* en tant qu'*upāsaka* (« celui qui assiste »), c'est-à-dire adepte laïc, soit à solliciter son admission au sein du *Sangha* par l'ordination (*upasampāda*) de moine. L'adepte laïc s'exprimait ainsi : « Je prends refuge dans le Bouddha, le *Dharma* et le *Shangha* des moines. Que le Bienheureux me tienne pour *upasāka* ayant pris refuge aujourd'hui et tant que durera ma vie. » Cette triple « prise de refuge » (*sharanagamana*) dans les « Trois Trésors » ou « Trois Joyaux » (*Triratna*), le Bouddha, la Vérité révélée par lui et la Communauté vivant conformément à cette vérité, constitue encore aujourd'hui l'adhésion au bouddhisme.

Le disciple laïc était tenu d'accepter et de respecter les cinq préceptes de moralité (*shīla*) : ne pas tuer, ne pas voler, ne pas commettre l'adultère, ne pas mentir, s'abstenir de boissons enivrantes. De plus, lors des jours de jeûne (*uposatha*), qui avaient lieu quatre fois par mois, à la pleine et à la nouvelle lune, au premier et au dernier quartier, les laïcs pieux observaient les trois abstinences supplémentaires des moines : pas de nourriture après midi, de parfums et de bijoux, de spectacles, de danse et autres divertissements (*astanga shīla*, les « huit préceptes »).

L'ordination de moine constituait un tout autre engagement. Seuls les moines constituaient le *Sangha* proprement dit et lui étaient entièrement soumis. Le postulant recevait d'abord une première ordination qui pouvait lui être conférée dès l'âge de sept ans – celui auquel Rahula, le fils de Shākyamuni, avait été reçu dans la communauté. Le novice (*shrāmanera*) était confié à un précepteur *upā-*

dhyāya) chargé de lui enseigner la Doctrine, tandis qu'un maître (*achārya*) l'initiait aux rites et aux règles. Le novice s'engageait à suivre les dix *shīla* : ne pas tuer, ne pas voler, observer la chasteté, ne pas mentir, ne pas consommer de boissons enivrantes, ne plus rien manger après midi, ne pas participer à des divertissements profanes, ne porter ni parures ni parfums, ne pas coucher dans de hauts lits moelleux, ne pas toucher à l'argent ni aux objets de valeur. Vis-à-vis de son précepteur, le novice devait se comporter comme un élève, un serviteur et un fils ; de son côté, le précepteur le prenait entièrement en charge et pourvoyait à ses besoins. « Entre eux doivent régner déférence, respect, attachement mutuels, afin qu'ils puissent croître, prospérer et s'affermir dans la Doctrine et dans la discipline [2]. » C'était le précepteur qui présentait son élève à l'ordination majeure que l'on ne pouvait recevoir avant l'âge de vingt ans. En fait, à l'origine, la plupart des postulants étaient déjà des religieux, mais, lorsqu'ils provenaient d'autres écoles, l'ordination ne pouvait leur être conférée qu'au terme d'une période probatoire de quatre mois.

L'ordination majeure (*upasampāda*) revêtait une grande solennité. Elle ne pouvait être donnée que par un chapitre d'au moins dix moines. Présenté par son précepteur, le postulant, à qui l'on disait qu'il était temps pour lui de « parler vrai, de parler juste », devait répondre à un certain nombre de questions. Le cérémoniaire interrogeait par trois fois le chapitre afin de savoir s'il ne soulevait pas d'objection. Puis le candidat déclarait à trois reprises : « Je sollicite de la Communauté, ô vénérables, l'ordination. Puisse la Communauté, ô vénérables, m'élever jusqu'à elle. » Le postulant se présentait le crâne rasé, muni de ses trois robes et de son bol à aumônes, qui

2. *Mahāvagga* du *Vinaya*, I, 45.

lui avaient été remis solennellement par ses instructeurs. On lui faisait alors part des quatre règles d'austérité (*nisraga*) qui devaient désormais marquer son comportement extérieur et des quatre grandes prohibitions (*akaraniya*) dont la violation entraînait par elle-même l'exclusion de la communauté : la fornication, le vol, le meurtre et l'affirmation intéressée de pouvoirs spirituels imaginaires.

À partir de ce moment-là seulement, le postulant devenait membre à part entière du *Sangha*. Toutefois, il restait encore auprès de son précepteur pendant au moins cinq années et, par la suite, devait lui porter aide et assistance, par exemple le soigner s'il tombait malade. Dix ans seulement après son ordination, le moine devenait complètement indépendant. Ce n'est qu'à partir de ce moment-là qu'il pouvait éventuellement recevoir le titre de *thera*, « Ancien »), réservé aux moines qui se distinguaient par leur sainteté et leur érudition.

Le moine était soumis, par ailleurs, à un très grand nombre de prescriptions détaillées, énumérées dans le recueil *Prātimoksha* du *Vinaya Pitaka* (« Corbeille de la discipline »), 227 pour les moines et 310 pour les nonnes, et qui étaient divisées en huit catégories : *Pārājikā*, les quatre fautes qui entraînaient l'exclusion sans réhabilitation possible ; *Sanghādisesa*, les treize fautes graves, par exemple : toucher une femme, ou accuser sans fondement un autre moine ; celles-ci étaient jugées solennellement par la communauté réunie à trois reprises : pour le jugement, le début de la pénitence imposée et, à la fin de celle-ci, pour la réhabilitation : *Aniyata*, les deux fautes dites « équivoques » sur la gravité desquelles il y avait doute : *Nissagaya Pācittiya*, les trente fautes dont on était obligé de se confesser et qui entraînaient réparation : par exemple, si le moine avait reçu de l'argent ou des objets précieux ; *Pācittiya*, les quatre-vingt-douze fautes mineures qui ne nécessitaient que la confession : par exemple, le fait d'avoir mangé après midi, ou d'avoir assisté à un spectacle profane ; *Pātidesanīya*, les quatre fautes qu'il suffisait de déclarer devant la communauté lors de la confession générale : elles concernaient particulièrement l'attitude pendant les repas ; les soixante-quinze *Sekhiyā* étaient les manquements à la bonne conduite, ou tout simplement à la dignité et à la politesse requises ; enfin, les sept *Abhikarana samatha* n'étaient que des procédures visant à effacer le trouble causé par certaines fautes.

Malgré leur apparente rigueur, ces « fautes » étaient traitées par la communauté avec une relative indulgence. On ne pouvait ni juger un coupable en son absence ni condamner un moine qui n'aurait pas reconnu même ses fautes les plus graves. Il n'existait aucun châtiment corporel. Il s'agissait plutôt de mettre le moine en face de sa responsabilité. En fait, en commettant les quatre fautes qui entraînaient la déchéance, c'était le coupable lui-même qui s'excluait de la communauté. Ainsi, la faute grave de fornication est-elle mentionnée en ces termes : « De même qu'un homme dont la tête a été tranchée ne peut vivre avec son seul tronc, de même le moine qui entretient une relation sexuelle n'est plus un moine, il n'est pas un disciple, fils des Shākya. De cela, tu dois essayer de t'abstenir, ta vie durant. » Le texte précise qu'il s'agit d'une relation sexuelle suivie, non d'une simple défaillance. De la faute qui consiste à s'attribuer des pouvoirs qu'on ne possède pas, il est dit : « De même qu'un palmier dont on a brisé la cime ne peut plus repousser, de même un moine qui dans un mauvais dessein et par avidité se vante faussement et mensongèrement d'une perfection surhumaine, celui-là n'est plus un moine... [3] »

3. Mōhan Wijayaratna, *op. cit.*, p. 156.

Les nonnes, on vient de le voir, avaient à respecter quatre-vingt-trois observances de plus que les moines. L'admission des femmes dans la communauté ne s'était pas faite sans difficulté. Cinq ans après l'Éveil, Shākyamuni revint à Kapilavastu afin de visiter les siens. Il enseigna son père, Suddhodana, qui atteignit l'état d'*Arhat* sur son lit de mort. Sa veuve, Mahāprajāpatī Gotami, tante maternelle et mère adoptive de Shākyamuni, vint le trouver et lui dit : « Il serait bon, Seigneur, que les femmes puissent être autorisées à sortir de la maison pour mener une vie sans abri dans la Doctrine et la discipline enseignées par le *Tathāgata*. – C'est assez, Gotami, ne souhaitez pas que les femmes sortent de la maison pour mener une vie sans abri dans la Doctrine et la discipline enseignées par le *Tathāgata*. » À deux reprises, Mahāprajāpatī renouvela sa demande et essuya le même refus. Elle quitta alors le *Tathāgata*, triste et découragée, les yeux pleins de larmes, salua le Seigneur et, passant à sa droite, s'en alla. Plus tard, s'étant fait couper les cheveux et ayant revêtu la robe ocre des moines, Mahāprajāpatī, accompagnée d'un grand nombre de femmes appartenant au clan des Shākya, vint à Vaishālī où se trouvait son fils adoptif. Là, elle resta debout devant sa porte en pleurant. L'ayant aperçue, Ā nanda vint la trouver et lui demanda la raison de ses larmes. Elle la lui dit. Ānanda alla trouver le Bienheureux : « Seigneur, Mahāprajāpatīse tient debout devant la porte, les pieds gonflés, les membres couverts de poussière, et en pleurs, parce que le Seigneur n'a pas permis aux femmes de quitter la maison. Il serait bon, Seigneur, que vous les y autorisiez. » Le Bouddha refusa tout net. Alors Ānanda usa d'artifice : « Est-il possible, Seigneur, pour les femmes, une fois sorties de la maison et menant une vie sans abri, consacrée à la Doctrine et à la discipline du *Tathāgata*, de réaliser le fruit de celui qui “entre dans le courant" ? – C'est possible, Ānanda. – Si cela est possible pour les femmes, alors il serait bon que Mahā prajāpatī, la tante du Seigneur, qui a été sa mère adoptive et l'a nourri de son sein, reçoive l'autorisation de quitter sa maison, et les autres femmes avec elle. – Oui, à condition que Mahāprajāpatī consente à accepter les huit prescriptions suivantes » (celles-ci réglementaient le respect et la soumission dus aux moines par les nonnes, même par la doyenne des nonnes à l'égard du plus jeune des moines). Mahāprajāpatī se soumit aussitôt. Pourtant, le Bienheureux remarqua : « Maintenant que j'ai admis que les femmes sortent de la maison pour mener la vie sainte, la Doctrine, qui aurait subsisté un millier d'années, ne se maintiendra plus que durant cinq cents ans [4]. »

Depuis lors, les nonnes furent soumises à plus d'obligations que les moines. Elles furent astreintes à une période de probation avant de recevoir leur ordination et placées sous la dépendance des moines. Elles devaient se rendre tous les quinze jours dans la communauté de ceux-ci afin d'y recevoir l'instruction ; elles ne pouvaient elles-mêmes instruire un moine ou lui adresser de reproches, etc.

Aux moines et aux nonnes, le Bouddha donnait le nom de *bhikshu* (en pāli, *bhikku*), « mendiant vivant d'aumônes », et de *bhikshuni* (pāli *bhikkuni*). Entre eux, les moines se donnaient le nom de *bhante* (vénérable) pour les supérieurs et d'*avuso* (« frère » ou « ami ») pour les inférieurs. Ils s'adressaient aux moniales en les appelant *bhagini* (« sœurs »). Mais des laïcs les moines étaient connus comme les « religieux, fils des Shākya » (*samanārā shākyaputiyā*).

Tout au début de la communauté, les moines portaient une robe (*pānsukūla chīvara*), confectionnée avec des haillons ramassés dans les cimetières ou qui traînaient

4. *Cullavagga* du *Vinaya*, X, 1.

dans les rues, mais lavés avant d'être utilisés. Ainsi, selon la tradition, s'était vêtu le Bouddha après l'Éveil. Mais, par la suite, Jīvaka-Komarabacca, médecin du roi Bimbisāra et lui-même disciple du Bouddha, lui fit don pour lui et les siens d'étoffes plus convenables, probablement par souci d'hygiène. Le Bouddha donna l'autorisation de les porter. Depuis lors, l'habillement des moines comporta trois vêtements (*trichīvara*) distincts, superposés : l'*antaravāsaka*, linge en cinq parties, enroulé autour des hanches et des cuisses, une robe sans doublure (*utarāsangha*), composée de morceaux de tissu, cousus ensemble en souvenir du vêtement originel, et formant, à la demande du Bouddha lui-même, le dessin d'une rizière, divisée en sections par des levées de terre, du pays de Magadha, enfin une robe de dessus, doublée, servant de manteau (*sanghāti*), formée de neuf à vingt-cinq bandes distinctes de tissu. Ces robes, à l'origine, étaient de couleur ocre jaune, celle des renonçants (*kāshāya vattha*). Elles sont encore de cette couleur dans les pays hinayānistes de l'Asie du Sud-Est ; mais les robes des moines chinois sont bleues ou brunes ; les moines tibétains s'habillent en rouge pourpre ; les moines zen japonais portent deux robes, un « kimono » blanc et par-dessus un « kolomo » noir à grandes manches. Mais le véritable habit du renonçant est le *kāshāya*, porté comme une toge par-dessus les autres robes. En dehors des trois robes, le fourniment du moine se limite au bol dans lequel les fidèles déposent leurs offrandes de nourriture et dans lequel il mange, à une ceinture, un rasoir, une aiguille à coudre, un filtre à eau, une brosse à dents, un bâton de pèlerin, ces sept objets formant avec les robes les huit « nécessités ». Les moines allaient pieds nus, ne portant qu'exceptionnellement des sandales [5].

5. *Mahāvagga* du *Vinaya*, I, 28.

Le *bhikshu* restait un errant, allant et venant dans tout le pays, souvent d'un lieu de pèlerinage à un autre, et s'abritant pour la nuit là où il pouvait. Les *bhikshu* ne se réunissaient que lors de la retraite de la saison des pluies. Mais, bientôt, beaucoup d'entre eux établirent leur résidence (*vihāra*) à proximité d'un village ou d'une ville, où ils allaient mendier, vivant d'abord sous des huttes de feuillage, puis dans des maisons. En principe, ils y vivaient seuls. Puis les *vihāra* se regroupèrent, formant des monastères (*samgharama*) utilisés surtout pendant la saison des pluies qui durait de trois à quatre mois, de la pleine lune d'*asadha* (juin-juillet) à celle de *kartikka* (octobre-novembre) et durant laquelle les moines étaient tenus de faire retraite (*varsopanayika*). La fin de la saison des pluies donnait lieu à des festivités (*pravarana*), à l'occasion desquelles les moines faisaient des processions, recevaient des présents et étaient invités chez les fidèles laïcs. On appelait *kathina* la distribution des toiles de coton par les laïcs aux moines, ainsi que la confection et la teinture des robes neuves par ces derniers.

En principe, le moine ne sortait du monastère qu'après la première méditation qui avait lieu très tôt le matin, pour aller mendier sa nourriture qu'il consommait de retour au monastère avant midi ; d'abord, il se lavait les pieds. C'était le seul repas de la journée ; en étaient exclus viande et poisson, sauf si l'animal n'avait pas été tué à son intention [6]. Le moine cependant était autorisé à prendre son repas chez les laïcs qui l'invitaient. Après quoi, sur le seuil de sa cellule, il instruisait ses fils spirituels, se retirant ensuite pour passer dans le recueillement, à l'écart, souvent sous un arbre, les heures les plus chaudes. Au coucher du soleil, avait lieu l'audience publique. Le calme revenu, le moine prenait son bain,

6. *Vinaya Pitaka*, I, 199.

puis recevait de nouveau ses disciples et conversait avec eux parfois très avant dans la première veille de la nuit.

Cette vie régulière était coupée quatre fois par mois par les jours de jeûne. Deux fois par mois, à la pleine et à la nouvelle lune, les moines de la région se réunissaient dans une salle spéciale du monastère pour le jour de jeûne et d'abstinence (*uposatha*). Une fois sur deux, la célébration se terminait par la récitation du code de discipline (*Prātimoksha*), suivi d'une confession publique des manquements à la règle : « Que quiconque a commis une faute le déclare. S'il n'en a pas, qu'il se taise. De votre silence, ô vénérables, je conclurai que vous êtes purs... Mais un moine qui, une fois la question répétée trois fois, ne confesserait pas une faute qu'il a commise et dont il se souvient, se rendrait coupable d'un mensonge volontaire, ce qui est un empêchement à la vie religieuse. Que donc un moine qui a commis une faute et qui s'en souvient et qui a à cœur de se purifier, qu'il déclare sa faute. Car ce qu'il a déclaré lui sera léger [7]. »

Les prescriptions, nombreuses et minutieuses, ne visaient qu'à faire du moine un être parfaitement renoncé, doux et chaste – tout contact, même furtif, avec une femme était sévèrement prohibé –, pauvre et humble. N'ayant pas le droit d'exercer un métier lucratif ni d'avoir aucune possession personnelle, le moine dépendait entièrement de la générosité des laïcs. Dégagé de toute obligation, il pouvait se consacrer entièrement à son perfectionnement personnel, dont le but était de parvenir à l'état d'*Arhat*, ayant effacé toutes ses impuretés, écarté tous ses attachements, ayant « déposé son fardeau » et atteint la connaissance parfaite, donc totalement libéré, n'ayant plus en vue que le *nirvāna*. Tel était

7. Texte cité par Mōhan Wijayaratna, *op. cit.*

l'idéal dans le bouddhisme des « anciens », le *Theravāda*, idéal qui, par la suite, parut quelque peu étroit, quelque peu intéressé et suscita une forte réaction.

À Ānanda qui l'interrogeait sur ce que deviendrait la Communauté après sa mort, le Bouddha avait répondu : « Le *Tathāgata* ne nourrit pas cette pensée : “Je veux être le chef de la Communauté”, ou “la communauté m'est soumise”. Pourquoi, dans ces conditions, laisserait-il des instructions sur tout ce qui concerne la communauté ? » À Kushinagara, peu avant de s'éteindre, il avait insisté auprès de ses disciples : « Ne dites pas : nous n'avons plus de maître. La Doctrine et la discipline que je vous ai enseignées, que je vous ai expliquées, seront votre maître quand j'aurai disparu [8]. » En conformité avec ces ultimes recommandations, le *Sangha* n'eut par la suite ni maître ni hiérarchie : la seule préséance reconnue fut celle de l'ancienneté déterminée par la date de l'ordination. Le moine était responsable d'abord devant lui-même, puis par rapport à la communauté dans son ensemble.

---

8. *Dīgha Nikāya*, II, 100.

3

La Doctrine fondamentale

Le *Dharma*

La Doctrine que, pendant plus de quarante ans, prêcha le Bouddha Shākyamuni, était – il l'avait remarqué lui-même, aussitôt après l'Éveil – « difficile à comprendre, accessible [seulement] aux sages, puisque l'humanité vivait dans l'agitation du monde, était emportée par elle et s'y complaisait ». La Doctrine, cependant, n'était autre que le *Dharma* lui-même. *Dharma* est le mot clé ; si l'on n'en comprend pas la signification, on ne peut comprendre le bouddhisme. Le mot désigne au premier chef la Réalité absolue, la Loi qui régit le cosmos et le fait fonctionner, l'Harmonie universelle, pourrait-on dire. Cette Réalité ultime dont Shākyamuni eut lors de l'Éveil la vision intuitive, lui permit seule de comprendre le sens de la destinée humaine. C'est cela qu'il fut mis en demeure de révéler aux hommes. Communiquant l'expérience qu'il venait de faire, il la donnait en exemple : « J'appartiens à ces religieux, à ces brahmanes qui ont pleinement compris, et uniquement par eux-mêmes, des expériences (*dharma*) encore inconnues et ont atteint ici et maintenant l'excellence quant à la conduite pure et à la Connaissance surnaturelle [1]. » Le *Dharma*, « il l'a touché de tout son corps (*kāya*), par le cœur, réalisé dans l'intériorité (*pacattam*), hors de toute croyance, de toute inclination, de toute connaissance par ouï-dire, hors de toute opinion, de toute réflexion [2] ».

Son enseignement, la Doctrine, est le reflet direct du *Dharma* dans son être. Pour le bouddhiste, elle est le *Dharma* lui-même, et on ne lui donne pas d'autre nom. Le *Dharma* peut donc être l'objet d'une expérience intérieure, il doit être expérimenté. Les *dharmas*, ce sont aussi les expériences, les choses, mais « telles qu'elles sont », en leur « ainsité », c'est-à-dire mises à nu, dépouillées de tout préconçu, de toute « fabrication psychique » (*samskāra*). « Et le *Tathāgata*, ô moines, l'*Arhāt*, connaît intuitivement, spontanément la terre comme telle, mais n'en forge pas de concept. Connaissant la terre comme telle, il ne se dit pas : je suis la terre, je suis de la terre, la terre m'appartient, il ne s'y complaît pas [3]. » « Le *Tathāgata* voit ce qui doit être vu, mais ne forge pas de conceptions au sujet de ce qui est vu, n'est pas vu, doit être vu ; ni au sujet de celui qui voit, ni au sujet des choses entendues, connues... [4] » Si le non-éveillé ne perçoit pas les choses ainsi, s'il ne peut les percevoir « telles qu'elles sont », c'est par suite de la « complaisance » qui est « la racine de *duhka* », la souffrance existentielle, la complaisance pour une perma-

1. *Majjhima Nikāya*, II, p. 211.
2. *Samyutta Nikāya*, II, p. 115.
3. *Majjhima Nikāya*, I, 1.
4. *Anguttara Nikāya*, II, 25.

nence qui n'est qu'illusoire, la complaisance envers le « soi » qui est l'illusion même.

Anātman et *skandha*

Au problème qui agitait le monde spirituel de l'Inde de son temps, de la nature de l'*ātman*, le « Soi », le Bouddha apporte une solution radicale : l'*ātman*, en tant que substance unique et indépendante, divine et immortelle, n'existe pas. Ce que nous prenons pour notre personnalité propre est *anātman*, « non-soi » ; il ne résulte que de la coalescence provisoire des cinq agrégats d'existence (*skandha*), il est par lui-même inconsistant, impossible à saisir, impermanent (*anitya*) et de ce fait douloureux.

« C'est du fardeau, moines, que je vous parlerai ; comment on se charge du fardeau, comment on s'y cramponne, comment on le dépose. Quel est ce fardeau, moines ? Ce sont les cinq groupes (*skandha*) qui permettent d'étreindre les choses. Ces cinq groupes, quels sont-ils ? Ce sont, nommément : le groupe des convoitises qui forme le corps, le groupe qui compose les sentiments, le groupe des perceptions, le groupe des constructions mentales et le groupe qui forme la conscience. Voilà, moines, ce que l'on appelle le fardeau.

Et que signifie, moines, se charger du fardeau ? À cela, il faudrait répondre : c'est l'individualité, tout individu respectable, qu'il porte tel nom, qu'il appartienne à tel clan. Voilà, moines, ce que l'on appelle se charger du fardeau.

Et qu'est-ce, moines, que se cramponner au fardeau ? C'est éprouver cette convoitise qui tend à la renaissance, qui s'accompagne de plaisir sensuel et de passion, la convoitise de l'existence, la convoitise de la non-existence.

Et qu'est-ce, ô moines, que déposer le fardeau ? C'est la cessation de toute convoitise sans qu'elle laisse de trace, c'est l'abandon, la libération du désir, le renoncement, l'absence d'attachement au désir. »

Le premier des cinq *skandha*, celui vers lequel les autres convergent, celui en qui ils se rassemblent, est la forme matérielle, la corporéité (*rūpa*). Les quatre autres n'ont pas de matérialité, ils sont de nature psychique. Le deuxième est la sensation ou le sentiment (*vedanā*), le troisième, la perception (*samjnā* en sanskrit ; *sannā* en pāli), le quatrième est formé par les *samskāra* (littéralement, « impression, répercussion »), c'est-à-dire les « formations psychiques », les « constructions mentales », qui naissent du *karma* et engendrent le *karma*, le cinquième est la conscience (*vijñāna*). Encore faut-il préciser le sens exact de chacun de ces termes que déforme nécessairement toute traduction. *Rupa* est la forme matérielle que prend l'être en naissant ; il est formé par l'interaction des quatre éléments fondamentaux : de solidité (la terre), de cohésion et de fluidité (l'eau), de chaleur (le feu) et de mouvement (l'air, le vent). Ainsi se constitue le corps et avec lui les cinq organes matériels des sens. *Vedāna*, ce sont les sensations, les sentiments, agréables, désagréables ou neutres, que les sensations soient visuelles, auditives, olfactives, gustatives, tactiles ou mentales, car, pour le bouddhiste, *manas*, le « mental » (et non l'esprit, comme on le traduit trop souvent), est le dernier des six sens, la dernière des six bases (*shadāyatana*), en ce sens qu'il contrôle et synthétise les données des cinq autres sens, qu'il en fait des opinions, des idées. *Samjnā*, ce sont les perceptions élaborées à partir des sensations, et la « cognition » qui en résulte, elles sont également six. Sans elles, on ressentirait, mais on ne pourrait savoir ce qui est ressenti. Avec *samskāra*, on arrive à une notion plus difficile, parce qu'étrangère à nos conceptions habituelles, encore que l'on puisse rapprocher les *samskāra* (les constructions psychiques) des « projections » de la psychanalyse. Il s'agit des motifs, des mobiles de nos actions, qui, étant donné notre aveuglement (*avidyā*), ne correspondent pas à la réalité, mais la masquent, puisque ce sont des émanations de notre mental qui, formant écran, nous empêchent d'y avoir directement accès. La « volition » (*chitta*), la pensée conceptuelle et discriminatrice, qui déclenche et informe l'acte de vouloir, lui donne son orientation, en fait un projet d'action, est la principale de ces constructions psychiques, celle qui constitue la base de notre croyance en un « moi » séparé, homogène et distinct. Elle est la source du *karma*. « C'est la volition (en sanskrit *chitta*, en pāli *cetanā*) que j'appelle *karma*. Ayant voulu, on agit au moyen du corps, de la parole et de l'organe mental (*manas*) [5]. »

Le cinquième et dernier *skandha* est *vijñāna*, mot que l'on traduit d'ordinaire par « conscience », « connaissance », ce qui peut donner lieu à des méprises. *Vijñāna*, que l'on appelle plus justement « conscience discriminante », ou « intellect », forme l'« organe » central du psychisme (c'est le conscient opposé à l'inconscient). Elle n'est en fait que la réaction, la réponse aux diverses incitations provenant des six sens ; il existe donc autant de *vijñāna* que de facultés sensorielles et que d'objets des dites facultés. Et c'est la conscience correspondant à *manas*, le « mental », ce sixième sens qui engendre les « idées », en tant que connaissance, jugement ou imagination. C'est pourquoi le Bouddha a déclaré : « Si un homme affirmait : je montrerai l'apparition, le départ, la disparition, la naissance, la croissance, l'élargissement, le développement de la conscience indépendamment de la

5. *Anguttara Nikāya*, cité par W. Rahula, *op. cit.*, p. 42.

matière, de la sensation, de la perception et des formations mentales, il parlerait de quelque chose qui n'existe pas [6]. »

Les cinq *skandha* sont par eux-mêmes changeants, impermanents ; d'aucun d'entre eux, on ne peut dire : « Cela est mien, je suis cela, cela est mon "Soi". » Les *skandha* sont donnés comme les causes mêmes de l'attachement (*upādāna*), leur lien étant *trishnā*, la soif, le désir, l'insatiable convoitise ; jamais ils ne sont satisfaits, ils sont donc sources de souffrance (*duhkha*) [7].

Une analyse aussi fine, aussi peu conventionnelle, n'est pas une vue théorique ; c'est un enseignement destiné au méditant, qui doit en vérifier expérimentalement l'exactitude. Elle l'exhorte à examiner tout ce qui paraîtrait susceptible de fonder l'existence d'un « Soi », pour s'apercevoir finalement que ne le peuvent ni l'ensemble changeant des *skandha*, ni aucun de ces facteurs constituants, les *skandha* étant impersonnels (*anātman*), impermanents (*anitya*) et vides (*shunyāta*). Ainsi, le méditant se débarrasse-t-il de la perception naïve d'un « Soi », qui ne peut être conçu que comme une intrication de processus physiques et mentaux interactifs, et en perpétuelle mutation.

Du *karma*

Notre propre existence est non seulement impermanente, instable, en constant déséquilibre, elle est composée et conditionnée, et tout élément conditionné naît, se transforme et meurt. Ce conditionnement de l'existence est le *karma* (l'acte), c'est-à-dire l'action née de la

6. *Samyutta Nikāya*, éd. P.T.S., III, p. 58.
7. « En résumé, les cinq agrégats d'attachement sont *duhkha*. »

« volition » (*chitta*), de l'intentionnalité, de l'impulsion psychique, qui orientent l'acte. « Ainsi, je le dis, les hommes sont héritiers de leurs actes » (*karma*). La loi du *karma* est universelle, c'est une loi naturelle inhérente à la nature même des choses. Pour le bouddhiste, toute existence entraîne de ce fait une renaissance, c'est là le *samsāra* (littéralement, la « migration »), le cycle indéfiniment répété des naissances et des morts s'engendrant les unes les autres. « Qui accomplit de sombres actes récoltera de sombres résultats, qui accomplit des actes lumineux récoltera de brillants résultats : les uns et les autres renaîtront dans des mondes qui correspondent à leurs actes. »

Sur la définition et le fonctionnement du *karma*, le Bouddha s'est exprimé longuement à différentes reprises :

« L'étudiant brahmane Subha, fils de Toddeya, vint trouver le Seigneur et, après l'avoir salué avec respect, s'assit à son côté et lui demanda : "Maintenant, ô Gotama, qu'est-ce qui a occasionné les différences de bassesse et de grandeur parmi les êtres humains ; les uns ont une vie courte, d'autres une longue vie, ils sont en mauvaise ou en bonne santé, les uns sont beaux, les autres laids, il en est de faibles ou de forts, de pauvres ou de riches, issus de famille inférieure ou élevée, de stupides et d'intelligents. Alors, quelle en est la cause ?

– Étudiant, les êtres ont chacun leur propre *karma*, ils ont hérité de leur *karma*, ils ont le *karma* pour parent et pour ressource. Le *karma* répartit les êtres selon la bassesse ou selon la grandeur.

– Je ne comprends pas une explication aussi concise. Daigne le Seigneur Gotama développer pour moi la Doctrine sur ce point.

– Écoutez donc, étudiant, et réfléchissez bien à ce que je vais vous dire. Il y a le cas d'un individu, homme ou femme, qui attente à la vie, il est cruel, ses mains sont tachées de sang, il est porté à frapper et à tuer sans merci les êtres vivants. Quand le *karma* d'un tel individu est accompli, une fois la dissolution du corps opérée après la mort, il renaît dans un état de misère, sous un destin malheureux, dans les châtiments ou en enfer ; s'il ne renaît pas ainsi, où qu'il renaisse, sa vie sera courte...

À l'inverse, un individu, homme ou femme, qui a abandonné, qui repousse l'idée d'attenter à la vie d'autrui, plein de douceur et de compassion pour le plus grand bien des êtres vivants. Quand le *karma* d'un tel être est accompli et complet, il renaît dans un état bienheureux ou dans le monde céleste. S'il ne renaît pas dans le ciel, mais retourne à l'état d'homme, sa vie sera longue et fortunée...

Il y a le cas d'un individu, homme ou femme, qui est coléreux et agité, qui à la moindre parole devient mécontent et furieux, malveillant et hostile et fait montre d'irritation, de haine et de ressentiment. Un tel individu renaît en enfer ou, s'il retourne à l'état d'homme, il sera d'aspect rebutant...

Il y a le cas d'un individu, homme ou femme, d'un tempérament jaloux et envieux, qui a mauvais caractère, qui cultive la jalousie du gain, des honneurs, des hommages, de l'estime, du respect, de la vénération qui sont la part des autres... Cet individu renaît en enfer ou, s'il retourne à l'état d'homme, vivra dans un état impuissant et humilié...

Il y a le cas d'un individu, homme ou femme, dont la conduite est dure et hautaine, qui ne salue pas qui il devrait saluer, ne se lève pas devant qui il devrait se lever, n'offre pas son siège à qui le mérite, ne cède pas le passage à ceux qui y ont droit, n'honore, ni ne révère, ni n'estime ceux qui en sont dignes. Cet individu renaît en enfer, ou, s'il retourne dans l'humanité, naîtra dans une famille de basse condition...

Il y a le cas d'un individu, homme ou femme, qui, lorsqu'il rencontre un ascète ou un brahmane, ne l'interroge pas sur ce qui est bien ou ce qui est mal, sur ce qui est irréprochable ou non, sur ce qu'il faut suivre ou ne pas suivre, sur ce qui conduira, s'il le fait, au malheur et au chagrin pour longtemps... Celui-là renaît en enfer ou, s'il retourne à l'état humain, sera stupide et dépourvu de perspicacité...

C'est ainsi, étudiant, que les êtres ont leur propre *karma* ; ils sont héritiers du *karma*, leur origine est le *karma* ; ils ont le *karma* pour parent et pour ressource. C'est le *karma* qui répartit les êtres selon la bassesse ou selon la grandeur[8]." »

En une autre occasion, le Bienheureux s'exprima ainsi : « Les quatre sortes d'actions (*karma*) ont été par moi réalisées grâce à la haute connaissance et par moi prêchées. Quelles sont ces quatre actions ? Il y a l'action noire (négative) dont le résultat est noir, l'action blanche (positive) dont le résultat est blanc, l'action noire et blanche dont le résultat est noir et blanc, l'action ni noire ni blanche dont le résultat n'est ni noir ni blanc, et qui tend à la destruction du *karma*.

Quelle est l'action qui est noire et a un résultat noir ? Dans ce cas, un individu produit une accumulation [de *karma*] nuisible, dans son corps, dans ses paroles, dans son mental, et à cause de cela, il naît dans un monde funeste. Là, il est affecté d'impressions nocives, il éprouve des sentiments extrêmement pénibles, semblables à ceux que ressentent les êtres qui sont en enfer. Ainsi la renaissance d'un être n'est due qu'à l'être lui-même. C'est en raison de ce qu'il fait qu'il renaît et que les impressions affectent celui qui renaît ainsi. C'est

8. *Kūla-Kalmavibhanga* du *Majjhima Nikāya*, III, 202.

pourquoi je dis que les êtres sont les héritiers de leurs actions.

Et quelle est l'action qui est blanche et a un résultat blanc ? Dans ce cas, un individu produit une accumulation [de *karma*] favorable, dans son corps, dans ses paroles, dans son mental et, à cause de cela, il naît dans un monde où il n'est rien de nuisible. Là, il est affecté d'impressions et de sentiments qui sont extrêmement plaisants, tels qu'en ressentent les dieux (*deva*) entièrement rayonnants (*subhakinna*).

Et qu'est-ce qu'une action blanche et noire avec un résultat blanc et noir ? Dans ce cas, un individu produit dans son corps, ses paroles et son mental, une accumulation à la fois nuisible et favorable et, à cause de cela, il naît dans un monde où coexistent nuisible et favorable (négatif et positif). Là, il est affecté de sentiments tantôt agréables, tantôt désagréables, un mélange de choses plaisantes et pénibles, telles qu'en ressentent les êtres humains, certaines divinités inférieures ou des êtres qui subissent un châtiment.

Et qu'est-ce qu'une action ni noire ni blanche avec un résultat ni noir ni blanc et qui tend à la destruction du *karma* ? Dans ce cas, la résolution d'abandonner l'action noire avec son résultat noir, l'action blanche avec son résultat blanc, l'action noire et blanche avec son résultat noir et blanc, conduit à la destruction du *karma* [9]. »

La troisième possibilité correspond à l'individu ordinaire, ni bon ni mauvais, ou plutôt à la fois bon et mauvais ; la quatrième définit l'attitude de celui qui est « entré dans le courant ».

Le *karma*, en tant que résultant de l'acte volontaire, est habituellement comparé à une graine prête à germer.

---

9. *Kukkuranalika* du *Majjhima Nikāya*, I, 389.

« L'acte (*karma*) est assimilé à une plante qui laisse tomber une graine, laquelle germe, se développe lentement en une autre plante qui produit un fruit (*phala*). Lorsque celui-ci est mûr, il se détache et tombe, atteignant inévitablement l'auteur de l'acte. Cette "maturation" (*vipāka*) de l'acte est la conséquence nécessaire de celui-ci et, comme la durée d'un phénomène dépasse souvent celle d'une vie et même de plusieurs, elle oblige donc l'être à renaître pour en recueillir le fruit (*samsāra*) [10]. C'est, on l'a vu, l'intention, l'impulsion psychique qui, seule, engendre le *karma* et qui en détermine la nature. On ne parle pas d'une "bonne" action, mais d'une action *kusāla*, "habile" ; on ne parle pas d'une "mauvaise" action, mais d'une action *akusāla*, "malhabile", car la première procure un état d'esprit sain et bénéfique, tandis que la seconde nuit à soi-même et aux autres. Le "mal" qu'on se fait à soi-même "détruit la sagesse intuitive" (*Prajñā*) ; il crée donc un dommage spirituel, ou psychique, s'il naît d'un sentiment d'inimitié envers moi-même. Les trois "racines" des actions malhabiles ou malsaines sont *trishnā* (*tanhā* en pāli), l'avidité sous toutes ses formes : le désir, la luxure, l'avarice, l'ambition, mais également un attachement dogmatique à des concepts ; *krodha*, la haine, la colère, le ressentiment ; *avidya*, l'illusion, l'aveuglement, qui, tel un voile épais, empêche de voir la réalité. »

Le fonctionnement du *karma* n'a rien d'automatique, de mécanique, il est fluide et subtil. On dit que seul un Bouddha est capable de le saisir en sa totalité. La loi du *karma* n'engendre pas un déterminisme rigoureux. Le *karma* dépend moins de l'accomplissement d'un acte que de l'intention qui en est l'origine ; aussi, même quand un acte n'a pu être réalisé, la seule intention de le

---

10. A. Bareau, *En suivant Bouddha*, Paris, 1985.

faire, engendre du *karma*. Les actes du passé interviennent dans la genèse d'une nouvelle existence, non dans les actes intentionnels de la vie présente. La croyance au *karma* accentue donc le sens de la responsabilité de chacun, mais, écartant tout arbitraire, elle exclut fatalisme, passivité et résignation. Le Bouddha lui-même l'a dit : il ne faut pas identifier le *karma* au destin (*niyati*). On n'a pas à en être la victime, on peut le modifier, on peut même le détruire. Il serait tout aussi erroné de confondre le *karma* avec une justice morale distributive qui attribuerait à chacun peines ou récompenses. L'idée de châtiment, de péché, est complètement exclue du bouddhisme, pour lequel il n'existe pas de juge extérieur, le seul juge étant nous-même.

Un *karma*, « ni noir ni blanc », ne produit évidemment plus de fruit, il n'engendre plus de renaissance ; c'est celui de l'action désintéressée, accomplie pour elle-même et qui, de ce fait, se consume sans laisser de trace. « Dès qu'on a délaissé le désir et la confusion [qui en résulte], on ne forge plus de plans, on n'agite plus de vains projets (*nimitta*), on ne s'encombre plus de soucis, on voit clairement le *Dharma* en cette vie même. C'est là une attitude hors du temps que les sages réalisent en leur intériorité (*paccatam*). » « Si un ignorant a l'intention de faire un acte méritoire ou un acte déméritoire, sa conscience tend vers le mérite (*punya*) ou le démérite (*apunya*)... Au contraire, le sage n'asservit pas l'acte, il ne se l'approprie pas. Ne se l'appropriant pas, il ne se tourmente pas ; ne se tourmentant pas, il est de par lui-même et intérieurement tout à fait apaisé... S'il éprouve une sensation agréable, il l'éprouve avec détachement [11]. » Affranchi du vouloir vivre, en pleine équanimité, en pleine quiétude, le sage se tient à tout instant à l'origine

11. *Sutta-nipāta*, II, 82.

de son être, sa pensée demeurant attentive, vigilante, malléable, pragmatique et se dressant hors du temps.

La Production conditionnée et interdépendante

Ainsi, le sage se dégage-t-il du processus révélé au Bouddha durant son Éveil et exposé par lui de la « Production conditionnée et interdépendante » (*Pratītya Samutpāda*), pièce maîtresse de la Doctrine, explication décisive de la condition humaine, de la souffrance existentielle (*duhkha*). Shāriputra, le plus sage d'entre les disciples de Shākyamuni, disait : « Celui qui voit *Pratītya Samutpāda* voit le *Dharma*, celui qui voit le *Dharma* voit *Pratītya Samutpāda* [12]. » Et le Bouddha lui-même enseignait que le cycle des naissances et des morts (*samsāra*) ne pouvait que continuer de lui-même, tant que cette compréhension n'était pas atteinte [13]. La Production conditionnée et interdépendante explique l'origine, le fonctionnement et l'évolution inéluctable de l'existant, depuis avant sa naissance jusqu'après sa mort. Elle se présente comme un exposé objectif et même rationaliste, mais a pour but de permettre à l'être, une fois reconnu l'enchaînement de ses différents maillons, de les défaire un à un, de s'en dégager, en passant de l'ignorance (*avidyā*), perception erronée du réel, à la connaissance intérieure directe grâce à la méditation. *Pratītya Samutpāda* est donc aussi, et principalement, une méthodologie de la vie spirituelle.

Élément central de la Doctrine, elle fait le lien avec tous les autres, notamment avec les « Quatre Nobles

---

12. *Majjhima Nikāya*, I, 191.
13. *Dīgha Nikāya*, II, 55.

Vérités ». Elle explique la nature de *duhkha* (première Vérité), dénonce ce qui en est la cause et l'origine (deuxième Vérité), montre la possibilité d'abolir les douze maillons de l'enchaînement, donc de la cessation de *duhkha* (troisième Vérité), ainsi que la voie (l'Octuple Sentier) qui permet de se libérer définitivement de *duhkha* (quatrième Vérité). Une des versions de la Production conditionnée précise même : de *duhkha* procède la foi (*shraddā*), la confiance dans l'enseignement du Bouddha qui résulte de l'expérience directe et intérieure de la souffrance et de la pleine compréhension de sa signification. Après quoi, le méditant reconnaît lui-même qu'il est libéré et en ressent contentement, joie et sérénité. Il peut dès lors atteindre des états de plus en plus profonds de concentration, de connaissance intuitive et de détachement. La Production conditionnée complète également l'analyse de la personnalité en cinq composants (*skandha*), en montrant de manière synthétique leur interaction dynamique qui forme le processus de l'existence, et d'une existence à une autre, elle explicite ainsi la genèse et le fonctionnement du *karma*.

Toute la Doctrine développe la révélation fondamentale du Bouddha et en tire les leçons aptes à guider le parcours spirituel du méditant et à lui permettre de l'accomplir jusqu'à son terme, le *nirvāna*. Il convient donc de reprendre terme à terme le déroulement de la Production conditionnée et l'enchaînement de ses douze maillons (*nidāna*), non sans avoir préalablement souligné que chacun d'entre eux n'existe que l'un par l'autre, qu'il n'est pas seulement relié à celui qui le précède et à celui qui le suit, dont il est, non pas la cause, mais « la condition de son déclenchement, le facteur de son actualisation [14] »,

14. G. Bugault, « La Mystique du bouddhisme indien », dans *Encyclopédie des mystiques orientales*, Paris, 1975, p. 117.

mais à tous les autres, leur succession n'étant qu'apparente, didactique, alors qu'en fait il y a concomitance, interdépendance mutuelles.

Lors de l'Éveil, Shākyamuni, recevant enfin la réponse au questionnement, qui l'avait amené à tout quitter, sur le caractère inéluctable de l'évolution de l'existence vers la vieillesse et la mort, était parti du constat élémentaire : « La vieillesse et la mort n'existent que parce qu'il y a eu naissance. » Puis il était remonté de cause en cause : « Quand cela est, ceci vient à l'existence ; cela apparaissant, ceci apparaît ; quand cela n'est pas, ceci n'est pas ; cela cessant, ceci cesse [15] », jusqu'à ce qu'il soit arrivé à la conclusion : l'ignorance est « la cause, l'origine et le fondement de *duhkha*, de toute cette masse de souffrance ».

Cet ordre premier était celui de la prise de conscience qui permettait de parvenir à la cessation, à l'abolition de *duhkha*, c'est-à-dire à la condition même de l'Éveil. Puis le Bouddha, afin de le vérifier, avait repris en sens inverse ce déroulement, cette fois dans le sens de l'évolution. C'est ainsi qu'est exposée dans la Doctrine la Production conditionnée, qui part de l'origine, l'ignorance.

1. *Avidyā*, qu'on traduit le plus souvent par l'« ignorance », est bien plutôt l'« aveuglement », lequel, s'attachant aux apparences, ne perçoit pas la réalité telle qu'elle est, ou refuse de la voir, parce qu'elle est douloureuse et impermanente. *Avidyā* n'est donc qu'un savoir apparent, un faux savoir qui se donne pour le vrai, parce qu'il semble à priori réaliste. *Avidyā* est une des trois « souillures » (*āsrava*), racines de toute souffrance, une des dix « impuretés » ou « passions » (*klesha*) ; il est à l'origine de la soif d'existence (*trishnā*). En soi,

15. *Samyutta Nikāya*, II, p. 28.

« l'esprit (*chitta*) est d'une clarté resplendissante, mais il est souillé par les impuretés adventices [16] », même chez l'enfant qui vient de naître, puisque chez lui il est déjà obscurci par les tendances latentes, les formations karmiques (*samskāra*), provenant d'une vie précédente [17].

2. À partir d'*avidyā* se produisent les *samskāra*, les prédispositions du psychisme, les intentions qui déterminent les décisions volontaires et conduisent à l'acte (*karma*). « Ce que nous voulons, et ce que nous avons l'intention de faire, et ce vers quoi nous porte une tendance latente constituent un objet qui soutient la persistance de la conscience. S'il y a objet, il y a support pour la conscience... » « Ce dont on est conscient, et ainsi la forme de notre conscience dépendent de nos volontés et de nos tendances [18]. »

3. Des *samskāra* naît *vijñāna*, la conscience. Elle est dite ici « évolutive » (*samvatta mika*), en ce sens qu'elle est génératrice d'une vie future. Si, à la mort, l'élan du désir d'existence subsiste, *vijñāna* demeure active, et apparaissent les conditions de la formation d'une vie nouvelle, d'une réincarnation. Ce courant de conscience est alors censé « descendre dans une matrice ». La question qui se pose à ce stade est : qui renaît, qui transmigre de vie en vie ? La réponse donnée est nécessairement ambiguë : celui qui renaît « n'est pas le même, il n'est pas non plus différent [19] ». La nouvelle personnalité est la résultante du *karma*, négatif ou positif, « noir » ou « blanc », « noir et blanc », précédemment accumulé. Pour le bouddhisme, c'est l'être lui-même qui choisit, selon son *karma*, les circonstances de sa nouvelle incar-

---

16. *Anguttara Nikāya*, I, 10.
17. *Majjhima Nikāya*, I, 433.
18. *Samyutta Nikāya*, II, 65.
19. *Milindapañha*, 40 (« les questions du roi Ménandre »), trad. fr., éd. du Dharma, 1983.

nation et qui en assume les conséquences. Il y a là à la fois continuité, celle du courant de conscience et des semences karmiques (*vāsanā*) qui l'accompagnent, et discontinuité, puisqu'il ne s'agit plus de la même individualité. La liaison entre les personnalités successives est de l'ordre de la lignée (*gotra*) ; elles en perpétuent, à travers leurs constantes transformations, les caractères essentiels, jusqu'à ce que l'être, ayant traversé tous les états possibles, ayant épuisé toutes les potentialités d'existence, cesse la soif d'exister, jusqu'à l'extinction du désir qui est le *nirvāna*.

La mort n'est donc pas conçue comme un anéantissement, mais comme une transformation de l'être. Chacun des existants successifs n'étant qu'un composé instable ne cesse de naître et de mourir : « Quand les agrégats (*skandha*) apparaissent, déclinent et meurent, ô moines, à chaque instant, vous naissez, vous déclinez, vous mourez [20]. » Le Bouddha déplace donc le problème de la dissolution de l'existant ; étant présente dans la vie elle-même, elle n'est plus que relative dans la mort. L'existant est comparé à une bougie, à une lampe qui brûle toute la nuit ; sa flamme n'est jamais la même ; cependant, elle ne s'éteint pas, tant qu'elle trouve du combustible. De même, l'enfant possède toutes les potentialités d'existence, mais celles-ci ne se manifestent et ne s'épanouissent qu'au fur et à mesure de la croissance. « Les énergies physiques et mentales qui forment ce que l'on appelle un être [il faudrait dire plutôt : un existant] sont douées en elles-mêmes du pouvoir de prendre une forme nouvelle, de croître graduellement et d'atteindre à leur pleine puissance [21]. » L'homme, parvenu au terme de sa vie, n'est plus l'enfant qu'il fut, il en demeure l'héritier.

20. *Paramatthajotikā*, éd. P.T.S., p. 78
21. W. Rahula, *op. cit.*, p. 55.

Ainsi, selon le point de vue bouddhiste, la question d'une vie après la mort ne constitue pas un grand mystère, et un bouddhiste ne se préoccupe pas du tout de ce « problème »[22]. Tant que survivra la « soif » d'exister, le désir du devenir, le cycle continu des naissances et des morts se poursuivra inéluctablement. Il ne pourra prendre fin que lorsque l'être se sera guéri lui-même de cette soif insatiable, lorsque, parvenu au terme de son évolution, à la sagesse suprême (*prajñā*), il aura accès à la claire vision de la Réalité ultime, l'« Ainsité » (*Tathatā*).

4. Sinon, la continuité de la conscience (*vijñāna*) engendrera nécessairement le quatrième *nidāna* : *nāma-rūpa*, le « nom-et-forme », autrement dit le corps (l'organique) et le mental (le psychique), le nouvel existant empirique, formé par la réunion des cinq *skandha*. « En réalité, la conscience revient sur le mental-et-corps, elle ne va pas au-delà. C'est seulement ainsi que nous pouvons naître, vieillir, mourir, quitter notre existence antérieure, ou renaître : ceci signifie que, dans la mesure où la conscience est conditionnée par le mental-et-corps, le mental-et-corps est conditionné par la conscience...[23] » L'organisme physique et psychique étant constitué, peuvent apparaître les six bases (*shādāyatana*) de la communication avec le monde des apparences, qui, dans l'ignorance où se trouve le non-éveillé, lui donneront de la réalité une vision erronée, conditionnée, mais susceptible d'être transcendée, car le Bouddha a déclaré : « Ce corps long de cinq pieds, qui est cognitif et doué du mental, contient le monde [des apparences], et l'origine du monde, et la cessation du monde [le *nirvāna*] et le chemin menant à la cessation du monde[24]. »

---

22. W. Rahula, *op. cit.*, p. 56.
23. *Dīgha Nikāya*, II, 32.
24. *Samyutta Nikāya*, I, 62.

5. Les six « bases », les six catégories sensorielles (*shādayatana* en sanskrit, *salāyatana* en pāli), sont les objets de la perception des six sens, dont le mental (*manas*). Elles permettent le contact avec le monde extérieur.

6. *Sparsha* désigne seulement le contact de la conscience avec les objets des sens ; il ne s'agit encore que d'un premier attouchement, d'une impression sensorielle, non de la sensation qui n'intervient qu'au stade suivant.

7. *Vedanā*, la sensation ou le sentiment, l'appréciation par la conscience de ce qui est perçu lors du contact selon trois catégories : agréable, désagréable ou neutre. De là résulte le désir.

8. *Trishnā*, la « soif », le désir, l'aspiration à la convoitise. C'est là le concept central de la Doctrine, c'est *trishnā* qui est la cause de l'attachement au monde, de la souffrance existentielle (*duhkha*), car *trishnā* est par nature insatiable, perpétuellement insatisfait. De ce point de vue, on distingue : le désir sensuel (*kāma-trishnā*), le désir du devenir, de la continuité d'existence (*bhava-trishnā*), mais aussi son contraire, le désir du non-devenir, le désir d'anéantissement, la volonté d'autodestruction (*vibhava-trishnā*).

9. Livré à lui-même, *trishnā* conduit nécessairement à *upādāna*, la saisie, l'attachement qui enchaîne les êtres à l'existence et les entraîne de renaissance en renaissance. Ici, *upādāna* a pour effet la « recherche d'un sein maternel ». L'existant, préalablement constitué, ne peut plus désormais éviter une nouvelle naissance ; il la désire ardemment, quelles qu'en puissent être les conséquences.

10. *Bhava*, le devenir, l'existence en tant que développement des potentialités qui découlent de la réunion des cinq agrégats (*skandha*), sous son double aspect, à la fois résultant du *karma* précédemment accumulé, et

productrice d'un nouveau *karma*, dynamisme qui engendre une nouvelle existence :

11. *Jāti*, la naissance et 12. *Jarā-marana*, la vieillesse et la mort.

Dans l'ancienne tradition (*theravāda*), les douze *nidāna* se rapportent à trois existences successives distinctes : la précédente, la présente et la future. Les *nidāna* 1 et 2, l'ignorance, l'illusion du moi (*avidyā*) et les « intentions », les formations psychiques (*samskāra*), sont à l'origine de l'élan karmique résultant de la vie immédiatement antérieure ; celui-ci donne naissance à une nouvelle conscience (3. *vijñāna*), moteur de la vie précédente, d'où résultent les constituants, les conditionnements de cette existence (de 3 à 7). La sensation (7. *vedanā*) crée à son tour la soif d'exister (8. *trishnā*), ses conséquences : la saisie (9. *upādāna*) et le devenir (10. *bhava*), enfin ses effets : la nouvelle existence : naissance, vieillesse et mort.

Une telle présentation en trois parties, soulignant l'enchaînement fatal des existences que le fil karmique relie l'une à l'autre, illustre le cycle des naissances et des morts, le *samsāra*, la « migration », la « transmigration », dont ne peut sortir que celui qui a pris une claire conscience du mécanisme de la Production conditionnée.

Par lui-même, le *samsāra*, « perpétuelle errance », est interminable. Dans l'iconographie, on le représente par un cercle fermé, *bhava chakra*, la « Roue de la Vie ». On ne parle pas de vies nombreuses, mais de vies « innombrables ». Au cours de la nuit de l'Éveil, le Bouddha se serait remémoré plus de cent mille existences antérieures, qui se seraient déroulées durant quatre-vingt-onze *kalpa* (ères cosmiques d'une durée, à notre échelle, infinie) [25].

25. *Majjhima Nikāya*, I, 22.

Aussi est-il impossible d'assigner une origine au *samsāra* : « Tout commencement en est inconcevable ; on ne peut discerner un premier moment d'existence d'êtres qui, aveuglés par l'ignorance et asservis par l'avidité, poursuivent indéfiniment leur errance [26]. »

Dans sa représentation graphique, le *bhava chakra*, le *samsāra* est divisé en six sections, les *gati*, « conditions d'existence ». Au-dessus du diamètre médian horizontal, se trouve, au sommet, le domaine des *deva*, les « rayonnants », les « dieux », qui vivent en une condition bienheureuse dans une sorte de paradis céleste. Mais, aussi longue que soit leur vie, elle a un terme marqué par la fin du *karma* positif qu'ils y consomment.

Le domaine des *deva* se subdivise lui-même en vingt-huit mondes, formant trois sections distinctes (*triloka*), dont six dans la sphère du désir (*kāmadhatu*). Là, se trouve le ciel des « satisfaits », les *Tushita*, siège des bodhisattvas, des futurs Bouddhas, qui n'ont plus à renaître qu'une seule fois sur terre, afin d'y consumer ce qui leur reste de *karma* en venant secourir les hommes. C'est du ciel des *Tushita* que descendit à sa naissance le Bouddha Shākyamuni ; de lui que descendra le Bouddha futur, Maitreya.

Sous le monde des *deva*, se trouvent de part et d'autre celui des hommes et celui des *asura*. Ces derniers, que l'on a pu comparer aux Titans de la cosmogonie grecque, sont jaloux du sort des *deva* et se conduisent comme leurs ennemis ; ils agissent comme des révoltés contre l'ordre cosmique.

À ces trois domaines supérieurs correspondent les trois domaines inférieurs, des animaux, des *preta*, les « trépassés faméliques », esprits désincarnés, mais soumis de ce fait à une frustration incessante, victimes de

---

26. *Samyutta Nikāya*, I, 178.

leurs passions inassouvies, censés errer encore dans le monde humain qu'ils regrettent, à la manière des « revenants » des croyances occidentales. Enfin, tout en bas de la Roue, s'ouvre *Naraka*, l'enfer, lui-même subdivisé en sections distinctes – division reprise de l'hindouisme – et sur lesquelles règne le dieu Yama. Les êtres viennent y purger leur *karma* négatif mais, aussi terribles que soient les tortures auxquelles ils se soumettent de leur plein gré, le séjour en *naraka* est limité à la destruction du *karma* négatif. Après quoi, il leur est possible de renaître dans une condition meilleure. *Naraka* est donc comparable, non à l'Enfer chrétien, mais au Purgatoire.

Ce sont là des conceptions et des représentations naïves, moralisatrices et populaires. Pour les différentes écoles du bouddhisme, il ne s'agit pas de lieux, mais d'états. Leur sens, surtout symbolique, est applicable à la présente condition humaine : certains hommes se conduisent comme des *asura*, d'autres comme des animaux ou des *preta* ; certains même semblent vivre en enfer, tel est leur *karma*.

Outre ces six sections, la représentation graphique du *samsāra* comporte, en un cercle central, le moyeu de la roue, la triple figuration des énergies qui la font tourner : *moha* (du verbe *muh*, « être déconcerté »), l'illusion, la confusion mentale, l'égarement, l'aliénation ; *rāga*, l'avidité, l'attraction irrésistible, la passion amoureuse, la concupiscence ; *dvesha*, la haine, l'aversion. « Enflammé par l'avidité (*rāga*), affolé par la confusion (*moha*), [l'homme] fait des plans qui le troublent, lui et les autres, et il éprouve douleur et dépression. » Dans l'iconographie, et particulièrement dans l'iconographie tibétaine, les trois « causes-racines » (*hetu*) sont incarnées par trois animaux : un coq rouge symbolisant *rāga*, un serpent vert dont le venin, la haine (*dvesha*), empoisonne la vie, et un sanglier noir (*moha*) représentant les instincts obscurs et troubles de l'existence, l'égarement, la confusion mentale qui en résultent. « Les trois animaux se mordent la queue de telle manière qu'ils constituent un autre cercle ; la passion, la haine et l'illusion démentielle se conditionnent mutuellement et sont indissolublement liées. Elles ne sont rien d'autre que les expressions extrêmes et volontaires du "non-savoir" (*avidyā*) à l'égard de la vraie nature des choses [27]. » Enfin, autour du cercle qui enferme les six *gati*, un dernier cercle extérieur enclôt le tout. Là, une imagerie populaire illustre judicieusement les douze *nidāna* de la Production conditionnée.

Il n'est donc qu'une seule sortie possible du *samsāra*, sortie en quelque sorte tangentielle, la fin de l'ignorance-aveuglement, la victoire définitive sur les trois « causes-racines », la résorption des *samskāra*, la libération de tout conditionnement grâce au complet épuisement du *karma*, qui sont les conditions préalables de l'Éveil et le passage à un état totalement différent, totalement inconnaissable et indicible, le *nirvāna*.

Le *nirvāna*

Échappant à toute formulation, le *nirvāna* (*nibbanā* en pāli) ne peut être défini que négativement – ici, les mots font défaut, le langage étant inapte à exprimer le non-conceptuel. C'est là ce qui explique l'erreur commise naguère par les commentateurs occidentaux qui ont interprété par « anéantissement » un mot qui signifie « extinction », l'extinction des « feux » que sont l'illusion, la haine, l'avidité, le désir de posséder certaines choses, d'être débarrassé de certaines autres, alors que le *nirvāna*

27. Lama Anagarika Govinda, *Les Fondements de la mystique tibétaine*, Paris, 1959, p. 336.

est au contraire non-anéantissement, puisqu'il exclut justement toute cause, toute possibilité d'annihilation, puisqu'il se situe par-delà les « feux » de la naissance, de la vieillesse et de la mort et que même il les exclut définitivement.

« Il y a, ô moines, ce qui n'est pas né, ce qui n'est pas devenu, ce qui n'a pas été fait, ce qui n'est pas composé ; s'il n'y avait pas, ô moines, le non-né, le non-devenu, le non-fait, le non-composé, il n'y aurait aucun moyen d'échapper au né, au devenu, au fait, au composé. Mais parce qu'il y a un non-né, un non-devenu, un non-fait, un non-composé, à cause de cela on peut échapper au né, au devenu, au fait, au composé.

Il y a l'instabilité de ce qui est soutenu, il n'y a pas d'instabilité de ce qui n'est pas soutenu ; quand il n'y a pas instabilité, il y a repos ; quand il y a repos, il n'y a pas de penchant (*nati*, l'inclination vers les jouissances) ; quand il n'y a pas de penchant, il n'y a pas d'allée et venue, pas de mort et pas de naissance ; quand il n'y a ni mort ni naissance, il n'y a pas d'ici, ni d'au-delà, ni rien entre eux. Ceci est en vérité la fin de la douleur (*duhkha*) [28]. »

C'est là la troisième des « Quatre Nobles Vérités » : « Voici, ô moines, la Noble Vérité de la cessation (*nirodha*) de la souffrance ; c'est la cessation totale, sans attachement, de ce désir même, y renoncer, l'abandonner, en être libéré. »

Les termes synonymes de *nirvāna* les plus couramment employés sont presque tous négatifs : le non-né, le non-composé, l'inconditionné (*asamkhara*), le non-construit (*nippapanca*), l'extinction de la soif (*tanhakkaya*), la cessation [de *duhkha*] (*nirodha*), l'abolition du désir (*virāya*). En définitive, le *nirvāna* est conçu comme

28. *Udāna*, VIII, 1-4.

absence de, absence totale, absolue vacuité (*shūnyatā*). De manière plus positive, on parle de « l'autre rive », celle qu'on atteint après avoir traversé le fleuve impétueux et agité des passions, de l'île paisible « à l'abri de l'épouvantable torrent du devenir ». « À ceux qui se trouvent au milieu de la mer, quand la terreur naît de la masse des eaux, à ceux qui sont atteints par la vieillesse et la mort, j'annonce l'île, ô Kappa [29]. »

Le Bouddha lui-même se déclare « libéré par suite de la destruction, du détachement, de l'arrêt, du rejet de tout préjugé, de tout concept qui "baratte" [le mental], de tous les résidus des sentiments de moi, de mien et d'amour-propre [30] ». Ce n'est donc plus le moi qui atteint le *nirvāna*, le moi ne peut se l'approprier.

« Le moine, l'*Arhāt* qui a mis fin au flux impur, a vécu noblement, fait ce qu'il devait faire, déposé son fardeau, atteint le but et brisé les entraves du devenir et s'est libéré par sa connaissance exacte, ô moines, le voici celui qui reconnaît à fond le *nirvāna* comme étant le *nirvāna*. Il ne forge pas la notion : Je suis le *nirvāna*, je suis du *nirvāna*, mien est le *nirvāna*, et il ne se complaît pas dans le *nirvāna*. Pourquoi cela ? C'est que sa connaissance est parfaite [31]. »

Le moine, l'*Arhāt*, peut, de son vivant, se trouver dans l'état de *nirvāna*, mais il ne peut s'y établir, il ne peut y vivre constamment. Bien qu'il se soit détaché des passions et débarrassé des souillures, il demeure conditionné par le reste de son *karma*, même s'il a cessé d'en fabriquer de nouveau. Il n'éprouvera donc que la cessation temporaire de tout conditionnement ; c'est là ce que l'on appelle *sopadhidesha-nirvāna* (*nirvāna* conditionné).

29. *Le Bouddhisme*, sous la direction de L. Silburn, *op. cit.*, p. 69.
30. *Majjhima Nikāya*, I, 486.
31. *Majjhima Nikāya*, I, 14.

Néanmoins, cet état, il le connaîtra désormais d'expérience et sera de ce fait assuré de parvenir à sa mort à la cessation, à l'extinction complète, le *nirupadhidesha-nirvāna (nirvāna* sans reste de conditionnement), que l'on dénomme aussi *Parinirvāna*, l'état qu'atteignit en mourant le Bouddha, état duquel on ne peut plus rien dire :

« Puisqu'un *Tathāgata*, même présent [même de son vivant], est incompréhensible, il serait absurde de dire de lui qu'il a atteint l'au-delà du monde... qu'après sa mort, il est ou il n'est pas. » « Le *Tathāgata* est profond, incommensurable, insondable comme le grand océan : surgir, ne pas surgir, ni les deux à la fois ni leur négation ne s'appliquent au *Tathāgata* [32]. » Aussi, lorsqu'on l'interrogeait sur le *nirvāna*, le Bouddha se refusait-il à répondre, « parce que cela [n'aurait pas mené] au bien, à la véritable Doctrine, ni à l'absence de passion ni au calme ni à la paix, à la sagesse [et finalement à l'Éveil], au *nirvāna* [33] ». Parfois, il ajoutait : « La vie religieuse est vécue comme si l'on était plongé en *nirvāna*, avec le *nirvāna* comme son but, le *nirvāna* comme sa fin [34]. »

De la méditation (*dhyāna*)

L'enseignement complexe et subtil du Bouddha n'a rien d'un dogme ; il ne peut demeurer qu'abstrait et extérieur, tant qu'il n'est pas expérimenté, mis à l'épreuve et vérifié dans et par l'expérience personnelle de la méditation. *Dhyāna* est le fondement et le support de la

32. *Samyutta Nikāya*, III, 118.
33. *Majjhima Nikāya*, I, 487-488.
34. *Samyutta Nikāya*, V, 217.

Doctrine : sans *dhyāna*, point de bouddhisme. Le bouddhisme est imitation non de la personne de Shākyamuni, mais du processus de sa transformation en Éveillé. L'enseignement même du Bouddha vise moins les révélations qu'il a alors obtenues, la parfaite compréhension de la Réalité ultime, sa fusion avec elle, que la méthode employée pour y parvenir. Il n'est qu'incitation à la méditation et de la méditation son enseignement n'est que le guide ; en ce sens, il n'est que proposé, jamais imposé. Mais si l'on veut convaincre quelqu'un d'utiliser une certaine manière de procéder, une *praxis*, ne faut-il pas lui en laisser entrevoir le but lointain et les étapes qui y conduisent ? Sinon, pourquoi s'engagerait-il dans cette Voie difficile ?

Le mot de méditation peut induire en erreur un Occidental, sa référence habituelle étant la méditation chrétienne avec laquelle la méditation bouddhique n'a guère de rapport. La méditation chrétienne est méditation sur..., sur les « mystères », douloureux ou joyeux, sur les vérités de la foi, alors que le bouddhiste médite sur « rien ». En termes chrétiens, il ne s'agit donc pas de méditation, mais de contemplation, et même de ce que l'on appelle la contemplation « infuse », qui est ouverture passive à l'Être, béance confiante, en laquelle n'intervient plus l'intellect. De même, le méditant bouddhiste, après avoir calmé et pacifié son esprit – ce qui est la première étape, le *samādhi* préalable –, le rassemble et le concentre sur lui-même, dans le non-dualisme, « sujet » et « objet » devenant indistincts, parce que réunifiés, ce qui est *dhyāna*, « recueillement ».

À partir de ce stade, on peut reconnaître quatre niveaux successifs, les quatre *dhyāna* ; mais de telles distinctions n'ont d'intérêt, de valeur, et même de crédibilité que pour le pratiquant à même d'en constater l'authenticité. De tels états ne peuvent être expérimentés qu'à partir d'une base solidement affermie : la posture, – celle-même du Bouddha lors de l'Éveil, dite du « lotus » – qui est par elle-même réunification de l'être en sa totalité, corps, âme et esprit, et grâce à la régularisation du souffle (en grec, *pneuma*, c'est-à-dire l'esprit lui-même, pacifiant et fécondant).

L'entraînement du disciple

La « vie religieuse », celle du « renoncé », qui « a quitté la maison », Shākyamuni s'est constamment efforcé de la guider. Telle a été sa préoccupation majeure, tel est finalement son message aux hommes. De cette vie religieuse, les textes les plus anciens définissent les étapes.

La première est « l'entrée dans le courant » (*shrota-āpanna*), ou « sortie de la maison », ce que nous appellerons une « conversion », c'est-à-dire un retournement sur soi-même, que celui qui prend cette décision irrévocable soit un adepte de la foi (*shraddā*), qui adhère spontanément, ou un adepte de la Doctrine (*Dharmanusārin*), qui la comprend intellectuellement. Dans les deux cas, il choisit de changer de vie : « Un chef de famille, un fils de famille... entend cette Doctrine. L'ayant entendue, il a confiance dans le *Tathāgata*. Grâce à la foi qu'il a acquise, il réfléchit ainsi : « La vie dans un ménage est pleine d'embarras, suffocante de poussière ; quitter la maison, c'est gagner le plein air. Il est malaisé à celui qui habite une maison de pratiquer une vie religieuse pure et lisse comme une perle. Et si, me rasant les cheveux et la barbe, revêtant les robes jaune ocre, je quittais la maison pour une vie sans abri ? » « Par la suite, il renonce à ses richesses, grandes ou petites, il renonce au cercle de ses relations, grand ou petit, et, rasant ses cheveux et sa barbe, revêtant les robes ocre, il quitte la maison pour une vie sans abri [35]. » Il est donc devenu un ascète errant, un moine, un *ārya-pugdala*, un « noble ». Ce mot d'*ārya*, très souvent employé dans le bouddhisme, n'a rien de racial, n'a rien à voir non plus avec les castes. Il s'agit ici d'une « noblesse » spirituelle : *ārya-marga*, la « voie noble », désigne le « sentier sacré » de l'avancement spirituel, et *ārya-prajñā* est la « Sagesse suprême ». Celui qui est « entré dans le courant » s'est déjà libéré des trois premiers liens (*samyojana*), l'illusion du « moi », le doute et l'attachement aux règles et aux rites [brahmaniques], mais il ne l'est pas toujours des passions, des impuretés (*klesha*). Il est cependant assuré de n'être plus soumis qu'à sept renaissances et de ne renaître que dans une condition telle qu'il pourra poursuivre sa progression. S'il a maîtrisé ses passions, il ne renaîtra que deux ou trois fois.

S'il veut se délivrer plus vite de ses souillures, il est autorisé à pratiquer une ascèse plus sévère, *dhūta* (« se débarrasser de »), en vue de renforcer sa détermination de vaincre ses passions. Celles-ci, les *klesha*, sont généralement identifiées avec les cinq entraves, empêchements ou obstacles (*nivārana*) : le désir (*abhidyā*), la méchanceté (*pradosha*), la raideur (*styāna*) ou la mollesse (*middha*), l'agitation (*anudhata*) et le remords (*kankūtya*), enfin l'hésitation, l'indécision (*vichikutsā*).

« Le renonçant se soumet à l'observation des préceptes du *Prātimoksha* [36] et, voyant le danger des fautes les plus minimes, il adopte une conduite juste en tout point. Il suit les directives de l'entraînement et s'y exerce méthodiquement. S'appliquant à la "noble retenue des sens", il éprouve intérieurement un grand bonheur. » Il

35. *Sāmaññaphala Sutta* du *Dīgha Nikāya*, I, 47.
36. *Prātimoksha*, partie du *Vinaya Pitaka*, énumère les 227 règles que doivent observer les moines et les 348 applicables aux nonnes.

pratique alors les exercices destinés à acquérir attention aiguë et maîtrise de soi : « Le moine parvient à la pleine possession de soi quand il demeure parfaitement attentif, en avançant et en reculant, en regardant devant lui et autour de lui, en se couchant, en étendant ses membres, en portant son bol et sa robe de dessous et celle de dessus, en mangeant, en buvant, en mastiquant, en goûtant, en satisfaisant ses besoins naturels, en marchant et en se tenant debout, en s'asseyant, en dormant, en s'éveillant, en parlant et en gardant le silence. Ainsi est-il doué d'attention et de maîtrise de soi [37]. » Cette éducation de l'attention est évidemment utile aussi bien aux laïcs qu'aux moines ; elle est à la portée de chacun d'entre nous.

La méthode d'entraînement mental, *satipatthāna* (« les quatre bases de l'attention »), est décrite en détail dans le *Satipatthāna Sutta*, « sermon sur l'éveil de l'attention », qui lui est entièrement consacré. Le pratiquant concentre sa conscience sur le processus de l'inspiration-expiration (*ānapānasati*), sur les quatre attitudes (debout, assise, couchée et en marche), et sur les trente-deux composants du corps : « Il observe le corps extérieurement et intérieurement de la plante des pieds au sommet de la tête, recouvert de peau et rempli d'impuretés de toutes sortes : "Il y a dans ce corps : cheveux, poils, ongles, dents, peau, chair, tendons, os, moelles, reins, cœur, cerveau, foie, plèvre, rate, poumons, intestins, mésentère, estomac, excréments, bile, phlegme, pus, sang, sueur, graisse, larmes, sécrétions, salive, mucus, synovie, urine..." Et de plus, ô moines, il examine le corps en fonction des éléments qui le composent : l'élément terre, l'élément eau, l'élément feu, l'élément air... Et de plus, ô moines, voyant ce corps jeté sur un charnier, mort depuis un jour,

37. *Sāmaññaphala Sutta*, I, 47.

deux jours, trois jours, gonflé, bleui, putréfié, il réfléchit ainsi : “Ce corps a la même nature, il deviendra de même, il ne peut l’éviter” [38]. »

Dirigeant son attention sur les sensations et les sentiments, le méditant distingue parmi eux ce qui est agréable, ou désagréable, ou indifférent, et se persuade de leur caractère changeant, impermanent. Examinant son psychisme, il y discerne avec lucidité les troubles qui naissent de l’avidité ou de l’aversion et y voit à l’œuvre les cinq agrégats (*skandha*) ainsi que les formations mentales (*samskāra*) ; il saisit alors l’irréalité du moi.

Lorsque sont surmontés les cinq obstacles, [le méditant] s’est intérieurement affranchi, l’allégresse jaillit en lui et de l’allégresse jaillit la joie ; et sa pensée ainsi imprégnée, tout son être s’apaise, et, son être ainsi apaisé, il éprouve le bonheur et son cœur entre en *samādhi*. *Samādhi*, « fixer », est l’état de conscience obtenu par une diminution progressive de l’activité du mental. Il permet de dépasser le dualisme du sujet et de l’objet, jusqu’à ce que ne subsiste plus que l’expérience pure de toute interférence. *Samādhi*, état de concentration volontaire, à partir duquel s’élève l’intuition et où demeurent vigilance et clairvoyance, est la base stable, le point de départ de la véritable « méditation », *dhyāna*.

Ayant écarté désirs et obstacles, il entre dans le premier *dhyāna*, où cessent les perceptions sensorielles. Cette absorption pleine de joie et de plaisirs inouïs, il y demeure. Une jubilation exultante remplit, envahit, inonde tout le corps, et il n’y a aucun point de tout son corps qui ne soit touché par le plaisir. Il pénètre alors et demeure dans la sphère de l’infinité de l’espace. À ce

38. *Satipatthāna Sutta* du *Majjhima Nikāya*, 10.

stade, le méditant reste encore vigilant. L'attention lutte contre la torpeur ; le raisonnement, l'analyse s'opposent au doute, le bien-être ressenti à l'excitation et au souci.

Lorsque cessent tout raisonnement, toute investigation, le méditant, se trouvant dans un état de grande sérénité intérieure, parvient au second *dhyāna*. Celui-ci naît de la pure concentration dégagée de tout. Il perçoit alors l'infinité de la conscience subtile. À ce stade, plaisir et joie n'ont pas cessé de croître.

Puis le méditant y renonce, ils sont pour lui désormais insuffisants, il les considère avec indifférence. Il entre alors dans le troisième *dhyāna*, la sphère de la non-existence, de l'inexistence de toute chose. Là, ne règnent plus qu'équanimité et impassibilité. Le méditant y demeure éveillé, conscient de l'être, et en ressent un bien-être, un bonheur inexprimables.

Enfin, de là il passe dans le quatrième *dhyāna*, le plus épuré. N'y existent plus ni plaisir ni douleur, ni exaltation ni dépression, ni perception ni non-perception. C'est *nirodha-samāpatti*, l'arrêt de tout sentiment, de toute sensation, la contemplation de l'abolition, de la vacuité. Le méditant n'éprouve plus que *shamatha*, la quiétude durable de l'esprit, qui y est tout entier submergé ; elle s'accompagne de la lucidité pure et parfaite (*vipashyanā*). Cette complète absorption ou résorption peut durer fort longtemps, parfois un jour entier, et même se prolonger pendant plusieurs jours sans interrompre pour autant le cours de la vie quotidienne. C'est un état de félicité intérieure, de béatitude, vécu avec la fine pointe de la conscience (*ekāgrata* ou *ekāgra-chitta*) ; il peut se comparer aux extases des mystiques occidentaux. Le méditant y découvre et expérimente comme un avant-goût du *nirvāna* : « On "touche" le *nirvāna*, de tout son être, corps et esprit dans un mode de conscience parfaitement nue, jusqu'alors inconnu et ineffable [39]. » C'est le plus haut des états mystiques concevables ; ce n'est pourtant pas le *nirvāna*, puisqu'on doit nécessairement en sortir, le *karma* n'étant pas encore épuisé. C'est après avoir atteint le quatrième *dhyāna* que le Bouddha entra dans le *Pari-nirvāna*.

Le « silence » du Bouddha

Pendant plus de quarante ans, Shākyamuni (le « muet » des Shākya) n'avait cessé de répandre le *Dharma*. Cependant, il est souligné à maintes reprises dans les *sūtra* qu'en fait le Bouddha n'a jamais rien dit. Il est vrai qu'aux questions métaphysiques qu'on lui posait, il refusait généralement de répondre, ainsi sur l'existence ou non d'un « Soi » : « Si je dis qu'il y a un Soi, on l'imaginera éternel ; et si je dis qu'il n'y a pas de Soi, on s'imaginera qu'à la mort on s'anéantit [40]. », ou lorsqu'on lui demandait si les *Tathāgata* existaient ou non après leur mort, ou si le monde était ou non infini et éternel. La raison qu'il donnait de ses non-réponses était que d'agiter de tels problèmes – que d'ailleurs récusait, comme mal posés, le non-dualisme – aurait détourné les fidèles de l'essentiel, la délivrance de *duhkha*, la souffrance d'exister, en écartant l'obscurcissement de l'ignorance et des passions afin de parvenir à la véritable compréhension, à la sagesse.

« Le Bienheureux, en réalité, n'a pas enseigné le *Dharma* qui doit être éprouvé de l'intérieur par soi-même ; tels des serpents [fascinant leur proie] les Grands

39. D'après l'*Atthasālinī* de Buddhaghasha, éd. P.T.S., 2 vol., réédit. 1958.

40. *Sutta Nikāya*, IV, 398.

Compatissants [*Mahākarunā*) attirent à leur *dharmatā* (la compréhension essentielle de l'ordre du monde) la multitude fascinée, jusqu'à l'intérieur de leur bouche, jusqu'à leur quiétude abondante en inépuisable pureté, commune à tous les Bouddhas [41]. »

Cette « fascination » saisissait les auditeurs en présence du Bouddha, qui, se tenant en posture de méditation, ne quittait pas le *samādhi* (la paisible concentration), prêchant en quelque sorte d'exemple. « Le Bouddha, plongé en profond *samādhi*, n'est pas agité par les choses de ce monde, mais animé par sa grande pitié, il a compassion pour les êtres et, tout en prêchant la loi afin de détruire leurs doutes, il ne quitte pas le *samādhi* ; par suite des mérites acquis dans ses existences antérieures, il émet des sons et répond à la façon d'un écho. Telle une musique divine qui résonne d'elle-même, la parole du Bouddha jaillit naturellement par tous les pores de son corps et prêche la loi conformément aux besoins de chacun, sans qu'il y mette ni attention ni concept [42]. » Autrement dit, communication et transmission s'opéraient spontanément, de cœur à cœur.

Finalement, le Bouddha n'a enseigné que la Voie, ainsi que le dit Ānanda peu après la mort de son maître : « Le Seigneur était le révélateur de la Voie inconnue, le créateur de la Voie incréée, l'annonciateur de la Voie que nul n'annonçait, celui qui sait, qui connaît, qui perçoit la Voie. Et maintenant ses disciples continuent à suivre la Voie et par suite, ils la comprennent [43]. »

Sur cette non-parole, le Bouddha s'est lui-même exprimé au cours de son dialogue avec le Bodhisattva Mahāmati qui forme le cœur du *Lankāvatarā Sūtra* :

41. *Mahāyānasamgraha*, XII, 2.
42. *Mahāprajnāpāramitā Sūtra*, trad. E. Lamotte, p. 559-560.
43. *Majjhima Nikāya*, III, 7.

« De son Éveil à sa totale extinction, le *Tathāgata* n'a pas prononcé une seule parole ni n'en prononcera, car ne pas parler est la parole même du Bouddha. En quel sens allusif et profond la non-parole est-elle parole du Bouddha ? À cette question le Bienheureux répond : "Ô Mahāmati, c'est pour deux raisons : la première, l'essence de l'intériorité que réalisèrent les *Tathāgata* et moi-même ne s'accroît ni ne diminue, le royaume de la réalisation intérieure étant libre de parole et de différenciation, affranchi de toute dualité issue des mots. La seconde, c'est que l'essence des choses demeure éternellement. L'antique route de la Réalité est depuis toujours présente comme l'or ou les pierres précieuses dans une mine ; le domaine absolu demeure à jamais, qu'un *Tathāgata* apparaisse ou non ici-bas. De même que le *Tathāgata* éternellement demeure, ainsi l'essence de toute chose... Ô Mahāmati, tout ce que les autres *Tathāgata* et moi-même avons réalisé, c'est cette présence permanente, l'Ainsité (*Tathatā*, le contraire de l'apparence, tel que l'éprouve la conscience éveillée), la Réalité, la Vérité. Pour cette raison, jamais le Bouddha n'a proféré une seule parole [44]." »

En effet, l'essentiel ne peut être formulé, il ne peut être perçu que directement, intérieurement. Ce qu'enseigne le Bouddha, c'est seulement la méthode pour y parvenir, grâce aux trois recueillements (*samādhi*), le recueillement du vide de toute chose, celui de l'absence de but, celui de la non-discrimination. Ces recueillements ne sont évidemment accessibles qu'au méditant, à celui qui pratique systématiquement les exercices visant à « l'épanouissement spirituel » (*bhāvanā*), qui recherche, d'une part, l'apaisement préalable de l'esprit (*shamatha*), d'autre part, la compréhension (*vipashyanā*). « Ô moines,

---

44. *Lankāvatāra Sūtra*, trad. angl. de D.T. Suzuki, Londres, 1938, p. 143-144.

dit le Bouddha, une conscience sans pratique est dépourvue de lucidité, elle ne peut qu'engendrer une plus grande souffrance... aucune autre méthode ne conduit à autant de douceur, d'abandon, de disponibilité... [45] »

De tout ce qui précède, il résulte que ce que l'on appelle la « Doctrine » ne doit en aucun cas être confondu avec un dogme ; il ne saurait y avoir de « catéchisme » bouddhique. Même *shraddā*, la « foi », n'a pas du tout le sens que lui donnent les religions institutionnalisées ; *shraddā* est seulement la confiance dans l'enseignement, la reconnaissance de sa justesse et de son efficacité ; mais celles-ci doivent être vérifiées et elles ne peuvent l'être que par une expérience directe et personnelle. En somme, dans le bouddhisme, il n'y a rien à croire que l'on n'ait expérimenté.

Cette absence d'une orthodoxie, mais aussi d'un « magistère » et même d'une autorité centrale, explique l'évolution permanente du bouddhisme, son adaptation aux circonstances à travers le temps et l'espace, sa tolérance vis-à-vis de toutes les opinions, mais aussi son histoire mouvementée due à sa très grande diversité dans l'unité fondamentale de l'enseignement du Bouddha lui-même qui se résume dans les quatre Nobles Vérités.

Point d'orthodoxie, partant point d'hérésies ; en revanche, de nombreux schismes manifestant des différences de points de vue quant à l'interprétation de la Doctrine, d'où résultèrent une activité spirituelle et intellectuelle intense et incessante, une richesse foisonnante dans les domaines de la pensée et aussi de l'art, un élan prodigieux, un pouvoir de rayonnement qui fit du bouddhisme dans tous les pays où il s'implanta un extraordinaire ferment civilisateur. Mais cette richesse, cet élan ne reposaient pas, comme on l'a écrit trop souvent, sur la

45. *Ekottarāgama Sūtra* de l'*Angutarra Nikāya*.

dévotion ni, encore moins, sur la spéculation intellectuelle, non sur le mental (*manas*), mais sur la conscience (*chitta*) ayant transcendé l'intellect, et parvenue à la connaissance « mystique » (*jñāna*), à la sagesse intuitive et immédiate (*prajñā*).

4

Le bouddhisme des Anciens

(Theravāda)

Selon la tradition transmise par le *Vinaya Pitaka*[1], aussitôt après la mort du Bouddha, au cours de la saison des pluies qui suivit, donc en 486 ou 483 avant notre ère, Mahākāshyapa, reconnu comme le chef du *Sangha*, jugea nécessaire de convoquer, près de Rājagriha, cinq cents moines, tous *Arhat*, est-il précisé, en vue de réprimer certains désaccords qui s'étaient manifestés au sein de la communauté, et portaient principalement sur la discipline[2]. Là, tout de suite, le très rigoureux Kāshyapa reprocha véhémentement au disciple le plus proche et le plus aimé du Bouddha, Ānanda, de n'être pas encore parvenu à l'état d'*Arhat* et en conséquence lui interdit l'accès à l'assemblée. Ānanda accepta humblement

1. *Vinaya Pitaka*, trad. angl. I.B. Horner, *The Book of Discipline*, 6 vol., *Pāli Text Society*, Londres, 1938-1966.
2. A. Bareau, *Les premiers conciles bouddhiques*, Paris, 1955.

l'affront et, se retirant à l'écart, parvint immédiatement après à cet état. Cependant, Mahākāshyapa le prit encore à partie, lui reprochant son attitude en plusieurs circonstances, et notamment d'avoir obtenu du Bouddha la fondation d'un ordre de nonnes (*bhikshuni*) et, par la suite, d'avoir laissé passer l'occasion de demander au Bienheureux de prolonger son séjour sur cette terre. Finalement, Mahākāshyapa dut admettre Ānanda, car l'assemblée avait besoin de celui qui, n'ayant jamais quitté son maître, se remémorait tous ses sermons.

Ce conflit, certainement réel, provoqué par l'autoritarisme de Mahākāshyapa, par sa jalousie à l'égard d'Ānanda qui avait assisté Shākyamuni au moment de sa mort, alors que lui était absent, a aussi une portée symbolique : c'est celui de l'autorité, de l'institution contre l'amour et l'indulgence, deux tendances qui ne cesseront de coexister tout au long de l'évolution postérieure du bouddhisme.

Enfin, on put en venir à l'essentiel, l'unification. Mahākāshyapa interrogea sur ces questions Upāli, devenu le spécialiste des rites et de la discipline. Les réponses d'Upāli auraient formé la base du *Vinayapitaka*, l'ensemble des règles des moines et des nonnes. Pareillement interrogé, Ānanda aurait récité les sermons du Bouddha, donc l'exposé de la Doctrine, du *Dharma*, qu'il aurait fidèlement gardés en mémoire. C'est pourquoi tous les *sūtra* commencent par la formule : « Ainsi ai-je entendu », car c'est Ānanda qui parle. Dès l'origine, se seraient donc constituées deux des trois « corbeilles » (*pitaka*) du corpus des Écritures, le *tripitaka*. L'ensemble de ces textes aurait été récité en chœur par l'assemblée des *Arhat*, d'où le nom de *samgīti* (récitation) donné à cette réunion que l'on appelle à l'occidentale un « concile ». Aurait même été constituée à cette occasion la troisième « corbeille », celle de l'*Abhidharma*, la

« doctrine particulière », mais, étant donné le caractère philosophique et psychologique des textes qui y sont contenus, l'*Abhidharma* ne peut procéder que d'une élaboration ultérieure.

De la période immédiatement suivante, on ne sait à peu près rien, sinon que le bouddhisme commença à s'étendre au-delà de la région parcourue par le Bouddha, le bassin moyen du Gange, qu'en particulier il remonta ce fleuve. Le seul événement connu est le deuxième « concile » qui se tint un siècle après le premier, vers 375 avant notre ère, à Vaishāli. Un moine vertueux, Yasha, disciple d'Ānanda, ayant séjourné à Vaishālī, reprocha aux moines de cette ville plusieurs manquements à la discipline, dont le plus grave était d'avoir accepté de l'or et de l'argent offerts par les fidèles laïcs. Les moines, non seulement n'admirent pas les remontrances de Yasha, mais l'exclurent de leur communauté. Celui-ci, fort de son bon droit, chercha protection auprès des moines les plus influents des autres régions. Finalement, fut décidée la réunion d'une assemblée qui compta sept cents moines, tous *Arhat*, nous dit-on. Les moines de Vaishālī furent condamnés et, semble-t-il, se soumirent à cette sentence.

Ces deux conciles n'en avaient pas moins mis en lumière les désaccords qui pouvaient agiter le *Sangha* du fait de l'absence d'une autorité dogmatique centrale et de la dispersion géographique des communautés à peu près autonomes. Ces dissensions devinrent tout à fait évidentes une vingtaine d'années après le deuxième concile, lorsque Mahādeva, moine de Pātaliputra renommé pour sa vertu et sa science, lança cinq propositions sur l'état d'*Arhat* : un *Arhat* pouvait encore succomber à la tentation charnelle en rêve, il n'était pas débarrassé de toute trace d'ignorance et de doute, l'aide d'autrui ne lui était pas inutile pour progresser sur la Voie, il lui était permis d'utiliser certains sons (*mantra*) en vue d'accroître sa concentration. Aussitôt, la communauté de Pâtaliputra se scinda en deux partis, l'un favorable à ces propositions, l'autre les condamnant comme sacrilèges. La querelle s'étendit bientôt à tout le pays. Comme certains « doyens » (*sthavira* en sanskrit, *thera* en pāli) unanimement respectés soutenaient les thèses de Mahādeva, on eut recours au roi du Magadha qui se déclara incompétent. Un concile fut alors réuni à Pātaliputra, mais il ne put que constater la division irrémédiable du *Sangha*. Les partisans des cinq points, s'estimant majoritaires, prirent le nom de *Māhāsamghika* (« Grande Communauté »). Les autres, moins nombreux, se référant à l'opinion des doyens conservateurs, se nommèrent *Sthavira*.

Ce premier schisme qui marquait la fin de l'unité fut suivi de plusieurs autres. Au début du IIIe siècle avant notre ère, Vātsīputra, un brahmane converti par les *Sthavira*, soutint une théorie selon laquelle il existait une personne (*pudgala*), ni identique aux cinq agrégats (*skandha*) ni différente d'eux, support du *karma* et lien entre les renaissances successives, et qui subsisterait même dans le *Parinirvāna*. C'était en revenir à la croyance en l'*ātman*, énergiquement rejetée par le Bouddha lui-même. Aussi cette thèse souleva-t-elle l'indignation générale. Elle eut néanmoins ses partisans qui formèrent la secte puissante des *Vātsīputrīya*.

Quelques années plus tard, sous le règne de l'empereur Ashoka, se produisit un nouveau schisme qui divisa les *Sthavira* en deux branches rivales : les *Sarvāstivādin* (de *Sarvāstivāda*, la « doctrine selon laquelle tout existe ») (*sarvam asti*), soutenant que le passé, le présent et l'avenir existaient simultanément. Ce pluralisme radical, fondé sur la non-réalité d'un « Soi » unique, affirmait l'existence d'entités momentanées, les *dharma*, et distinguait parmi eux les *dharma* conditionnés (*samskrita*), presque tous, et les *dharma* non conditionnés (*asamskrita*), lesquels, n'étant pas astreints à la Production conditionnée (*Pratītya Samutpāda*) et se trouvant au-delà du cycle des naissances et des morts (*samsāra*), ne pouvaient constituer qu'un très petit nombre de concepts fondamentaux, atteignables seulement par la méditation, tels l'abolition (*nirodha*), l'infinité de l'espace (*ākāsha*), l'infinité de la conscience, la sphère située par-delà le conscient et l'inconscient, ainsi que les principaux enseignements du Bouddha, les Quatre Nobles Vérités, l'Octuple Sentier et la Production conditionnée.

Les *Sarvāstivādin*, ayant été l'objet de mesures de répression sous le règne d'Ashoka, auraient fui, sous la direction de Madhyāntika, vers le nord-ouest extrême de l'Inde, au Cachemire, où ils introduisirent le bouddhisme et qui devint un centre important d'élaboration et de diffusion de la Doctrine, et au Gandhara – région comprenant le sud de l'Afghanistan actuel ainsi qu'une partie du Pakistan – qui fut par la suite un important foyer de la culture et de l'art bouddhiques.

Aux *Sarvāstivādin* novateurs s'opposaient les *Vibhajyavādin*, les « défenseurs de ce qui doit être différencié », qui, se donnant pour les représentants de l'orthodoxie, soutenaient la nécessité de maintenir les distinctions. Fondé par le moine Moggaliputta Tissa, sous le règne d'Ashoka, et issu des *Vibhajyavādin*, le *Theravāda*, qui prétend détenir l'enseignement authentique du Bouddha, et a pour idéal l'*Arhat*, lequel, observant scrupuleusement les préceptes de moralité (*shīla*) et menant une existence de parfait renoncé, peut parvenir par ses seules forces au *nirvāna*, devint l'école la plus représentative du *Hinayāna*, lorsque se sépara de lui le *Mahāyāna*, et en fut finalement la seule branche subsistante. De nos jours, le *Theravāda* est surtout répandu dans le Sud-Est asiatique : Sri Lanka, Birmanie, Thaïlande, Cambodge et Laos.

Ces multiples divisions et subdivisions, nées d'interprétations divergentes de l'enseignement premier, furent, par conséquent, étroitement liées à l'expansion du bouddhisme hors de son domaine originel, le bassin du Gange, expansion qui prit une grande ampleur sous le règne d'Ashoka.

La conversion de l'empereur Ashoka

À la dynastie des Nanda qui régnait sur le Magadha (actuel Bihar) et dont la capitale était Rājagriha, appartenait le roi Bimbisāra, qui resta sur le trône pendant cinquante-deux ans (538-486). Converti par le Bouddha, alors qu'il avait trente ans, et protecteur du *Sangha*, Bimbisāra mourut quelques années avant Shākyamuni, assassiné par son fils Ajātasattu, qui régna de 486 à 454 environ. La dynastie des Nanda fut renversée en 322 (ou en 313) par Chandragupta, qui lui était probablement apparenté. S'étant emparé de la nouvelle capitale, Pātaliputra (Patna), Chandragupta y fonda la dynastie des Maurya.

Contemporain d'Alexandre le Grand et de Séleucos Nicator qu'il empêcha de pénétrer en Inde et obligea à traiter, recevant la main de sa fille, Chandragupta fut bien connu des Grecs. L'ambassadeur de Séleucos, Mégasthène, a laissé une excellente description de l'Inde du nord, où il vante la puissance et l'excellente administration de celui que les Grecs appelaient Sandrakottos. Chandragupta, qui régna vingt-quatre ans, avait unifié toute l'Inde du nord depuis le Hérat jusqu'au delta du Gange.

Si l'on ne sait rien de son fils, Bindusāra, son petit-fils Ashoka est resté célèbre grâce aux chroniques en pāli, dont les affirmations ont été confirmées par ses décrets gravés sur des stèles ou des colonnes élevées dans tout son empire et retrouvées par les archéologues. À la mort de Bindusāra, Ashoka, qui était son deuxième fils, fit assassiner son frère aîné et s'empara du pouvoir. Il régna trente-sept ans, probablement de 264 à 227 ou 226. « Le prince qui gagnait l'empire par un crime allait devenir le plus vertueux des souverains de l'Inde et l'une des plus grandes figures de l'histoire [3]. » Sacré à Pātaliputra vers 260, Ashoka, huit ans plus tard, s'empara du royaume du Kalinga (actuel Orissa), mais les horreurs de la guerre et les souffrances éprouvées par les religieux lui inspirèrent de tels remords qu'il les confessa dans toutes ses inscriptions. Peu après, il devenait disciple laïc (*upāsaka*) dans le bouddhisme auquel appartenaient déjà son frère, le moine Moggaliputta Tissa, et son propre fils (ou frère cadet) Mahinda. Ashoka voulut inaugurer le « gouvernement du *Dharma* », en améliorant les conditions de vie de ses sujets grâce à l'exécution de grands travaux : forages de puits, gîtes pour les voyageurs, construction d'hôpitaux pour les humains, et même pour les animaux, aussi bien que de monastères. En effet, sa compassion s'étendait, conformément à l'éthique bouddhique, à tous les êtres vivants auxquels devait s'appliquer l'*ahimsā* (la « non-violence »). Les sacrifices brahmaniques d'animaux furent interdits, on protégea d'innombrables espèces, la cour elle-même devint végétarienne. Quant aux grandes chasses, elles furent remplacées par des pèlerinages aux hauts lieux du bouddhisme.

Dans tout son immense empire, qui s'étendait du plateau iranien au nord du Dekkan, Ashoka envoya des

3. J. Filliozat, dans *L'Inde classique*, Paris, 1947, p. 214.

« contrôleurs généraux du *Dharma* », chargés de veiller à la justice et au bien-être de chacun, au nom d'un idéal de compassion et d'amour de la vérité. Bouddhiste fervent, l'empereur n'en respectait pas moins toutes les croyances. Il soutint les brahmanes, les jaïns et les ascètes *ājivaka* aussi bien que les moines bouddhistes, leur recommandant à tous tolérance et estime mutuelles.

À l'instigation du souverain, fut réuni à Pātaliputra par Moggaliputta Tissa un grand concile qui expulsa les moines laxistes et fonda le *Theravāda*. À la tête d'une mission monastique, Mahinda fut envoyé au Sri Lanka vers 250. Le roi Devānam-Piya Tissa se convertit et fit élever dans sa capitale, Anurādhapura, un grand monastère, le Mahāvināra, centre du *Theravāda*, à partir duquel celui-ci se diffusa dans l'île. D'autres missions partirent vers les « régions frontalières » de l'Ouest, jusqu'en Syrie, en Égypte et en Macédoine, disent les chroniques, plus sûrement vers le Yonarattha (le « pays des Grecs », la Sogdiane et la Bactriane), vers le Nord, dans l'Himalaya, vers le Sud, jusqu'en Birmanie et en Thaïlande. L'expansion du bouddhisme était devenue irrésistible, elle se poursuivit au cours des siècles suivants.

Vihāra et *stūpa*

D'abord errants, sauf lors de la saison des pluies, les moines bouddhistes (*bhikshu*, en sanskrit ; *bhikkhu*, en pāli) en vinrent peu à peu à s'établir dans des monastères (*vihāra*) permanents, leur errance se limitant aux nombreux pèlerinages qui restaient d'obligation. Ceux-ci avaient pour buts les lieux qui avaient été consacrés par les épisodes les plus marquants de la carrière de Shākyamuni, Lumbini, où il était né, Kushinagara, où il mourut, Sarnath, où il avait prononcé son premier sermon et fait tourner la « Roue du *Dharma* », et singulièrement Bodhgayā, où l'on vénérait l'arbre de la *Bodhi* ; à son pied, sur un autel, on déposait des offrandes de fleurs et autres et l'on effectuait autour de lui la circumambulation rituelle. Les pèlerins, et plus particulièrement les fidèles laïcs, allaient aussi vénérer les *stūpa*. C'étaient à l'origine des tertres funéraires, au centre desquels une urne contenait les cendres (*sharīra*, « reliques ») du Bouddha. Après la crémation, plusieurs peuples chez qui il avait prêché se les étaient disputées ; finalement, elles avaient été réparties en huit lots. Par la suite, la piété des fidèles obligea à multiplier les *stūpa* dans lesquels furent incorporés les restes des *Arhat*, ou même des textes sacrés. De nombreux *stūpa* s'élevèrent dans tout le pays, surtout à partir du règne d'Ashoka.

C'est à cette époque (IIIe siècle av. J.-C.) que fut édifié le *stūpa* de Sanchi (dans l'actuel Modhya Pradesh, au nord de la rivière Narbada), reconstruit sous sa forme actuelle au Ier siècle apr. J.-C., le plus caractéristique, le plus complet, le plus beau et le mieux conservé. La balustrade circulaire (*vedikā*) qui l'entoure délimite l'espace consacré. Elle est percée de quatre portails monumentaux (*torana*), élevés, comme l'avait recommandé le Bouddha, à la croisée des chemins, ce qui avait une particulière importance à Sanchi, carrefour des voies commerciales de l'Inde du nord. Les *torana* sont décorés de magnifiques bas-reliefs, illustrant la vie historique du Bouddha, ainsi que ses vies antérieures (*Jātaka*), et celles de ses prédécesseurs. Ces scènes étaient sources d'enseignement, constituant « une véritable encyclopédie visuelle » ; elles étaient aussi des sujets de méditation pour le pèlerin. Il est à noter qu'ici, comme dans tout l'art bouddhique de l'époque, le Bouddha n'est jamais représenté, ou figuré seulement par l'empreinte de ses pieds. Sous l'arbre de la *Bodhi*, le trône, honoré par la foule des fidèles, est vide.

Derrière la balustrade, se trouve un premier chemin de circumambulation (*pradakshinā-patha*). Le *stūpa* lui-même, surélevé par un soubassement circulaire, au pied duquel est tracé un second chemin de circumambulation, forme un dôme hémisphérique (le *kumbha*, le « pot »), symbolisant la plénitude du *Dharma*. Au sommet du dôme, sur une base carrée (*harmikā*), entourée d'une balustrade, s'élève un pilier figurant la « montagne-univers », le pivot du monde, mais aussi, comme en témoignent certaines représentations, l'arbre de la *Bodhi* qui est par lui-même l'*axis mundi*. La coutume ancienne voulait que le souverain, pour rendre la justice, siège sous un arbre sacré, plus tard figuré par un parasol. Aussi le pilier est-il surmonté, sous forme de disques superposés, par des parasols. Le plus souvent, ils sont trois et représentent les « Trois Trésors », le Bouddha, le *Dharma* et le *Sangha*. Par la suite, le pilier du sommet s'allongea en une pointe de plus en plus effilée. Pour solenniser le dôme, le soubassement de celui-ci fut surélevé par plusieurs plates-formes ; la base circulaire, devenue carrée, forma des marches qui permettaient d'accéder au déambulatoire supérieur.

Avec le temps, la structure du *stūpa* se fit de plus en plus complexe et se différencia suivant les régions. Si, au Sri Lanka, en Birmanie et en Thaïlande, pays du *Theravāda*, le *stūpa* conserva sa forme primitive, le dôme prit la forme d'une cloche terminée par une flèche très longue. Dans les contrées mahāyanistes, on en vint à des structures beaucoup plus élaborées symboliquement en fonction des développements de la philosophie du *Mahāyana*, ce qu'illustre, par exemple, le *chörten* (« réceptacle d'offrandes ») tibétain. Les quatre marches inférieures représentent les quatre dispositions d'esprit préalables :

l'amour, la compassion, la joie et la sérénité. Les dix marches qui permettent ensuite d'accéder à la partie médiane de l'édifice symbolisent les dix étapes (*bhūmi*) de la progression spirituelle du *Bodhisattva*. Quant au « corps » du *chörten*, il figure l'esprit d'Éveil (*Bodhichitta*). Au sommet, treize parasols de plus en plus étroits illustrent les différentes méthodes d'exposition de la Doctrine. Ils sont couronnés par un lotus à cinq pétales dont chacun figure une des familles des cinq Bouddhas cosmiques. Tout au sommet, le disque solaire posé sur un croissant de lune représente l'univers tout entier illuminé par le *Dharma*.

Du type primitif, apparu entre le IIIe et le Ier siècle av. J.-C., le colossal *stūpa* de Bhārhut (dans le nord du Modhya Pradesh, au sud du Gange), construit vers 100 av. J.-C., dont il reste d'importants vestiges, constituait plus que celui de Sanchi l'exemple le plus impressionnant, illustré encore par les magnifiques dalles de marbre sculptées, exhumées dans le Sud, le long de la rivière Krishna, provenant d'Amāravatī et de Nāgārjunakonda. Plus tardivement, les *stūpa* devinrent des constructions gigantesques, véritables *mandala* cosmiques qu'illustrent encore aujourd'hui le *Borobudur* à Java (IXe siècle) ou le *Bāyon* d'Angkor Thom (XIIIe siècle) au Cambodge.

Du *stūpa* proprement dit est dérivée la « pagode », de *dagaba* qui, à Sri Lanka, signifie « réceptacle de reliques », bien que la forme de cette dernière se soit de plus en plus écartée du type primitif. La pagode est cependant un reliquaire représenté par le pilier qui forme l'axe central autour duquel s'élève un escalier destiné aux processions rituelles, mais aux étages marqués par des toits proéminents, en retrait les uns par rapport aux autres vers le sommet. La demi-sphère caractéristique du *stūpa* ne figure plus que sous la forme de la base de la pointe terminale munie d'anneaux, les parasols, l'ensemble ayant finalement l'aspect d'une tour à étages.

Quelle que soit leur forme, *stūpa* et pagode étaient moins des édifices dévotionnels que des thèmes offerts à la méditation du pèlerin, au recueillement de son esprit : ils matérialisaient en quelque sorte les étapes de l'Éveil.

Dès l'origine, le *stūpa* n'était pas un monument isolé ; il s'inscrivait dans le plan d'un monastère, le *vihāra* (« lieu de séjour »). Ainsi, à Sanchi, le grand *stūpa*, aujourd'hui reconstitué, faisait partie d'un vaste complexe monastique à l'intérieur duquel se trouvaient une multitude d'autres petits *stūpa*. Les *vihāra*, qui n'étaient d'abord que des abris sommaires, utilisés lors des trois mois de la saison des pluies, devinrent des constructions permanentes, faites en matériaux solides, pierre ou briques. Autour d'un cloître couvert, s'ouvraient les cellules (environ trois mètres sur deux) ; en différentes places, étaient enfermés des textes canoniques. Au centre du cloître, s'élevait la salle de réunion (de dix à vingt mètres de côté). À l'extérieur, on trouvait réfectoire, cuisine, entrepôts divers, salle de douches et latrines ; un bassin rectangulaire servait de piscine. Certains grands monastères abritaient des séminaires, d'autres, des hôpitaux pour les moines âgés. Toutes ces constructions étaient des plus simples. Il en allait tout autrement pour le, ou les, sanctuaire (*chaitya*), composé d'une salle rectangulaire terminée par une abside arrondie dans laquelle s'élevait une petite construction en forme de *stūpa*, contenant des reliques ou des textes sacrés particulièrement précieux. Par la suite, le *chaitya* devint un temple abritant, autour d'une grande statue de Bouddha, d'autres plus petites de *bodhisattvas*, d'*arhats*, de rois bienfaiteurs ou de pieux laïques. Enfin, au centre de ce complexe, devant le *chaitya*, se dressait le *stūpa* lui-même. Ainsi se trouvaient symboliquement représentés les « trois

Trésors » (*Triratna*), le Bouddha par le *stūpa*, qui contenait, en principe, ses reliques, le *Dharma*, la Doctrine par le *chaitya*, enfin le *Sangha*, la communauté, par le *vihāra*.

Les monastères furent parfois aménagés dans des grottes ; ce sont évidemment ceux qui se sont les mieux conservés : ils nous permettent d'imaginer les autres. Ainsi, à Ajantā (dans le Mahārashtra, au centre-ouest de l'Inde, non loin d'Aurangabad), où vingt-neuf grottes se succèdent sur plus de cinq kilomètres le long d'une falaise en forme de fer à cheval. Elles furent creusées et aménagées au cours de deux périodes, la première au Ier siècle av. J.-C., la seconde aux Ve et VIe siècles. Les *chaitya*, qui s'inspirent de très près d'anciens modèles en bois, sont ornés d'imposantes sculptures ; les *vihāra* conservent des fresques d'une grande beauté. Fort bien conservées, présentant une iconographie très complète, elles constituent des témoins particulièrement précieux de l'évolution de l'art bouddhique à l'époque gupta (début IVe-fin Ve siècle).

Les monastères étaient finalement devenus aussi des lieux de culte vers lesquels affluaient les fidèles laïcs qui assistaient aux cérémonies ainsi qu'aux prédications qui s'y déroulaient. Néanmoins, le mode de vie des moines demeurait à peu près inchangé. Si la plupart étaient sédentarisés, sauf lorsqu'ils partaient en pèlerinage, un certain nombre d'entre eux continuaient à vivre en ermites dans des endroits retirés, la forêt ou la jungle. D'autres partaient répandre au loin la Doctrine, affrontant courageusement les rigueurs du climat, les périls de la navigation et la méchanceté des hommes. « L'importance de ces voyages est immense. C'est à ces hommes simples, voyageant seuls ou presque, sans autres ressources que leur foi ardente, leur science et leur sagesse, que l'on doit en majeure partie la dissémination de la culture indienne dans presque toute l'Asie, non seulement de la doctrine et de la discipline bouddhiques, mais encore de l'ensemble de la pensée indienne, de son art, de ses institutions politiques, juridiques et économiques et, signe tangible qui prend l'aspect d'un symbole, de son écriture, mère de la quasi-totalité des systèmes graphiques de l'Asie centrale, de l'Asie du Sud-Est et de l'Insulinde... Leur influence fut prépondérante dans les États barbares auxquels ils apportèrent, de façon toute pacifique, la civilisation[4]. » Plus tard, mais en sens inverse, vinrent visiter les lieux saints et se procurer des textes sacrés de nombreux moines pèlerins, venus en particulier de Chine.

Les Écritures

Une des premières préoccupations du *Sangha* fut de recueillir l'enseignement tel qu'il avait été donné par le Bouddha. Dès le concile de Rājagriha, qui suivit de peu le *Parnirvāna*, aurait été élaboré le corpus qui devait constituer deux « corbeilles » du *Tripitaka* (les « trois corbeilles »), le code de discipline, *Vinaya Pitaka* et le *Sūtra Pitaka*, qui rassemble les sermons prononcés par le Bouddha et contenant l'enseignement fondamental. Bien que les *sūtra* (le mot signifie « fil », au sens de « fil conducteur ») ne soient parvenus jusqu'à nous que dans des recensions relativement tardives, celles-ci n'en proviennent pas moins d'une transmission orale qui se poursuivit sans discontinuité de siècle en siècle. Le premier Canon fut mis par écrit au Ier siècle avant notre ère, à Sri Lanka, dans la version pālie conservé par les *Theravādin*. C'est le seul Canon complet dans une langue indienne

4. A. Bareau, « Le bouddhisme ancien », dans *Les Religions de l'Inde*, t. III, Paris, 1966, p. 130-131.

qui existe encore aujourd'hui. Une version sanskrite du Canon aurait été établie au IIe siècle de notre ère, lors du concile réuni au Cachemire par l'empereur Kanishka ; mais nous ne le connaissons qu'à travers les traductions qui en furent faites par la suite. Ces dates tardives ne sont nullement preuve d'inauthenticité, les manuscrits n'ayant servi que d'aide-mémoire. Depuis l'origine, les *sūtra* étaient indéfiniment récités par les communautés.

Les premières versions des *sūtra* furent transcrites dans des langues dérivées du sanskrit, la langue primitive. Il n'était déjà plus représenté que par des dialectes locaux qui divergèrent de plus en plus avec le temps. Afin de préserver l'unité de la culture bouddhique, il fallait recourir à une transmission unique qui fît autorité ; on en revint donc au sanskrit, la langue sacrée qui était restée celle des lettrés. Dans le *Theravāda* prévalut le pāli, langue aussi dérivée du sanskrit, mais dont on ne connaît pas bien l'origine. La question de la langue se posa de nouveau quand le bouddhisme pénétra, au Ier siècle de notre ère, en Chine, dont la langue n'a rien de commun avec celles de l'Inde. Se mit progressivement en place un remarquable système de traductions qu'illustra en particulier le grand Kumārajīva (344-413). À partir des VIIe-VIIIe siècles, les *sūtra* furent également traduits en tibétain. Ces traductions multiples acquirent par la suite une importance capitale, du fait que les originaux de nombreux *sūtra* rédigés en sanskrit ou dans d'autres langues indiennes furent perdus. Ils étaient récités par les moines indiens ou conservés dans les bibliothèques monastiques, mais, lors des invasions musulmanes qui se déroulèrent à partir du VIIIe siècle, les moines furent dispersés et les bibliothèques incendiées. Si les versions chinoises sont les plus nombreuses et les plus anciennes, les traductions tibétaines sont généralement plus précises et permettent de mieux reconstituer les originaux sanskrits, car elles sont rigoureusement littérales.

Le *Sūtra Pitaka* est composé de quatre recueils (*āgama*, « tradition », « source » de la Doctrine) en sanskrit, mais de cinq (*nikāya*, « corpus ») dans le Canon pā li. Les *sūtra* sont rassemblés, non selon leur sujet, mais en fonction de leur longueur, ce qui s'explique par le fait qu'ils étaient récités.

Le premier recueil (*Dīgha-nikāya* en pāli, *Dīrghāgama* en sanskrit) contient les textes les plus longs (*dīghadīrgha* signifie « long »). Dans sa version pālie la plus complète, il est formé de trente-quatre *Sutta*, parmi lesquels les plus précieux sont le *Mahānidana*, explication de la Production conditionnée (*Pratītya Samutpāda*) et le *Mahāparinibhāna*, qui relate les dernières semaines de la vie de Shākyamuni et son entrée en *Parinirvāna*.

Le second recueil (*Majjhima-nikāya*) renferme les textes « moyens » (*madhyama* en sanskrit, *majjhima* en pāli). Dans le Canon pāli, ils sont cent cinquante-deux, tandis que la version chinoise comprend l'intégralité des deux cent vingt-deux *sūtra* sanskrits perdus. Quatre-vingt-dix-sept seulement sont communs aux deux recensions.

Le troisième recueil, *Samyutta-nikāya*, textes « réunis » (*samyukta* en sanskrit, *samyutta* en pāli), est formé d'une multitude de textes plus courts qui rapportent des épisodes de la vie du Bouddha.

Le quatrième recueil, *Anguttara-nikāya* (« recueil classé »), rassemble des textes regroupés en onze sections (*nipāta*) selon que les sujets traités sont présentés seuls ou groupés. Le style de ces *sūtra*, abondant en classifications, évoque déjà celui de l'*Abhidharma* plus tardif. Ils représentent une première tentative de systématisation de la Doctrine.

Enfin le cinquième recueil, *Kuddaka-nikāya*, qui

n'existe que dans la version pāli, regroupe une quantité de textes mineurs et brefs (*kuddaka*) qui sont pour la plupart des appendices aux *sūtra* et en si grand nombre que l'ensemble forme le plus volumineux des cinq *Nikāya*. Certains de ces textes, apparemment secondaires, n'en sont pas moins l'objet d'une grande vénération : ainsi le célèbre *Dhammapāda*, poème de quatre cent vingt-six stances, divisées en vingt-six chapitres, et le non moins célèbre *Sutta-nipāta*, discours en vers d'une haute tenue poétique, les *Theragāthā* (« Stances des Anciens ») et les *Therigāthā* (« Stances des Anciennes »), discours édifiants prononcés par des disciples éminents du Bouddha, de son vivant ou peu après sa mort, ainsi que par les doyens (*thera*) et les doyennes (*theri*) des moines et des nonnes, stances qui reflètent les différents aspects du bouddhisme primitif, enfin les *Jātaka* (« histoire (s) de naissance »), au nombre de cinq cent quarante-sept, récits des existences antérieures du Bouddha, de ses disciples et de certains de ses interlocuteurs, qui expliquent leur comportement actuel en fonction de ces précédents, et illustrent par conséquent la loi du *karma*. Ces récits extrêmement populaires inspirèrent une riche iconographie qui figure sur les monuments bouddhiques, mais aussi de nombreux contes et mythes de toutes sortes [5].

Littérature volumineuse, constituant la tradition scripturaire du bouddhisme, elle est en majeure partie composée de la juxtaposition de textes séparés, les *sūtra*, dont chacun est autonome et sans lien avec les autres. La plupart d'entre eux sont d'un accès difficile pour le lecteur occidental. Si leur style est le plus souvent simple et

---

5. Trad. angl. : E.B. Cowell, *The Jātaka or Stories of the Buddha's former births*, 6 vol., Cambridge, 1895-1907 – trad. fr. partielle : *Choix de Jātaka, extraits des Vies antérieures du Bouddha*, traduits du pāli par G. Terral-Martini, Paris, 1958.

familier, riche en images et en comparaisons, ils peuvent cependant rebuter en raison de leurs nombreux stéréotypes et clichés et surtout de leurs interminables répétitions dues au fait qu'il s'agissait de discours, directement transcrits de l'oral à l'écrit, ce qui est d'ailleurs une garantie d'authenticité.

Le *Vinaya Pitaka* (« Corbeille de la discipline ») nous est parvenu intégralement dans le Canon pāli du *Theravāda*, mais également dans les traductions chinoises qui ont conservé les versions propres aux autres écoles. Il comprend trois parties : le *Bhikshuvibhanya* (« Classification des règles concernant les moines »), le *Bhikshunīvibhanya* (règles des nonnes) et le *Khandhaka* qui regroupe une vingtaine de chapitres complémentaires sur l'habillement, la nourriture, les ordinations (*pravrajyā*), le comportement au cours de la retraite de la saison des pluies (*varsha*), les fêtes du « jeûne » (*poshadha* en sanskrit, *uposatha* en pāli), le « rappel des règles » (*Prātimoksha* en sanskrit, *Pātimokkha* en pāli), occasion pour les moines de confesser publiquement leurs éventuels manquements à la discipline.

La troisième « corbeille » du *Tripitaka*, l'*Abhidharma Pitaka* (« Doctrine suprême » ou « Quintessence de la Doctrine »), est certainement de beaucoup postérieure aux deux autres. Très tôt s'était imposée la nécessité de regrouper et de classer les nombreux éléments de la Doctrine éparpillés dans les *sūtra*, qui n'étaient que des sermons disposés les uns après les autres. L'*Ekottarāgama* (*Anguttara-nikāya*), quatrième partie du *Sūtra Pitaka*, constituait déjà une tentative de classification. On en vint ensuite à établir de simples listes de termes techniques utilisés avec un sens particulier dans la Doctrine. Mais l'élaboration de l'*Abhidharma Pitaka* prit plusieurs siècles (du IIIe s. av. au IIIe apr. J.-C.) et sa codification définitive ne remonte qu'à la première moitié du Ve siècle.

Rassemblant tous les éléments de la philosophie et de la psychologie bouddhiques, présentés de manière systématique et accompagnés de commentaires explicitant leurs divers développements et s'attachant à fixer un vocabulaire psycho-philosophique d'une grande précision, l'*Abhidharma* constitue la base de l'étude de la Doctrine pour le *Mahāyāna* comme pour le *Hinayāna*. Cependant chacune des grandes écoles rédigea le sien propre, entérinant ainsi la division doctrinale, car, dans sa volonté d'éclaircissement des points de la Doctrine demeurés obscurs ou ambigus, chacune d'entre elles se livra à des travaux d'exégèse qui soulignèrent de profondes divergences. Les deux plus importantes versions de l'*Abhidharma* qui soient parvenues jusqu'à nous sont celle du Canon pāli du *Theravāda* et celle, rédigée en sanskrit, de l'école *Sarvāstivāda*.

L'*Abhidharma* theravādin, dont la composition s'échelonne sur au moins cinq siècles (v. 300 av.-200 apr. J.-C.), ne reçut sa forme définitive que grâce à Buddaghosha, le plus illustre commentateur du Canon pāli. Né vers la fin du IVe siècle à Magadha, près de Bodhgayā, dans une famille de brahmanes, Buddhaghosha, ayant adhéré au bouddhisme, se rendit à Ceylan (Sri Lanka) au début du Ve siècle. Il étudia la doctrine du *Theravāda* au Mahāvihāra de la capitale, Anurādhapura. Afin de démontrer sa compréhension, il composa le *Visuddhimagga* (le « Chemin de la complète purification ») et devint dès lors le commentateur attitré de l'école, rédigeant dix-neuf commentaires aux principales œuvres du Canon, dont le *Vinaya Pitaka*, les *Nikāya* et l'*Abhidharma*.

L'*Abhidharma Pitaka* des *Sarvāstivādin* ne prit sa forme définitive que grâce aux travaux de Vasubandhu au IVe ou au Ve siècle. En effet, les dates de ce grand érudit demeurent incertaines. Né à Purusapura (Peshawer), Vasubandhu résida au Cachemire puis à Ayodhyā où il mourut. Il appartenait à l'école *Sarvāstivāda*, mais se serait rallié au *Mahāyāna* auquel appartenait son demi-frère Asanga, le fondateur du *Yogāchāra* (IVe siècle). On a mis en doute cette conversion ; certains érudits pensent qu'il y eut deux Vasubandhu, l'un, le *Yogāchārin*, frère d'Asanga, qui aurait vécu au IVe siècle, l'autre, le *Sarvāstivādin*, qui aurait vécu au siècle suivant. L'*Abhidharma* en sanskrit comporte sept livres, mais qui ne correspondent pas aux sept du recueil pāli. Cet *Abhidharma* originel fut probablement composé au IIIe siècle av. J.-C., mais le dernier traité, *Jñānaprasthāna* (« Point de départ de la Connaissance »), qui récapitule tous les autres, ne remonterait qu'au Ier, sinon au IIe siècle de notre ère.

Quant à l'*Abhidharmakosha* (le « Trésor de l'*Abhidharma* »), composé au Cachemire par Vasubandhu, mais qui n'existe plus que dans des traductions tibétaine et chinoise, il contient un exposé complet de la doctrine des *Sarvāstivādin* qui fit autorité et suscita de nombreux commentaires. Il se présente sous la forme d'un recueil de six cents vers (*karikā*), accompagné d'un commentaire vers après vers (*bhāshya*). Cet ouvrage d'un style remarquable par son élégance et sa précision est un des grands classiques de l'histoire de la pensée bouddhique, en ce qu'il reflète la transition entre les conceptions hīnayānistes et mahāyānistes, ce qui expliquerait la conversion de Vasubandhu, si tant est qu'il s'agisse d'un seul et même personnage.

5

Le *Mahāyāna*

(Grand Véhicule)

Quand il fit son apparition au Ier siècle avant notre ère, se préparait depuis longtemps au sein du *Sangka* le mouvement qui devait donner naissance au *Mahāyāna*, d'abord appelé *Bodhisattvayāna*, le « Véhicule (spirituel) du Bodhisattva », pour le distinguer du *Shrāvakayāna*, le « Véhicule des Auditeurs » désignant le *Hīnayāna*. Les écoles *Mahāsamghika* et *Sarvāstivāda* avaient déjà pris des positions qui allaient devenir celles de la future doctrine, mais celle-ci naquit de l'insatisfaction des fidèles. L'école des « Anciens » (*Theravāda*) soutenait que l'on ne pouvait obtenir la délivrance sans mener la vie monacale et observer des règles très strictes de moralité. Le bouddhisme semblait donc réservé aux moines. Seuls ceux qui avaient renoncé au monde pour vivre retirés dans la solitude ou les monastères étaient tenus pour capables d'en goûter les fruits, mais non les fidèles laïques (*upāsaka*) qui, ayant pour tâche de les assister, ne pouvaient éviter les soucis du siècle. Ils n'étaient nullement en mesure de suivre des controverses qui leur semblaient d'ailleurs vaines et dangereuses, puisqu'elles ne faisaient qu'obscurcir le message essentiel du Bouddha. La sagesse d'ordre mystique (*prajñā*) était devenue l'objet d'une connaissance intellectuelle ; l'expérience personnelle née de la méditation paraissait être passée au second plan.

Menant dans la société une vie active, les laïcs avaient une particulière vénération pour les *Jātaka*, dont les épisodes étaient souvent illustrés dans la décoration des *chaitya* et des *stūpa*. Les *Jātaka* retraçaient la carrière du futur Bouddha qui, jusqu'à son Éveil, n'était encore qu'un *Bodhisattva*, un être promis à l'Éveil suprême (*sambodhi*), auquel il s'était longuement préparé, avec une constante compassion, à travers ses successives réincarnations. L'*Arhat*, l'idéal du *Hinayāna*, semblait ne s'être retiré du monde que pour obtenir sa propre délivrance ; aussi les fidèles reportaient-ils toute leur affection, proche de la *bhakti*, sentiment d'amour et de confiance absolus pour la divinité qui prenait alors de plus en plus d'importance dans le brahmanisme, sur le personnage du *Bodhisattva* débordant d'amour pour tous les êtres. Le *Bodhisattva* était devenu le guide de leur vie. Celui-ci ne recherchant plus la délivrance pour lui-même, l'ascèse de l'*Arhat*, du moine, perdait de son importance. Telles étaient les aspirations profondes que vint consacrer la nouvelle école qui se donna le nom de *Mahāyāna*, le « Grand Véhicule », ce qui reléguait les autres écoles au rang de *Hinayāna*, « Petit Véhicule ». En notre langue, le mot véhicule ne signifie pas seulement « moyen de transport », mais aussi de « transmission », de « propagation » : c'est aussi dans ce sens-là que l'emploie le bouddhisme.

Le *Mahāyāna* invitait non seulement les religieux, mais aussi « les fils et filles de famille » à s'engager dans la carrière de bodhisattva [1]. Il en précisait les étapes, définissait la méthode qui permettait de les parcourir, en montrait les modèles dans les nouveaux *sūtra* et les traités (*shāstra*) qu'il élaborait, les présentant comme « la seconde mise en mouvement de la Roue du *Dharma* », niveau d'enseignement plus profond que celui des *sūtra* primitifs, et où la sagesse des disciples *Bodhisattva* du Bouddha était plus grande que celle des disciples *Arhat*. Cette sagesse, toute de compassion et d'indulgence, était celle du modeste Ānanda face à l'hautain Mahākāshyapa.

L'un des plus anciens de ces textes et celui qui jouit de la plus intense et de la plus longue popularité parmi les bouddhistes fut le *Sūtra du Lotus de la Bonne Loi* (*Saddharmapundarīka Sūtra*) qui, transcrit vers 200 après J.-C., contient déjà l'essentiel de la doctrine mahāyāniste sur la nature transcendantale du Bouddha et la possibilité pour chacun d'atteindre à la Délivrance finale [2]. Cette longue prédication en vingt-sept chapitres insiste sur les « moyens habiles » (*upāyakausalya*) employés dans sa compassion par le *Tathāgata* afin de faire parvenir le plus grand nombre d'êtres possible à l'Éveil grâce à des enseignements qui soient à leur portée, telles les deux paraboles célèbres : celle du père qui, voyant sa maison en feu, ne peut en faire sortir ses enfants, restés à l'intérieur et qui ne se rendent pas compte du danger, qu'en leur montrant trois chars. Arrivés dehors, les enfants ne voient plus qu'un seul char. Ainsi le *Tathāgata*, voyant les hommes en péril, les convie à sortir du monde en leur proposant trois sortes de véhicules (*yāna*), celui des audi-

1. E. Lamotte, « Le Mahāyāna », dans *Le monde du bouddhisme*, *op. cit.*, p. 85.
2. Ce fut le premier *sūtra* traduit en Europe, par E. Burnouf en français dès 1852 ; réimpression, Paris, 1973.

teurs (*shrāvaka*), celui des *pratyekabuddha* (ceux qui obtiennent l'Éveil par eux-mêmes) et, celui des *bodhisattva*, chacun convenant à leur divers degré d'avancement ; mais ces trois véhicules en réalité ne font qu'un, *Ekayāna*, le « Véhicule unique » ou « Véhicule du Bouddha », c'est-à-dire le *Mahāyāna*. La seconde parabole rappelle celle de l'Enfant prodigue de l'Évangile de Luc : un enfant égaré a grandi dans des conditions misérables, alors que son père devenait riche. Un jour, ce fils se retrouve devant son père, qui le reconnaît, mais lui ne le reconnaît pas. Le père le prend à son service et graduellement lui révèle la fortune qui lui appartient de naissance et qu'il se prépare à lui léguer. Le chapitre XXIV du *Sūtra* est tout entier consacré à la louange de la compassion illimitée du plus grand et du plus aimé des Bodhisattva, le *Mahāsattva* (« Grand Être ») Avalokiteshvara, lequel répond immédiatement à ceux qui l'invoquent et les préserve des pires dangers.

De beaucoup antérieure – certains des textes qui la composent remonteraient au Ier siècle av. J.-C. – est la collection d'une quarantaine de *sūtra* groupés sous le titre collectif de *Prajnā Pāramitā*, la « Perfection de la Sagesse » ou la « Sagesse qui permet d'atteindre l'autre rive » (celle du *nirvāna*), dont la rédaction s'échelonna jusqu'à la fin du IIIe siècle apr. J.-C. Ces *sūtra* forment une des sources essentielles de la doctrine *Madhyamika* sur la vacuité (*shūnyata*). Dans ces différents sermons, les deux interlocuteurs privilégiés du Bouddha sont Shāriputra, le plus subtil de ses disciples, et Shubuti qui expose le concept de vacuité, dont il avait acquis par la méditation une compréhension profonde. Ils auraient été prononcés sur le pic de l'assemblée des vautours (Grdhrakūta), près de Rājagriha. Le plus ancien de ces *sūtra* est l'*Ashtasāhasrikā* (« De la perfection de la Sagesse ») en 8 000 vers, qui semble avoir servi de base aux *sūtra* ultérieurs d'étendue variable, le plus long comptant 100 000 vers. Deux de ces *sūtra* devinrent célèbres, le *Vajrachchedikā*, « Diamant coupeur », ainsi nommé parce qu'il tranche toutes les illusions, et le très court *Hridaya*, « Sūtra du cœur » (du *Prajna Pāramitā Sūtra*).

Un troisième texte plus tardif, composé à partir de l'an 300, le *Lankāvatara Sūtra* (« La Descente à [Sri] Lankā »), divisé en neuf chapitres en prose, entrecoupé de chants (*gāthā*) et terminé par un chapitre en vers, contient d'importants développements doctrinaux, proches de ceux de l'école *Yogāchāra*. Répondant aux questions du *Bodhisattva* Mahāmati, le Bouddha y expose l'expérience de l'Éveil accessible à chacun s'il s'identifie à l'« embryon » de Bouddha (*Tathāgatagharbha*), déjà présent en lui et veille à la faire croître grâce à la pratique assidue de la méditation (*dhyāna*). Cet embryon existe dans tous les êtres, quels que soient leur aveuglement ou leur impureté : il possède « toutes les vertus et n'est pas différent de moi-même », affirme le Bouddha. Il transcende toute dualité, est « par nature pur et d'une clarté resplendissante, immuable, permanent, il n'a ni commencement ni fin ». Il est identique au domaine absolu, au corps d'essence, à la lumière originelle de la conscience, à la lignée mystique (*Buddhagotra*), à l'Ainsité (*Tathātā*). « Inconcevable, il relève du champ des *Tathāgata*. » L'Éveil est la révélation de sa présence active et il survit dans le *nirvāna*, il est l'être du *nirvāna*. Tel est le trésor intérieur que le Bouddha est venu révéler à tous en vue de leur délivrance finale. C'est là un des enseignements majeurs du *Mahāyāna* qui emploie dans le même sens les expressions « Nature de Bouddha » (*Buddhatā*), « Nature de *Dharma* » (*Dharmatā*), « Nature propre » ou « Visage originel ». Le *Lankāvatara Sūtra* eut une toute particulière importance dans l'École chinoise du tch'an (*dhyāna*, en japonais *zen*) qui s'appela même à ses débuts l'École du *Lankāvatara Sūtra*.

Le Bodhisattva

« Le *Bodhisattva* est au cœur même du *Mahāyāna*. C'est un être sur le chemin de la parfaite bouddhéité, qui prend pour tâche d'aider les autres, tout en amenant à la perfection sa propre sagesse »[3], car plus grande est la compassion (*karuna*), plus grande doit être la sagesse (*prajñā*). Les textes mahāyānistes tracent donc sa carrière et en définissent les étapes.

L'entrée dans la Voie se réalise par la manifestation de l'esprit d'Éveil (*bodhichittatpāda*), l'aspiration à l'Éveil en vue du bien de tous. Elle suppose l'accumulation des pratiques spirituelles et l'exercice des vertus au cours de nombreuses existences antérieures et, dans la vie présente, un dévouement fondé sur la prise de conscience de la souffrance (*duhkha*) des êtres. Celui en qui a lui l'esprit d'Éveil prononce généralement devant le *Sangha* ses vœux de Bodhisattva (*pramidhāna*) : parvenir par lui-même à l'Éveil (*Bodhi*) et y faire accéder tous les êtres, en fonction de la connaissance qu'il a de la présence en eux de l'embryon de Bouddha (*Tathāgatagharba*).

Dans cette vue, il met en œuvre les six « perfections », les *Pāramitā*, les vertus éminentes qui, portées à leur point de perfection et de parfait désintéressement, permettent « d'atteindre l'autre rive » : *Dāna*, le « don », la générosité fondée sur la bienveillance spontanée (*maitrī*) et la compassion (*karuna*) ; *Shila*, la moralité, la disci-

3. E. Lamotte, *op. cit.*

pline, l'observance des règles éthiques ; *Kshanti*, la patience qui permet de supporter l'adversité, la haine, les méfaits d'autrui, et est aussi nécessaire pour approfondir les difficultés de la Doctrine : *Vīrya*, l'énergie, la force de volonté, la constance dans la démarche ; *Dhyāna*, la méditation ; enfin *Prajñā*, la plus sublime des *Pāramitā*, couronnement et rétribution de la pratique. À cette première liste, on ajoignit par la suite : *Upāyakaushala Pāramitā*, l'emploi des moyens salvifiques à l'exemple du Bouddha lui-même, *Pranidhāna Pāramitā*, les vœux pieux, *Bala Pāramitā*, la résolution inébranlable, le courage, et *Jñāna Pāramitā*, la parfaite connaissance du *Dharma*.

Grâce à la pratique assidue des *Pāramitā*, la carrière du Bodhisattva le conduit d'étape en étape dans les dix « terres » (*Bhūmi*). Dans la première, la « Terre joyeuse » (*Pramuditā Bhūmi*), le Bodhisattva est empli d'allégresse et de foi fervente en raison des vœux qu'il vient de prendre ; il pratique la perfection de la générosité (*Dāna Pāramitā*), en prenant sur lui-même le *karma* des êtres à sauver. À ce stade, le Bodhisattva prend conscience de la Vacuité (*Shūnyata*) du « Moi » et de tous les « *dharmas* ». Puis, dans la « Terre immaculée » (*Vimalā Bhūmi*), il se consacre au perfectionnement de sa moralité (*Shīla Pāramitā*) jusqu'à ce que sa conduite soit devenue spontanément pure. Dans sa méditation, il peut désormais ressentir la présence des nombreux Bouddhas et les vénérer. La troisième étape le fait pénétrer dans la « Terre splendide » (*Prabhākāri Bhūmi*), où il cultive la patience (*Kshanti Pāramitā*), la longanimité à l'égard de tous les êtres. Il a déjà tranché les racines malsaines du *karma* (*akushala*) : le désir, la haine et l'aveuglement, et acquis les dix « approfondissements de la volonté », en particulier la fermeté, le dégoût de la vie dans le monde et l'absence de passion. Sa méditation lui permet de réaliser les quatre stades du recueillement (*dhyāna*) et d'obtenir les six pouvoirs surnaturels (*abhijna*) : les pouvoirs « magiques » (*riddhi*), l'« oreille divine » qui lui permet de percevoir les voix des êtres célestes comme celles des humains ; la perception de la pensée d'autrui, le souvenir de ses existences antérieures, l'« œil divin », la connaissance du cycle des naissances et des morts (*samsāra*) chez tous les êtres vivants, la prise de conscience de l'abolition en lui de toute souillure et de toute passion, et donc la certitude d'avoir atteint la délivrance. Au quatrième stade, la « Terre rayonnante » (*Archismatī Bhūmi*), le Bodhisattva développe en lui la perfection de l'énergie (*Vīrya Pāramitā*) et la lucidité ; grâce à une attention toujours plus vigilante, il médite sur les nombreuses conditions indispensables à la réalisation de l'Éveil (*Bodhipākshita Dharma*) et s'efforce de les acquérir toutes. La cinquième étape du parcours, la « Terre inaccessible » (*Sudurjayā Bhūmi*), est consacrée au perfectionnement de la méditation (*Dhyāna Pāramitā*) en vue de parvenir à la connaissance intuitive et de se dégager de la vérité conventionnelle et discriminative pour atteindre la vérité ultime. Le sixième stade, la « Terre d'où l'on voit la Sagesse » (*Abhimukhī Bhūmi*), est marqué par l'accession à la perfection de la Sagesse (*Prajñā Pāramitā*).

Grâce à sa connaissance directe et immédiate, le Bodhisattva saisit pleinement le processus de la Production conditionnée (*Pratītya Samutpāda*) ainsi que la vacuité universelle (*Shūnyata*). Ayant atteint un niveau de compréhension égal à celui de l'*Arhat*, il pourrait s'éteindre pour toujours dans le *Pratishthita Nirvāna*, le *nirvāna* « statique », comparable au *Nirupadhishesha Nirvāna*, *nirvāna* sans reste de conditionnement de l'*Arhat* dans le *Hinayāna*. C'est alors qu'en toute conscience, le Bodhisattva opte pour l'*Apratishthita Nirvāna*, le *nirvāna* « actif », non fixé. Délivré désormais des contraintes du *samsāra*, il restera donc dans le monde et pourra se consacrer tout entier à la tâche qu'il a pris l'engagement d'accomplir. À la septième étape, la « Terre qui s'étend au loin » (*Dūrangama Bhūmi*), débarrassé de tout *karma* et donc de toute renaissance dans le *samsāra*, le Bodhisattva comprend que *samsāra* et *nirvāna* ne sont pas distincts. Il devient alors un « Grand Être » (*Mahasattva*) en possession des « moyens habiles » (*upāya*) qui lui permettront de guider chaque être en vertu de ses capacités propres. Au huitième stade, la « Terre immuable » (*Achalā Bhūmi*), le Bodhisattva atteint le niveau à partir duquel toute régression est devenue impossible, il connaît sa propre boddhéité. Dorénavant, il pourra se manifester dans l'univers là où il le voudra et transférer ses propres mérites aux autres êtres en vue de leur délivrance. Dans la « Terre des pensées pieuses » (*Sādhumatī Bhūmi*), le Bodhisattva jouit de la totalité de ses prérogatives : les dix forces (*Dashbala*), les six pouvoirs surnaturels (*Abhijnā*), les quatre certitudes (*Vaisharadya*) et les huit libérations (*Ashta-vimoksha*). Il connaît parfaitement le *Dharma* et l'enseigne. Au dixième et dernier stade, la « Terre du Nuage du *Dharma* » (*Dharmameghā Bhūmi*) ou de la « Consécration » (*Abhisheka*), le Bodhisattva, ayant réalisé toutes les vertus et tous les savoirs (*jñāna*) et accompli toutes ses tâches, son *Dharmakāya*, le « Corps de la Loi », la véritable « Nature de Bouddha » transcendante, est désormais parachevé. Il siège dans le ciel des *Tushita* et sa réalisation est attestée par tous les autres Bodhisattvas et tous les Bouddhas ; il est admis à leur rang, celui des *Tathāgata.*

En dépit de son apparence scolastique, la description des *bhūmi* correspond aux étapes réellement expérimentées par le méditant mahāyāniste qui suit spontanément ce parcours, lorsqu'il s'engage dans la voie de la réalisation parfaite de sa « nature » de Bouddha. En conséquence, cette description, qui est celle du parcours de ses prédécesseurs, peut lui servir de guide et de repère.

Bouddhas et Bodhisattvas

Dans le *Hinayāna*, Shākyamuni, le Bouddha historique, avait réellement vécu parmi les hommes, mais, s'étant éteint en *Parinirvāna*, pouvait passer pour inaccessible. Dans les *sūtra* du *Mahāyāna* se développe une nouvelle perspective. Déjà, les *Sarvāstivādin* avaient élaboré une vie légendaire du Bouddha, remplie de merveilleux, telle qu'elle apparaît par exemple dans le *Lalitavistara* (le « Développement du Jeu », c'est-à-dire de la manifestation humaine du *Tathāgata*) [4]. Les docteurs de la Grande Communauté (*Mahāsamghika*) étaient allés plus loin. Pour eux, la réalité historique du Bouddha n'était qu'une fiction, le Bouddha était un être surnaturel (*Lokottara*) au corps et à l'esprit parfaitement purs (*Dharmakāya*), omniscient (*sarvajñatā*), jouissant d'une vie éternelle et d'un pouvoir absolu. S'il s'était manifesté dans le monde humain, en raison de son immense compassion, ce n'avait été que sous la forme d'une émanation (*nirmānakāya*) que celle-ci se soit manifestée en un être de chair et de sang, ou qu'elle n'ait été qu'une apparence. Cette conception donnera naissance par la suite à la doctrine des trois corps (*Trikāya*), exposée de manière exhaustive par Asanga, l'un des deux fondateurs du *Yogāchāra* au IVe siècle.

Partant de telles prémisses, le *Mahāyāna* en vint à concevoir une vaste et complexe cosmologie selon laquelle au sein du cosmos coexisterait une multitude d'univers régis chacun par un Bouddha, assisté d'un ou

---

4. *Lalitavistara*, trad. fr. P.-E. Foucaux, 1884 ; rééd. Paris, 1988.

plusieurs grands *Bodhisattvas*, et d'un Bouddha « terrestre ». Ce sont les cinq « familles de Bouddha ». Cette science mystique du cosmos devait atteindre son développement maximal dans le cadre du bouddhisme tantrique tibétain. L'un des premiers nommés de ces Bouddhas célestes est *Amitâbha*, « Lumière infinie », dénommé aussi *Amitayus*, « Vie infinie », symbolisant la sagesse et la miséricorde illimitées, et particulièrement vénéré par les bouddhistes chinois et japonais. Selon la tradition, Amitābha aurait été un roi qui renonça au trône pour devenir moine sous le nom de Dharmakara. Parvenu à la boddhéité, il fit le vœu de guider et d'assister tous les êtres sans distinction sur la Voie de l'Éveil : « Si jamais, ô Seigneur, après mon Éveil, des êtres appartenant à d'autres univers pensent, en entendant mon nom, à l'Éveil suprême et parfait et m'invoquent avec confiance et si je ne leur apparais pas comme le Vénéré, entouré d'une troupe de moines, au moment de leur mort, afin de préserver leur esprit de toute crainte, alors je ne mérite pas d'accéder moi-même à l'Éveil suprême et parfait. » Pour ces êtres qui l'implorent, Amitābha créa *Sukhāvāti* (le « Bienheureux »), le « Paradis » ou « Terre pure » de l'Ouest[5], sur lequel il règne et où il les accueille. « Si jamais, ô Seigneur, après mon Éveil, des êtres des innombrables et immenses terres des Bouddhas pensent, en entendant mon nom, à leur prochaine réincarnation sur ma terre d'élection et qu'ils œuvrent en conséquence pour amener à maturité les racines de leur mérite [karmique], si ces êtres-là ne peuvent renaître dans mon paradis, n'eussent-ils invoqué mon nom que dix fois dans leur vie, alors je ne mérite pas d'accéder à l'Éveil

5. Il ne s'agit évidemment pas d'une localisation géographique, mais symbolique et iconographique, et même d'un état de conscience.

suprême et parfait. » Dans le Paradis de l'Ouest, les fidèles d'Amitābha mènent une vie de félicité, tout en écoutant les enseignements de ce Bouddha qui les préparent à parvenir à l'étape suivante et ultime, le *nirvāna*.

Le culte d'Amitābha, l'amidisme, marque un tournant décisif, mais limité et partiel, dans l'évolution du bouddhisme devenu sous cet aspect une religion de salut. L'infinie compassion d'Amitābha ouvrait une voie directe vers la délivrance. Il suffisait de prononcer avec foi et ferveur l'invocation *Nāmo Amitābhāya Buddhāya* (« Honneur au Bouddha Amitābha »), transcrite en chinois *O-mi-to-fo* et en japonais *Namu Amida Butsu*, particulièrement au moment de la mort, pour être assuré de renaître au cœur d'une fleur de lotus dans le « Paradis de l'Ouest ». On peut imaginer le succès que rencontra une aussi rassurante innovation ; le fidèle n'était plus astreint à ne compter que sur ses propres forces, il n'avait plus qu'à faire confiance. L'amidisme se répandit surtout en Extrême-Orient, Chine et Japon, sous la forme des écoles de la « Terre pure », en Chine *Ching-t'ou-tsung*, au Japon *Jōdo-shū* et *Jōdo-shin-shū*.

Amitābha est habituellement représenté assis en posture de méditation au cœur d'une fleur de lotus, symbole de la pureté dégagée des souillures, ses mains réunies comme dans la méditation, ou faisant le geste qui accompagne la prédication de la Doctrine. Il est assisté de deux Bodhisattvas transcendantaux debout : à sa gauche Avalokiteshvara, et à sa droite Mahāsthāmaprāpta. Si ce dernier, « Celui au Grand Pouvoir », émanation de la sagesse d'Amitābha, ne fait pas l'objet d'un culte spécial, il en va tout autrement d'Avalokiteshvara, de loin le plus populaire des « Grands Êtres » (*Mahāsattva*). Inspiré par la compassion sans bornes d'Amitābha, Avalokiteshvara a fait le vœu de ne pas devenir un Bouddha tant que tous les êtres vivants ne parviendraient pas avant lui à l'Éveil, comme tous les Bodhisattvas ; mais pour les fidèles, il est le « Grand Compatissant » (*Mahākaruna*) par excellence. Dans le chapitre XXVI du *Sūtra du Lotus de la Bonne Loi*, qui constituait à l'origine un *sūtra* séparé, Avalokiteshvara (le « Seigneur qui tourne son regard vers le bas ») promet à tous ceux qui l'invoqueront son aide immédiate et efficace. Dans la « Roue de la Vie » (*Bhava Chakra*), le Bodhisattva est montré comme apparaissant dans les six mondes du *samsāra*, venu apporter espoir et réconfort même aux animaux et aux « trépassés faméliques » (*preta*), même dans les enfers. Avalokiteshvara prit donc l'aspect d'un sauveur universel, et son culte se répandit dans tous les pays du *Mahā yāna* qui donnèrent des interprétations différentes, mais convergentes, de sa personnalité.

Dans l'iconographie bouddhique, Avalokiteshvara est représenté sous trente-trois aspects, portant dans sa coiffure une petite effigie d'Amitābha et presque toujours avec une multiplicité de bras, symbolisant sa capacité à répondre simultanément à toutes les demandes d'aide. Une de ses formes les plus populaires possède mille bras et, au-dessus de sa tête, dix visages disposés trois par trois, incarnant l'un la compassion, l'autre son indignation devant le mal, et le troisième la joie ; couronnant ces trois étages, la dixième tête est celle d'Amitābha, dont les autres ne représentent que les aspects multiples. Dans ses mains, Avalokiteshvara tient souvent un flacon de nectar et une fleur de lotus bleu, d'où son surnom de *Padmapāni*, « celui qui tient le lotus », ce qui fait allusion à son mantra, en sanskrit *Om mani padme hum* (le « Joyau du Lotus »), le premier mantra introduit au Tibet (en tibétain, *Om mani peme hung*) où, extrêmement populaire, il est gravé partout. On représente également Avalokiteshvara en tant que *Lokeshvara* (« Seigneur du monde ») dans la posture sereine, dite du « délassement royal », le bras droit reposant sur le genou.

En Chine, à partir du Xe siècle, Avalokiteshvara, qui prit le nom de *Kuan-yin* (« Qui est attentif aux pleurs »), fut représenté sous une forme féminine, vêtue de blanc, probablement sous l'influence du tantrisme dans lequel Avalokiteshvara possède une parèdre, née de ses larmes, alors qu'il pleurait sur la misère du monde, *Tārā* (« Celle qui sauve »). On la vénère particulièrement au Tibet, sous vingt et une formes dont les plus populaires sont la « Verte » et la « Blanche » [6]. Le nom de cette dernière est transcrit en chinois *Pai-i kuan-yin. Kuan-yin* est priée par les pèlerins dans son sanctuaire de l'île P'u-t'uo chan dans l'Est de la Chine. Au Japon, Kuan-yin devint Kanzeon ou Kwannon. Au Tibet, Avalokiteshvara, nommé Cherenzi (« Celui qui regarde avec des yeux clairs »), est considéré comme le patron surnaturel du pays [7]. Sa compassion est censée s'incarner en la personne des Dalaï-lamas successifs, mais aussi des Karmapa, lesquels constituent la lignée la plus ancienne des Tulku ; antérieure à celle des Dalaï-lamas, elle remonte au XIIIe siècle.

Le mot *Tulku*, qui en tibétain veut dire « corps de transformation », désigne donc le *Nirmānakāya*, l'incarnation terrestre des Bouddhas et des Bodhisattvas d'après la doctrine mahāyāniste des « Trois Corps » (*Trikāya*) : le *Dharmakāya*, corps purement spirituel des Bouddhas, qui est immuable et intemporel, le *Sambhogakāya* (« Corps de Jouissance ou de Félicité »), forme sous laquelle les Bouddhas et les Bodhisattvas se manifestent dans les « Terres pures », enfin le *Nirmānakāya*.

Chacun des cinq Bouddhas transcendantaux a donc sous sa dépendance un ou plusieurs Bodhisattvas et un Bouddha terrestre, qu'il appartienne au passé, au présent ou au futur. De même qu'Avalokiteshvara et le Bouddha

6. S. Beyer, *The cult of Tārā*, Berkeley, 1973.
7. Bokar Rinpotché, *Tchènrézi*, Vernègues, 1990.

Shākyamuni sont rattachés à Amitābha qui siège à l'Ouest, de même le Bouddha du Nord *Amogasiddhi* a pour Bodhisattva *Vishvapāni* (« Celui qui tient le double vajra ») et *Maitreya* comme futur Bouddha terrestre. *Vajrapāni* (« Celui qui tient le vajra » simple) est le Bodhisattva du Bouddha de l'Est, *Akshobhya* et *Kanakamuni*, son Bouddha terrestre, appartenant au passé. Aux côtés de *Ratnasambhava*, qui siège au Sud, se tiennent le Bouddha terrestre *Kāshyapa*, le prédécesseur de Shākyamuni, et le Bodhisattva *Ratnapāni* (« Celui qui tient un joyau »). Enfin, au centre, *Vairochana* a pour Bouddha terrestre *Krakucchanda* et pour Bodhisattvas *Mañjushrī* et *Samantabhadra*.

Quelques-uns seulement de ces Bodhisattvas reçoivent un culte. *Samantabhadra* (« Toute Bonté » ou « Toute Bénédiction ») est le protecteur de tous ceux qui répandent la Doctrine. Il incarne la « Sagesse de l'identité », donc de l'absence de différence, et est particulièrement honoré en son sanctuaire du mont Omei, dans le Sud-Ouest de la Chine. Il y est représenté tel qu'il arriva de l'Inde, monté sur un éléphant blanc à six défenses figurant la victoire sur les attachements aux six sens. Mañjushrī (« Noble Douceur » ou « Celui dont la beauté enchante »), manifestation de la sagesse transcendante, veille à la destruction de l'ignorance et à l'éveil de la connaissance, ce que symbolisent ses attributs : l'épée flamboyante qu'il brandit et le lotus sur lequel repose le *sūtra* de la *Prajnāpāramitā*. Enfin, *Kshitigarbha* (« sein maternel de la terre ») bénéficie d'un culte spécial, car il est celui qui sauve des tourments des enfers et veille sur la destinée des enfants morts ; c'est le seul Bodhisattva qui soit représenté vêtu de la robe monastique, car, étant moine, il fit le vœu d'aider l'humanité jusqu'à la descente sur terre d'un nouveau Bouddha ; il porte un bâton de pèlerin censé ouvrir les portes des enfers et muni de six anneaux symbolisant les six mondes du *samsāra*, on l'invoque en particulier lors des funérailles ; en Chine, il porte le nom de Ti-ts'ang ; au Japon, où il est encore plus populaire, celui de Jizō. Enfin, les fidèles ont une dévotion empreinte de tendresse et d'espoir pour Maitreya (« Celui qui aime »), incarnation de l'amour universel, qui règne au paradis des *Tushita* (les « Bienheureux »), d'où il descendra dans l'avenir en tant que cinquième et dernier Bouddha terrestre.

Après Amitābha, le deuxième des *Dhyāni* Bouddha (Bouddha de méditation) est, au Nord, Amogasiddhi (« Infaillible Réalisation »), qui représente la « Sagesse tout accomplissante », le parachèvement du sentier du Bodhisattva. Amogasiddhi est figuré faisant, la main droite levée, le geste de la « non-crainte » ; son emblème est le double *vajra*. Akshobhya, l'« Inébranlable », dont la « Terre pure » *Abhirati* (le « royaume de la joie ») se trouve à l'Est, est représenté dans l'attitude du Bouddha « qui prend la terre à témoin », en la touchant de la main droite, au moment de l'Éveil. Au Sud, Ratnasambhava, l'« Origine des Joyaux », c'est-à-dire les « Trois Joyaux » : le Bouddha, le *Dharma* et le *Sangha*, fait le geste de l'« exaucement des vœux », la main droite touchant la terre, mais la paume tournée vers l'avant. Enfin, Vairochana, le « Resplendissant » ou « Semblable au Soleil », est montré faisant le *mudra* de la Sagesse suprême, l'index de la main droite entouré des cinq doigts de l'autre main. Il a pour symboles la « Roue de la Loi » (*Dharma Chakra*) et le Soleil. Son domaine se situe au centre, c'est-à-dire au zénith. Vers le Xe siècle s'introduisit le concept d'un Bouddha suprême, l'*Adi-Bouddha*, personnifiant l'Absolu, le *Dharmākaya*. Vairochana fut généralement identifié avec lui, mais pour certaines écoles l'Adi-Bouddha est Akshobhya. Il convient encore de mentionner un Bouddha fort populaire, *Bhaishayja-*

Guru, le « maître des remèdes », représentant la Doctrine en tant qu'elle est capable de guérir l'humanité de tous ses maux. Sa « Terre pure » se trouve à l'Est.

Les cinq *Dhyāni-Bouddha* ou *Tathāgata*, appelés aussi *Jina* (« Vainqueurs », « Conquérants »), sont mis en corrélation avec les cinq agrégats (*skandha*) constitutifs de la personnalité : Vairochana présidant à *rūpa*, la « forme », Ratnasambhava à *vedānā*, la sensation, Amitābha à *samjna*, la perception, la pensée conceptuelle, Amogasiddhi aux *samskāra*, les intentions, les processus psychiques, enfin Akshobhya à *vijñāna*, la conscience. Ils correspondent aussi aux cinq éléments (*panca bhūta*), la terre (Amogasiddhi), l'eau (Amitābha), le feu (Ratnasambhava), l'air et le ciel (Akshobhya), l'éther ou l'espace (Vairochana). Ils sont également associés aux cinq connaissances parfaites : la connaissance semblable au miroir qui reflète, sans intervenir, l'Ainsité (*Tathātā*) des êtres et des choses, représentée par Akshobhya ; la connaissance d'identité par Ratnasambhava ; la connaissance discriminative par Amitābha ; la connaissance d'accomplissement par Amogasiddhi ; la connaissance du pur domaine absolu par Vairochana. S'y ajoutait de surcroît le symbolisme des lumières colorées issues de la division du spectre solaire, du passage de l'un au multiple.

Ces relations, correspondances, équivalences et coïncidences tissaient un réseau qui fait de l'univers entier, naturel et surnaturel, visible et invisible, un organisme immense, le *Dharmakāya*, le « Corps » de la Loi, l'Ordre cosmique, où tout, absolument tout, se trouve en corrélation, en interdépendance harmonieuse, où microcosme (l'homme) et macrocosme (l'univers) se reflètent mutuellement et subtilement.

Une telle cosmo-théologie pouvait paraître très éloignée des enseignements primordiaux ; elle leur était cependant étroitement reliée, puisque, prenant appui sur l'élaboration philosophique et psychologique qui constituait le développement de la Doctrine, elle n'était qu'en apparence spéculative, prenant, en dernière analyse, sa source dans l'exploration systématique et intime du monde intérieur, dans l'expérience personnelle du méditant, modeste reflet de l'expérience originelle, celle du Bouddha Shākyamuni.

La philosophie du *Mahāyāna*

Dès l'origine, le bouddhisme était une philosophie, tout au moins au sens premier qu'a ce mot en grec, d'« amour de la sagesse », mais, plus particulièrement, en son sens pythagoricien d'étude de la nature des choses, fondée sur l'expérimentation intérieure, la méditation. C'était donc une philosophie « mystique », puisqu'elle cherchait à percer le secret de la condition humaine. Délaissant les discussions et les spéculations des multiples écoles du *Hinayāna*, dont on trouve l'écho dans les différents *Abhidharma* et qui avaient fait perdre de vue le message du Bouddha, les grands mystiques du *Mahāyāna*, de Nāgārjuna (IIe-IIIe siècle) à Shāntideva (VIIe-VIIIe siècle), réaffirmèrent le primat de la contemplation. Ils la portèrent à son plus haut niveau, non sans l'avoir préalablement dégagée de tout préjugé, de toute contingence grâce à une formulation plus négative que positive, que l'on qualifierait de nos jours d'apophatique ; ils exposèrent et poussèrent jusqu'à leur pointe extrême l'indicible, les mystères de l'intériorité, en démontrant que chacun pouvait les découvrir en son tréfonds : tout homme, quel qu'il soit, porte en lui, potentiellement, sous forme de germe (*Tathāgatagharba*, « embryon de Bouddha »), la « nature de Bouddha » (*Buddhatā*). « En revivant [et en permettant de revivre] l'expérience du Bouddha, [les] maîtres du Grand Véhicule renouvelèrent les sources du bouddhisme auquel ils donnèrent un nouvel essor [8] », celui qui devait porter la Doctrine aux quatre coins de l'Asie. Même lorsque le *Mahāyāna* se fut détaché du *Hinayāna*, il n'y eut pas alors, ni au cours des siècles suivants, d'hostilité entre les deux branches ni même de séparation bien nette. Le moine-pèlerin chinois Hiuan-tsang qui visita l'Inde au VIIe siècle dénombrait, sur un total de 200 000 *bhikshu*, environ 65 000 mahāyānistes contre 120 000 hinayānistes, mais 50 000 moines appartenaient conjointement aux deux écoles ; de plus, mahāyānistes et hinayānistes cohabitaient souvent dans le même monastère [9].

Dans l'*Ashtasāhariskā* (« De la perfection de Sagesse »), le noyau le plus ancien des *sūtra* de la *Prajnāpāramitā*, le Bouddha lui-même déclarait : « Ô Subhuti, Grand Véhicule est synonyme d'incommensurable, car il n'existe pas de moyen de le mesurer », ce à quoi Shubuti ajoutait, développant la pensée de son maître : « Grand Véhicule, l'appelle-t-on, parce qu'il est immense comme l'espace et qu'il y a place en lui pour d'innombrables êtres, tel est le Grand Véhicule des Bodhisattvas. On ne peut voir ni son allée ni sa venue, et l'on ne découvre pas son séjour. Ainsi ne peut-on appréhender ni le commencement du *Mahāyāna* ni son extrémité ni son milieu. Ô Bienheureux, il est toujours le même [10]. »

Ces vastes perspectives s'expriment dans les nouveaux *sūtra* anonymes du *Mahāyāna* et dans les nom-

8. E. Lamotte, *Sur la formation du Mahāyāna*, *Asiatica*, Leipzig, 1959, p. 377-396.

9. E. Lamotte, *Histoire du bouddhisme indien*, p. 596-601.

10. *Ashtasāhasrikā Prajnāpāramitā Sūtra*, trad. angl. E. Conze, *The Perfection of Wisdom in Eight Thousand Lines and its Verse Summary*, Bolinas, 1973, I, 23-24.

breux *shāstra* (« traités ») doctrinaux et philosophiques, dus aux penseurs du Grand Véhicule, dont les deux principales écoles furent le *Mādhyamaka* (la « Voie du Milieu », de *madhyama*, « le milieu »), ou *Shūnyatavāda* (l'« Enseignement de la Vacuité »), et le *Yogāchāra* (l'« Exercice du Yoga »), ou *Vijnāñāvāda* (l'« Enseignement sur la conscience »), ces deux formulations étant complémentaires, *Yoga* désignant ici la pratique de la méditation en vue de la transformation de la conscience (*vijñāna*). Les principales œuvres provenant de ces deux courants, souvent traduites en particulier en chinois et en tibétain, exercèrent une influence décisive dans tous les pays du *Mahāyāna*.

La « Voie du Milieu »

Si l'on ne peut situer exactement les dates de sa vie (probablement entre 150 et 250 apr. J.-C.), Nāgārjuna, qui établit l'école, fut assurément l'un des plus éminents philosophes de l'Inde, mais également l'un des « plus grands mystiques que le monde ait connu ». Sa personnalité transparaît à travers ses ouvrages et dans une biographie légendaire mais qui s'appuie certainement sur des faits réels [11]. Le nom de Nāgārjuna vient de *nāga*, un serpent (le cobra) considéré en Inde comme un demi-dieu, et dont le roi, nous l'avons vu, abrita de son capuchon le Bouddha Shākyamuni peu après son Éveil ; *Arjuna* est l'arbre sacré sous lequel Nāgārjuna serait né en Inde du Sud. C'est aussi le nom du héros de l'épopée du *Mahābharāta* qui reçoit les enseignements du dieu Krishna dans la *Bhagavad Gīta*. Selon la tradition, celui

11. Chr. Lindtner, *Nāgārjuniana. Studies in the Writings and Philosophy of Nāgārjuna*, rééd. Delhi, 1990.

qui avait étudié à la célèbre université monastique de Nālanda, où il reçut l'ordination sous le nom de Srimanda et enseigna par la suite, aurait remarqué dans l'assemblée de ses auditeurs deux adolescents d'une rare beauté. Les ayant interrogés sur leur pays d'origine, ceux-ci répondirent qu'ils étaient des *nāga* attirés par sa renommée, d'où le nom qu'il porta par la suite. Ayant été gratifié, enfant, d'une vision d'Avalokiteshvara, Nāgārjuna aurait reçu au cours de ses méditations la révélation du sens profond des *sūtra* de la *Prajnāpāramitā* de la bouche même du Bodhisattva Mañjushrī. L'œuvre de Nāgārjuna, en effet inspirée, est immense. Le *Mūla Madhyamakakārikā* (« Stances didactiques des Madhyamika originels »), en quatre cents vers divisés en vingt-sept courts chapitres, est un exposé complet, mais extrêmement concis et donc difficile d'accès, de sa pensée qui donna lieu à de nombreux commentaires, dont le plus célèbre, l'*Akutobhayā* (« Qui ne craint aucun danger d'où qu'il vienne »), serait de Nāgārjuna lui-même. L'essentiel de la doctrine, la vacuité universelle, fait l'objet du *Mahāyānavimshaka* (« Vingt chants sur le *Mahāyāna* »). Dans le *Vigrahavyāvartanī* (« Élimination des controverses »), Nāgārjuna réfute les arguments de ses nombreux adversaires, qu'ils soient réalistes, idéalistes ou moralistes. On lui attribue beaucoup d'autres œuvres, dont le *Mahāprajnāpāramitāshāstra*, commentaire en 25 000 strophes des *Prajnāpāramitā sūtra*. C'est l'un des ouvrages doctrinaux les plus importants de toute la littérature bouddhique, mais aussi une source de renseignements précieux sur les légendes, les traditions, les mœurs et les doctrines. Le fait que ce *shāstra* ne soit pas mentionné anciennement a conduit les érudits à penser qu'il s'agissait d'une œuvre composée par des disciples de Nāgārjuna, soit au Cachemire, soit en Chine où il fut traduit par Kumarajiva au début du Vᵉ siècle.

Le disciple discret de Nāgārjuna, Aryadeva, né à Sri Lanka au IIIe siècle, se rendit célèbre par deux courts ouvrages qui eurent une très large diffusion, le *Chatuh-Shataka* (les « Quatre cents stances »), exposé de la « non-substantialité », où est utilisée avec une grande maîtrise la dialectique négative mise au point par son maître, et le *Shata Shāstra* (« Traité des cent vers »), réfutation des théories philosophiques opposées au bouddhisme. Cet ouvrage, qui fut traduit avec deux œuvres de Nāgārjuna par Kumarajiva au Ve siècle, donna naissance à l'école chinoise San-Lun (des « Trois traités »).

Nāgārjuna et Aryadeva eurent pour successeurs au Ve et au VIe siècle Buddhapālita et Bhāvyaviveka. Du premier, nous avons un commentaire sur le *Mādhyakārikā*, où, dans l'esprit de Nāgārjuna, il pousse les affirmations de ses adversaires jusqu'à leurs « conséquences perverses » (*prāsanga*), d'où le nom de l'école qu'il fonda : *Prāsangika*. Bhāvyaviveka, critiquant les procédés de son prédécesseur, n'employait, lui, que des « critères justes et logiques », ce qui fit donner à son école le nom de *Svā-tantrika*. En incorporant à sa doctrine la psychologie du *Yogāchāra*, Bhāvyaviveka élargissait considérablement le champ du *Mādhyamaka*, mais ceci lui fut reproché par Chandrakīrti (VIe siècle) qui en revint aux principes posés par Nāgārjuna et résuma son propre enseignement dans un ouvrage en vers, le *Mādhyamakāvatara* (« L'apparition [surnaturelle] du *Mādhyamaka*) qui, n'existant que dans sa traduction tibétaine, est considéré comme un grand classique dans le *Vajrayāna* (bouddhisme tibétain) [12].

Plus apprécié encore et par toutes les écoles, le magnifique poème, maintes fois traduit de Shāntideva, *Bodhcharyāvatara*, la « Descente dans la carrière de

---

12. Trad. fr. sous le titre *L'Entrée au milieu*, Anduze, 1985.

l'Éveil [13] », décrit de façon très émouvante la longue et difficile carrière du Bodhisattva à travers les misères de la condition humaine, depuis l'entrée dans la Voie jusqu'au parfait détachement. Fils d'un roi du sud de l'Inde devenu moine à l'université de Nālanda (VIIe-VIIIe siècle), Shāntideva est également l'auteur du *Shikshāmucchaya* (« L'Accumulation des préceptes »), recueil de recommandations (*shikshā*) à observer par le Bodhisattva afin de progresser sur la Voie. Y sont particulièrement mis en relief les exercices qui consistent à identifier le Soi et l'Autre (*Parātmasamatā*), puis à procéder à l'échange des consciences (*Parātmaparivartana*).

Ce foisonnement d'interprétations mystiques d'une extrême subtilité eut pour centre le monastère fondé à Nālandā, non loin de Rājagriha, par le roi du Magadha, Chakrāditya, au IIe siècle, qui devint vers 440, grâce aux libéralités du roi Kumāragupta Ier une grande université monastique, rassemblant de nombreux monastères et illustre dans tout le monde bouddhiste. Plusieurs grands Mādhyamika en furent les abbés ou y enseignèrent. Moines du *Mahāyana* et du *Hinayāna* y vivaient en bonne entente, souvent dans le même monastère. Le moine pèlerin chinois Hiuan-tsang, lors de son long périple de 629-645, vint y étudier pendant deux ans sous la direction de l'abbé Shīlabhadra. Il parle des 100 000 moines qui y travaillaient alors, des nombreux temples, des salles de prière, des bibliothèques, des observatoires et des auberges pour les moines pèlerins qui s'élevaient dans la laborieuse cité. Plus tard, de nombreux moines tibétains vinrent s'y instruire auprès des maîtres indiens. Mais, en 1197, des envahisseurs turcs musulmans commandés par Ikhtiyar Khilji détruisirent l'université et massacrèrent

13. Trad. fr. sous le titre *La Marche à la lumière* (de L. Finot, 1920), rééd. Paris, 1987.

les moines. Le moine tibétain Dharmavasmin qui visita les lieux en 1235 constata qu'il n'y restait plus aucun manuscrit et que seuls deux monastères sur quatre-vingt-quatre étaient encore debout. Un moine nonagénaire y apprenait cependant la grammaire sanskrite à une classe de soixante-dix élèves. Dharmavasmin étudia auprès de lui. Mais, ayant appris qu'une bande de guerriers approchait, il s'enfuit, portant sur son dos son vieux maître. Ils se cachèrent et, l'alerte passée, revinrent sur les lieux et terminèrent leur cours.

L'enseignement de la Vacuité

Tel est l'autre nom (*Shūnyatavāda*) de l'école *Mādhyamaka* dont le concept central est celui de Vacuité (*Shūnyata*), qu'elle assimile à la « Perfection de Sagesse » (*Prajnāparamitā*). Dans le *Hridaya Sūtra*, il était déjà dit : « Les phénomènes ne sont pas différents de la Vacuité ; la vacuité n'est pas différente des phénomènes. » Mais la philosophie de Nāgārjuna prend son point de départ dans l'enseignement fondamental du Bouddha sur la Production conditionnée interdépendante (*Pratītyasamutpāda*). Pour lui, vacuité et production conditionnée sont une seule et même chose, la loi de production conditionnée est tout aussi vide que le processus qu'elle régit [14]. Puisque, conformément à cette loi, les choses s'engendrent mutuellement l'une l'autre et sont soumises à l'impermanence, elles ne possèdent pas de nature intrinsèque, chaque phénomène dépendant de ce qui le conditionne. Mais ces conditions, étant elles-mêmes dépourvues de nature propre, sont privées d'efficacité. Toute relation de cause à effet est un leurre. On

14. *Madhyamakakārika*, XXIV, 18-19.

fait assurément l'expérience de quelque chose que l'on peut décrire comme un *dharma*. C'est ce que faisaient les *Sarvāstivādin* dans leur *Abhidharma* en considérant les *dharma* comme les composants ultimes de la réalité ; mais, parce qu'ils donnaient à chacun une « nature propre » intrinsèque, une telle analyse, qui avait pour objet d'éliminer l'attachement au « Soi » conçu comme vide (*shūnya*), impliquait finalement un « Soi » virtuel ; elle avait donc manqué son but. Critiquant cette position, Nāgārjuna démontre que, si l'on ne peut nier l'existence des phénomènes, ce dont nous faisons l'expérience est démuni de toute réalité substantielle : il ne peut donc s'agir que de phénomènes relatifs et temporaires. Le monde, tel que nous le percevons, n'est en fait qu'un tissu complexe de phénomènes sans base fixe, fluctuants et interdépendants. S'il en était autrement, tout serait statique et éternel. Ce n'est que dans la mesure où tout est vide qu'il y a possibilité de mouvement, d'activité, de développement, de transformation. Il n'existe donc ni cessation (*nirodha*), ni production (*utpāda*), ni anéantissement (*accheda*), ni éternité (*shasvata*), ni unité (*ekhārta*), ni multiplicité (*nānārtha*), ni venue (*āgama*), ni départ (*nirgama*). Dans la carrière spirituelle, la Vacuité est finalement Liberté, Délivrance.

La démarche de Nāgārjuna est si rigoureuse, sa critique si radicale, que certains commentateurs occidentaux n'ont pas manqué de l'accuser de nihilisme ; mais Nāgārjuna et ses disciples s'en étaient déjà défendus en leur temps : pour eux, la vacuité n'était pas le néant. Les confondre n'est qu'une vue, obscurcie par les projections psychiques (*samskāra*) du moi conditionné, soumis à la chaîne causale, à qui la vacuité ne peut apparaître que comme la négation de tout ce qu'il peut connaître ou imaginer, tandis que, grâce à la perception expérimentale de la vacuité, le méditant échappe à la négation comme à l'affirmation, puisqu'il se trouve dans le non-dualisme (*advaita*). La vacuité, aussi vaste que l'espace infini, qui est elle-même l'espace infini, devient chez Nāgārjuna le champ de tous les possibles, largement ouvert et débarrassé de tous les obstacles des désirs et des divagations auxquels se heurte sans cesse l'homme ordinaire et qui font de son existence une prison. « Identifier vacuité et néant, c'est ignorer l'omniscience, la compassion du bodhisattva, c'est ignorer l'Éveil… l'immensité vide au cœur de l'être, l'infini du dedans qui se perd dans l'infini lumineux de la Conscience indifférenciée [15]. »

Le Bodhisattva découvre que sa propre conscience est en soi lumineuse, sans trace de souillure, parfaitement pure. La « délivrance des *Tathāgata*… se trouve dans le fonctionnement originel (*chittapūrvacarita*) de tous les êtres », lequel est indifférencié, immuable (*nirvikalpa*), vide et libre. Si, d'ordinaire, on ne le perçoit pas, c'est qu'à ce premier instant lumineux, support de toutes les perceptions, se superposent aussitôt concepts et images, attachement aux choses telles que dans notre aveuglement nous les percevons, alors que, dans un premier temps, elles nous sont apparues telles qu'elles sont (*yathābhūta*) en leur Ainsité (*Tathātā*), telles que les perçoit encore le regard du petit enfant que permet de retrouver en sa fraîcheur, en sa spontanéité, en son constant émerveillement la méditation sur la vacuité.

Mais la vacuité elle-même ne doit pas devenir objet d'attachement : « La vacuité est proclamée par les *Jina* [Bouddha] en réfutation de toutes les théories, mais ceux qui font de la vacuité une théorie sont dits incurables [16]. » « Si la vacuité cause la perte de celui qui la saisit comme un non-être, l'imaginer comme un être et en faire le support des composés doués d'une existence réelle conduit

15. L. Silburn, *Le Bouddhisme*, *op. cit.*, p. 221.
16. *Mūlamadhyamakākarika*, chap. 13, v. 8.

à se fourvoyer au moment de prendre le chemin de l'extinction (*nirvāna*) [17]... »

Il convient par conséquent de bien distinguer deux plans, celui de l'homme ordinaire, comparé à « un peintre que terrifie l'effroyable monstre qu'il est en train de peindre », et celui atteint dans la méditation par le Bodhisattva ; celui de l'auditeur (*shrāvaka*) auquel s'adressait l'enseignement originel qui reconnaissait la supériorité transcendantale et absolue des « incomposés », des « inconditionnés » (*asamskrita*) – dont la cessation (*nirodha*) et le *nirvāna* –, sur les « composés » et « conditionnés » (*samskrita*), et celui du Bodhisattva à qui est destiné le nouvel enseignement, celui de la *Prajnāpāramitā*, de la « seconde mise en mouvement de la Roue du *Dharma* ».

Sur le premier de ces plans règne la vérité apparente, empirique, « enveloppée », conventionnelle, relative (*samvriti-satya*), tandis que, parvenu au deuxième, on accède à la vérité ultime, absolue, définitive (*Paramārtha Satya*). Celle-ci ne peut être reconnue que lorsque l'ignorance spirituelle est dépassée, lorsqu'a été enfin percé à jour le caractère fallacieux des affirmations et négations d'un langage par essence dualiste, et dénoncées les vaines spéculations du mental. Le pratiquant « reconnaît que la vérité empirique n'a pour fondement qu'un reflet [18] ». Alors, déconditionné, libéré, l'esprit peut atteindre la profonde connaissance intuitive (*prajñā*) de la Réalité ultime (*Tattva*), qui est Ainsité (*Tathatā*), « immuable et inchangeable, non conditionnée, non fabriquée, non conceptualisée [19] », qui est Vacuité (*shū nyata*) et finalement félicité du *nirvāna*.

Mais dans le non-dualisme absolu du *Shūnyatavāda*, celui-ci n'est plus considéré comme différent du *samsāra*.

---

17. *Mahāyāna vimshikā*, st. 9.
18. *Prasananadā* de Chandrakirti, 498.
19. *Ibid.*

Nirvāna et *samsāra* ne sont pas deux réalités distinctes et séparées, « mais dans le champ même de la vacuité perçu soit par l'ignorance spirituelle, soit par la vraie connaissance [20] ». La Doctrine « empêche de tomber dans le gouffre ceux qui imaginent une transmigration à éliminer et une extinction à obtenir. Telle est la Doctrine des saints et des mystiques qui ont accompli leur tâche, la Doctrine qui met fin à toute la douleur du devenir [21] ». « Pour nous qui prenons refuge dans l'Éveil, plus de thèses à démontrer, plus de règles de conduite, plus de conscience [22]. » « La Réalité absolue est le silence des mystiques [23]. »

Ainsi, le Bodhisattva – il faut entendre ici tout pratiquant chez qui s'est produit l'esprit d'Éveil et qui en conséquence a pris ses vœux –, pour réaliser le *nirvāna*, n'a plus besoin de se dégager du *samsāra* ; il peut y demeurer, ou y revenir, afin d'œuvrer inlassablement au profit des « êtres qui souffrent », victimes encore de l'illusion de *duhkha*. Le Bodhisattva n'a fait que découvrir et reconnaître en lui sa « Nature de Bouddha » (*Buddhatā*) ; sa tâche est désormais de la faire découvrir à tous les autres en eux-mêmes.

La « Pratique du Yoga »

Au IIIe siècle, apparurent des *sūtra* prétendant représenter une phase nouvelle dans le développement de la Doctrine, tel le *Samdhinirmocana* (la « Libération du sens fondamental »). Ils se donnaient comme les expres-

20. P. Harvey, *op. cit.*, p. 132.
21. *Ratnāvalī* de Nāgārjuna, 60.
22. *Mūla Madhyamikakārikavritti* de Chandrakirti, p. 57.
23. L. Silburn, dans *Le Bouddhisme*, *op. cit.*

sions d'une « troisième mise en mouvement de la Roue du *Dharma* », surpassant ainsi la première : les Quatre Nobles Vérités, enseignées par le Bouddha lui-même, et la deuxième, les *Prajnāpāramitā Sūtra*. Parmi les autres textes appartenant à la même tendance, les plus importants étaient le *Mahāyāna-Abhidharma sūtra* et surtout le *Lankāvatara sūtra* (la « Descente à Sri Lanka »), rédigé après l'an 300, qui contient un certain nombre d'idées que le *Yogāchāra* mettra par la suite en valeur.

Toutefois, celui-ci ne fut fondé en tant qu'école distincte que par Asanga, probablement à la fin du IVe siècle. Originaire du Gandhara et fils de brahmane, Asanga, converti, fut ordonné moine dans l'école hinayāniste *Mahīshāsaka*, branche des *Sarvāstivādin-Vibhajyavādin*, mais il se rallia bientôt au *Mahāyāna*, y entraînant par la suite son jeune demi-frère, Vasubandhu. Asanga aurait eu pour maître un certain Maitreyanātha, qui serait ainsi le véritable fondateur du *Yogāchāra*, mais dont l'historicité est contestée. Selon la tradition, Asanga, incapable de comprendre par lui-même la doctrine de la Vacuité, se serait élevé, au cours de ses méditations, jusqu'au ciel des *Tushita*, où le Bodhisattva Maitreya la lui aurait expliquée, ainsi que le sens profond des *sūtra* les plus difficiles du *Mahāyāna*. On a vu précédemment que Nāgārjuna aussi avait bénéficié de l'aide d'un Bodhisattva, Mañjushrī. Il s'agit donc dans ces deux cas d'un enseignement, non plus humain, mais surnaturel. Ce serait en reconnaissance de cette inspiration surhumaine qu'Asanga aurait placé sous le patronage de ce Maitreyanātha peut-être fictif certaines de ses œuvres, dont le *Mahāyāna-Sūtralamkāra* (l'« Ornement des *sūtra* du Grand Véhicule »), le *Madhyantavibhāga* (« Distinction du milieu et des extrêmes ») et le *Yogāchārabhūmi-shāstra* (« Traité des "terres" des Bodhisattvas du *Yogāchāra* »). En revanche, seraient d'Asanga seul l'*Abhidharmasamuccaya*, version yogāchārin de l'*Abhidharma*, et le *Mahāyānasamparigraha* (« Somme du Grand Véhicule »), traité en vers et en prose qui développe les principaux sujets exposés par le *Yogāchāra*, comme la conscience héréditaire (*ālaya-vijñāna*), le concept du « tout est esprit », la sagesse transcendante (*prajñā pāramitā*), ainsi que la doctrine des « Trois corps » (*Trikāya*).

De Vasubandhu est resté célèbre le *Vimshatikā-Vijnāptimātrasiddhi* (« Démonstration du « rien-que-connaissance »), en abrégé *Vimshatikā*, les « Vingt strophes », accompagnées de commentaires. Le *Trimshikā* est un long poème en trente stances didactiques qui développe le même sujet avec beaucoup de clarté. Le *Karmasiddhiprakarama* (« Explication de la démonstration du *karma* ») est un bref traité en prose. Du même auteur, on connaît de nombreux commentaires des œuvres d'Asanga ou attribuées à Maitreyanātha, ainsi que sur d'importants *sūtra*, tels le *Saddharmapundarīka* (*Sūtra* du Lotus) et le *Vajrachchedikā* (*Sūtra* du Diamant). Tous les sujets traités reflètent donc les conceptions particulières au *Yogācharā* sur des points principaux de la doctrine.

Parmi les successeurs d'Asanga et de Vasubandhu, sont bien connus Gunamati et surtout son disciple Paramārtha (499-569), qui se rendit en Chine, où il traduisit les principaux ouvrages du *Yogāchāra*, à partir desquels se développa la nouvelle école chinoise *Fa-hsiang*, fondée par le moine pèlerin Hiuan-tsang (600-664), qui avait étudié à l'université de Nālandā, sous l'abbé Shīlabhadra, lui-même élève de Dharmapāla. Contemporain et ami de Gunamati, Sthiramati créa la nouvelle école de Valabhī et tenta de rapprocher *Yogāchāra* et *Mādhyamaka*, tandis que la lignée issue de Vasubhandu comptait le célèbre Dignāga (ou Dinnāga) (v. 480-540), abbé de Nālandā, le fondateur de la logique indienne, et son élève Dharmapāla (milieu du VIe siècle) qui lui succéda à Nālandā, où il eut pour élève Dharmakirti, lui aussi excellent logicien.

L'« Enseignement sur la conscience »

Si l'appellation de *Yogāchāra* soulignait l'importance de la pratique, *yogā* désignant ici l'exercice de la méditation, celle de *Vijñānavāda* insistait sur la connaissance qui en résultait et étudiait la conscience afin d'en expliquer le fonctionnement grâce à l'observation de l'esprit en méditation. Les *Mādhyamika* avaient centré leur démarche sur *prajñā* (la sagesse « transcendante ») et sur son objet, la vacuité (*shūnyata*) de tout être et de toute chose. Les *Vijnānavādin* recherchaient la même libération, mais en démontrant l'inanité des constructions du mental, à travers *samādhi* (« concentration » et « apaisement ») et *dhyāna*, la méditation dynamique.

La première thèse de l'école, dont découlaient toutes les autres, reprenait une idée qui circulait depuis longtemps. Ainsi, dans le *Dharmapada*, il était affirmé : « Le monde est conduit par la pensée (*chitta*), manœuvré par la pensée, tout obéit à une seule chose, la pensée. » Ceci fut précisé dans le *Lankāvatara* : « Comme il n'y a pas de monde visible qui lui soit extérieur, seule existe la pensée. » « L'essence de la pensée consciente est immaculée (*chittamātra*) ; en elle qui est pareille au ciel n'existent point d'imprégnations, les "semences karmiques" (*vāsanā*), sources des *samskāra* (les projections du psychisme). Dès qu'on s'attache à la pensée, la conscience empirique (*vijñāna*) se déploie. » « Issue de la conscience (*vijñāna*), la multiplicité provient de l'association des imaginations et de la pensée discriminatrice (*chitta*). Considérée par les hommes ordinaires comme externe, elle n'est que conscience et rien qu'elle. » « Ainsité, vacuité, limite ultime, extinction, domaine absolu, variété de corps spirituel (*trikāya*). Voilà ce que je nomme conscience (*chittamâtra*) et rien qu'elle [24]. »

C'était donc la conscience elle-même, sa nature et son fonctionnement qu'il s'agissait d'étudier, ce que fit Asanga en une analyse minutieuse d'une grande subtilité, dans le *Mahāyānasamparigraha*, analyse que reprit par la suite en un langage didactique plus simple et plus clair Vasubandhu dans le *Trimshikā*.

Admettre le principe, précédemment reconnu, que toutes les choses n'existent qu'en fonction de la connaissance que l'on en a, qu'elles n'ont aucune réalité en dehors d'elle, qu'elles ne sont que des phénomènes mentaux (*chaitta*) et que l'univers n'est en somme qu'une pure représentation consciente (*vijñapti*) [25], issue de la pensée émanée de la conscience pure (*chitta*), obligeait à reconsidérer les vues précédemment émises sur la structure du psychisme, qui se révélaient de ce fait insuffisantes. Le vocabulaire même du bouddhisme manquait à cet égard de précision : *vijñāna*, la « conscience », en tant que l'un des cinq agrégats (*skandha*) constituant la personnalité apparente et provisoire, était désignée indifféremment tantôt comme *chitta*, la pensée consciente, en soi conceptuelle et discriminative, tantôt comme *manas*, le « mental », l'« intelligence », la fonction intellectuelle qui la met en forme, et d'où naît l'idée d'un moi séparé, chaque pensée (*chitta*), momentanée et successive, s'accompagnant d'un état mental (*manas*) qui lui correspond et l'interprète. D'autre part, *vijñāna* était elle-même composée, puisque consti-

24. *Sagāthakam*, poème terminant le *Lankāvatāra Sūtra*, st. 100-101.

25. *Ibid.*

tuée de six instances différentes, correspondant aux six sens, aux six « bases » (*shadāyatana*), *manas* n'étant que la sixième d'entre elles, ce qui n'allait pas sans confusion.

Aussi, le *Yogāchāra* prit-il la précaution préalable de distinguer de cette sixième conscience mentale, nommée non plus *manas*, mais *manovijñāna*, le *manas* lui-même, considéré comme une septième conscience organisatrice des données procurées par les six sens et agissant non plus comme eux vers l'extérieur mais à l'intérieur. C'est de ce *manas* coordinateur que naît une vue cohérente du monde, un monde interprété selon la dualité du sujet et de l'objet, le sujet percevant se distinguant de l'objet perçu et se concevant de ce fait comme un « moi » séparé. Cette conception dualisante, cette polarisation sujet-objet (*vikalpa*), obscurcit la pure pensée consciente (*chitta*) : « Tant que *chitta* n'est pas perçue [en elle-même], la pensée à double pôle opère... Le domaine de la conscience étant soumis à l'erreur, on imagine une réalité [extérieure]. Dans ces imaginations, point de [connaissance] absolue, mais une différenciation illusoire, issue de cette erreur. » « Comme une image vue dans un miroir n'a pas de réalité propre, la conscience est vue par l'ignorant sous son aspect duel dans le miroir des imprégnations. »

Il en résulte que de *manas* émanent à la fois, de manière indiscernable, des jugements conformes au réel, mais aussi des perceptions erronées, viciées. On doit donc reconnaître *manas* comme souillé (*klishta*) en soi, puisque c'est de lui-même que naissent ses propres impuretés. C'est de la dualisation active de *manas* que procède la distinction entre *karma* négatif et *karma* positif, jugement de valeur engendré par les *samskāra* (les impulsions inconscientes constructrices) qui accompagnent les six consciences sensorielles et les brouillent. Il y a donc « réflexion », conscience « réfléchie », l'image au miroir étant prise pour réelle. Pour le *Yogāchāra*, il s'agit donc d'une projection intériorisée, nullement objective, puisqu'il y a intention, dessein (*nimitta*) : « Tels des niais qui ne reconnaissent pas la corde et la prennent pour un serpent, on forge un monde objectif externe, quand on ne le reconnaît pas comme sa propre conscience. » Nous imaginons la réalité, nous ne la percevons pas réellement.

De tout ce système complexe et confus, il fallait trouver la base, le fond qui à la fois le supporte et l'engendre. Le *Yogāchāra* postula donc une huitième conscience, fondement (*āsraga*) de toutes les autres, et en démontra l'existence par son fonctionnement – car elle ne « se manifeste que par son activité, par ses effets[26] ». À cette « conscience inconsciente », sous-jacente, impersonnelle, neutre, difficile à concevoir intellectuellement, accessible seulement dans la méditation, en laquelle elle se révèle comme effective et efficace, Asanga donna le nom d'*ālaya-vijñāna*, « conscience de tréfonds », « parce qu'elle embrasse (*ālī*) tous les *dharma* impurs et que les vues erronées du moi s'attachent (*ālī*) à elle comme à un Soi (*ātman*)[27] ». *Ā laya-vijñāna* contient tous les germes (*bīja*) provenant des actes (*karma*), qui s'y enfoncent et y mûriront leurs fruits (*vipāka*), purs ou impurs, positifs ou négatifs, lesquels engendreront une nouvelle personnalité, « fruit » de la précédente. *Ālaya-vijñāna* assure, à partir du discontinu de la conscience vigile et des périodes d'inconscience relative (par exemple, dans le sommeil), la continuité de la personnalité qui, par-delà la mort, continue de migrer dans le *samsāra*. À ce titre, on l'appelle « conscience héréditaire » ou « conscience réceptacle ».

26. *Vijnapti-mātratāsiddhi* de Hiuan-tsang, p. 169.
27. L. Silburn, *Le Bouddhisme*, p. 230.

Si, parmi ces germes (*bīja*) actifs, certains sont en effet les traces, les résidus des actes qui engendrent des fruits, les *dharma*, c'est-à-dire les principes élémentaires constitutifs du psychisme comme de l'univers, les « données » telles qu'elles sont expérimentées, *dharma* qui à leur tour engendrent des *dharma*, d'autres germes se trouvent d'ores et déjà dans l'*ālaya-vijñāna*. Impersonnels, archaïques, ils sont les porteurs dans les profondeurs du psychisme individuel des traces de l'expérience ancestrale, peut-être même des résultats de l'évolution qui rattache l'individu à l'un de ses rameaux. On peut alors parler, dans un sens plus étendu et plus général, d'une « conscience héréditaire » globale, quelque peu comparable à l'inconscient collectif de Jung, mais élargi aux dimensions de la vie elle-même en son déploiement. D'autres enfin parmi ces germes sont intrinsèquement purs, véritablement originels, mais ils ne peuvent se développer que par la pratique spirituelle. Ils fondent les lignées mystiques (*gotra*) prédisposées à l'Éveil et au *nirvāna*, d'où naît le chemin mystique (*āryamārga*), la Voie des Bodhisattvas et des Bouddhas. À ce titre aussi, on peut parler de conscience « héréditaire ».

Le concept de conscience de tréfonds constitue donc l'explication finale de la Production conditionnée (*pratītya-samutpāda*) et du fonctionnement karmique, puisqu'à partir d'elle, grâce à l'énergie procurée par le mûrissement des germes qu'elle renferme, s'engendre un corps de nouveau individualisé et séparé, ainsi que le monde qui lui convient en vue de la rétribution de ses actes passés. Dans le *Mahāyānasūtralankara* [28], Asanga assimile *ālaya-vijñāna* à la « sphère » (*dhātu*) sans commencement, support commun (*āshraya*) de tous les *dharma*, et parce qu'elle existe, existent toutes destinées,

28. *Māhāyānasūtralankara*, chap. 2.

toutes renaissances, ainsi que la possibilité d'accès au *nirvāna*.

Mais si, à partir d'*alaya-vijñāna*, « se déploie la conscience mentale, qui, avec les cinq autres consciences [sensorielles], forge un monde visible et constitue la scène du théâtre », la conscience de tréfonds de l'Éveillé, pour qui s'est dissipée cette illusion, redevient ce qu'elle est depuis toujours, la huitième conscience immaculée et impassible, la « nature véritable à laquelle on n'a rien à ajouter, rien à retrancher [29] », qui est *amala-vijñāna*, pure conscience, qui n'est plus différente de la Réalité absolue, et non plus *ālaya-vijñāna*, *amala-vijñāna*, dont la luminosité ne laisse plus subsister aucune ombre et qui éclaire jusqu'au tréfonds du tréfonds. On l'appelle aussi *param-ālaya*, « *ālaya* qui est au-delà », et l'école *She Lun*, version chinoise du *Yogāchāra*, en fait même une neuvième conscience, ce qui peut induire en erreur, puisqu'il s'agit bien de la même conscience, mais en quelque manière transfigurée en elle-même et par elle-même. Cette conscience transcende évidemment tout inconscient individuel et aussi collectif, ou plutôt les résorbe en elle, qui est en effet le *Dharma-dhātu* (la « sphère du *Dharma*), la véritable nature des choses, autrement dit l'Ainsité (*Tathātā*) vide et « nirvānée », la Réalité ultime.

« La conscience [empirique, la septième conscience, *manas*] erre dans le domaine objectif comme le fer attiré par l'aimant... À mesure que croissent les "imprégnations" (*vāsanā*), la conscience évolue en vagues, mais que celles-ci soient supprimées, le flot des vagues s'arrête [30]. » « La véritable extinction (*nirvāna*), c'est supprimer la conscience mentale (*manas*), la différenciatrice..., car, pour agir, c'est sur elle que prennent appui

29. *Ratnagotra-vibhāga*, 113.
30. *Lankāvatāra Sūtra*, 14 et 97.

les autres consciences... Cette conscience s'attache à la sphère sensorielle qu'elle discerne en la délimitant au moyen des imprégnations. C'est elle aussi qui alimente la conscience de tréfonds. » « Comme, dans un grand torrent tari, il n'y a plus de vagues, ainsi cette [conscience] étant annihilée, la multiplicité des consciences cesse de se déployer [31]. »

Alors que le *Mādhyamaka* distinguait deux niveaux de vérité, la vérité apparente et relative (*samvriti-satya*) et la vérité ultime et absolue (*Paramārtha-satya*), le *Yogāchāra* en introduit, à des fins didactiques, un troisième, intermédiaire, que les *Mādhyamika* d'ailleurs récusent comme inutile et erroné, car pour eux il constitue un mélange de réalité et d'irréalité. Pour le *Yogāchāra*, il existe donc trois « natures » apparentes du « Soi » : *parikalpita*, le « construit » ou l'« imaginé », qui est totalement illusoire, étant structuré par la différenciation du sujet et de l'objet, *paratantra*, l'« interdépendant », où l'esprit perçoit la vérité relative sous la forme d'un courant continu de phénomènes mentaux changeants (ce que les Sarvāstivādin appelaient les *dharma*), ce qui n'est encore qu'une « construction de l'irréel » qui s'efface d'elle-même avec la troisième nature, *parinishpanna*, l'« absolument accompli », où toute illusion duelle s'efface, où l'on accède à la compréhension que tout n'est que « représentation ». Un exemple illustre la relation qui existe entre ces trois natures : l'eau d'un mirage est réelle en tant qu'apparition, c'est là son caractère « construit » ; cette apparition se manifeste au voyageur altéré, selon son désir, comme de l'eau véritable, capable d'apaiser sa soif, c'est là son caractère « imaginé », l'« interdépendant »

31. Citations du *Lankāvatāra Sūtra* dans L. Silburn, *op. cit.*, p. 230-234.

correspondant au phénomène du mirage lui-même ; mais, au stade de l'« absolument accompli », tout se dissipe, la perception de l'eau, le phénomène du mirage et l'eau elle-même.

Lorsque, dans la méditation, les deux premiers modes de pensée sont abolis, la conscience immaculée (*amala-vijñāna*) ou conscience par-delà (*param-ālaya*) se manifeste en tout son éclat comme la matrice du *Tathāgatagarbha* (l'embryon du « Parfait ») : « La conscience originellement lumineuse est la matrice du *Tathāgatagarbha*... Elle est affranchie du fini et de l'infini. » *Amala-vijñāna* et *Tathāgatagharbha* sont équivalents, ils s'engendrent l'un l'autre. Dans le *Lankāvatara Sūtra*, le Bouddha dit : « Ô Mahamati, si l'on soutient qu'il n'y a pas de matrice de Bouddha, telle la conscience de tréfonds, il n'y aura ni apparition ni disparition. Le domaine du *Tathāgatagarbha-ālaya vijñāna* est immaculé par nature et échappe aux raisonnements et aux visions des auditeurs (*shrāvaka*), des bouddhas pour soi (*pratyekabuddha*) et aux philosophes, car il leur semble impur et pollué par des impuretés adventices. Il n'en va pas de même pour les *Tathāgata* qui saisissent en toute évidence ce domaine comme un fruit *amalaka* posé dans la paume de la main... » Et le Bouddha conclut : « La matrice des *Tathāgata* s'accompagne des sept consciences ; qu'on s'en empare, et la dualité surgit ; qu'on la reconnaisse, et elle cesse de se déployer [32]. »

On voit à quelle subtilité était parvenue au Ve-VIe siècle de notre ère la philosophie du *Mahāyāna* dans son désir d'éclairer les points restés obscurs de la Doctrine, tentant en quelque manière de formuler l'indicible. Il ne faudrait toutefois pas prendre cette démarche pour une spéculation intellectuelle, mais pour une explicitation, destinée à

32. *Ibid.*

guider le méditant et qu'il pourra lui-même vérifier par la pratique, de ce qui se manifeste spontanément dans sa conscience, lors de la méditation, quand il s'est résolument engagé dans la quête longue et patiente, fervente, intrépide et lucide de sa propre identité.

Le bouddhisme tantrique

Au cours de son évolution tardive sur le sol de l'Inde, le *Mahāyāna* donna naissance à un courant novateur qui se proposait comme un « Véhicule » (*yāna*) à la fois plus puissant et plus rapide vers la réalisation ultime. On connaît mal ses origines qui remonteraient à l'utilisation de formules magiques, analogues aux *mantras* du tantrisme hindou, les *dhāranī* (littéralement « porteuses »), traduites en Chine dès le IIIe siècle. Toutefois, on ne peut guère parler du tantrisme avant les VIe-VIIe siècles, époque où se répandirent les *tantra* (littéralement « tissus » dans le sens d'« ensemble cohérent »), ouvrages doctrinaux exposant des systèmes de méditation d'une grande complexité, incluant des rituels utilisant *dhāranī* et *mandala* et mettant en œuvre un symbolisme cosmico-mystique d'une extrême richesse. Les *tantra*, dont la rédaction se poursuivit en Inde jusqu'au début du XIIIe siècle, avaient pour objectif de provoquer de profondes expériences mystiques permettant d'atteindre à coup sûr l'Éveil dès cette vie-ci beaucoup plus facilement que la Voie des Bodhisattvas, nommée dans le tantrisme *pāramitā-yāna* (« Véhicule des perfections »). Il s'agissait, pensait-on, d'un enseignement secret et voilé, dispensé par le Bouddha lui-même à un petit groupe de disciples avancés, lesquels l'auraient transmis à leur tour. De ce fait, la pratique des *tantra* demandait des éclaircissements ; elle ne pouvait s'accomplir que sous la guidance d'un maître compétent, un *guru*, appelé au Tibet *lama* (littéralement « Celui qui se tient au plus haut »).

Le tantrisme développait considérablement le panthéon māhāyāniste en y réintroduisant certaines divinités de l'hindouisme, en particulier féminines, mais dans un tout autre esprit. Même si *Tārā*, la « Salvatrice » (*Dölma*, en tibétain), honorée sous de multiples formes dont la « *Tārā* verte » et la « *Tārā* blanche », peut sembler une manifestation de la *shakti*, la « Mère divine » de l'hindouisme, elle n'en est pas moins née des larmes versées par le Bodhisattva Avalokiteshvara à la vue de la souffrance des êtres humains.

Assez gratuitement, on faisait remonter le tantrisme aux grands philosophes du *Māhāyāna*, Nāgārjuna (IIe-IIIe siècles) et Asanga (IVe siècle), le fondateur du *Yogāchāra* ; mais il est de fait que la doctrine tantrique s'inspirait des principes des écoles *Mādhyamaka* et *Yogāchāra*. Si le *nirvāna* n'est pas différent du *samsāra*, ce dernier contient virtuellement déjà tous les moyens d'accès à la réalité ultime. Puisque tout « n'est que pensée », celle-ci peut atteindre dans la méditation la vision et la parfaite compréhension du tout, le véritable objet de l'expérience.

Au VIIe siècle, le tantrisme eut un maître prestigieux en la personne de Saraha, qui créa au Bengale l'école *Sahajiyā*, de *sahaja*, le « spontané », désignant l'énergie fulgurante et inconditionnée qui existe au cœur de l'homme (*sahaja* signifie également « l'inné »). Cette énergie s'y trouve assoupie, mais par la pratique elle peut devenir conscience d'Éveil (*bodhichitta*). Elle est symbolisée par le *vajra*, « le Foudre », ou « le Diamant », qui dans l'hindouisme était le sceptre puissant, surnommé « le Pourfendeur » ou « le Destructeur », d'Indra, dieu du firmament. Dans le bouddhisme primitif, l'*arhat* était dit comparable au *vajra* ; dans le *Mahāyāna*, à la dixième et ultime étape (*bhūmi*, « terre ») de sa carrière, le

Bodhisattva entrait dans un état de méditation dit « semblable au *vajra* » ; dans le bouddhisme tantrique, le *vajra* en vint à représenter l'Éveil soudain et subit, semblable à l'éclair ; mais aussi, tel un diamant, dur, coupant et transparent, il évoquait la vacuité de l'esprit. Le *vajra* symbolisait finalement la Réalité ultime, donc le *Dharmakāya*, ou *Vajrasattva* (« nature de diamant »), corps cosmique et éternel des Bouddhas. Aussi, cette nouvelle Voie prit-elle le nom de *Vajrayāna* (« Véhicule de diamant »).

Tels furent les fondements de la doctrine des *siddha* (les « accomplis »), dont les quatre-vingt-quatre *Mahāsiddha*, ascètes laïcs errants aux allures de magiciens fous, eurent une influence qui dépassa de beaucoup les frontières de l'Inde [33]. Lūipa ou Lūyipa, disciple de Saraha, fut à l'origine d'une lignée d'initiés très populaires au Tibet et au Népal. Il eut aux VIIe-VIIIe siècles quatre disciples qui exportèrent le nouvel enseignement, notamment aux universités de Nālandā et de Vikramashīla, devenues les centres principaux de sa diffusion. À Nālandā, avait été apporté par Kambala, disciple de Lūyipa, le culte de Hevajra, forme « terrible » du Bouddha Aksobhya, symbolisant les passions maîtrisées. Au VIIIe siècle, trois maîtres indiens du tantrisme se rendirent en Chine, où celui-ci se répandit par le canal de l'école Mi-tsong. Les disciples de Lūyipa eurent eux-mêmes de nombreux élèves. Le plus illustre d'entre eux fut, au VIIIe siècle, Padmasambhava (« né du Lotus »), le convertisseur du Tibet, né au royaume de Shambala dans l'Uddiyāna. Prince de sang royal, il était peut-être le fils d'Indrabhūti ou Padmavajra, roi de Shambala, lui-même apôtre du tantrisme. Padmasambhava fut attiré vers 775 au Tibet par le premier missionnaire bouddhiste dans ce pays, le maître *mādhyamika* Shantirakshita, abbé de Nālandā.

33. *Les chants des 84 Mahāsiddha*, trad. fr. Paris, 1992.

Vers 1027, fut introduite au Tibet l'École tantrique du *Kālachakra* (la « Roue du Temps ») qui y donna naissance à une lignée qui existe encore de nos jours. Invité par un roi du Tibet, Atisha (v. 980-1055), professeur à l'université de Vikramshīla, y fonda la secte des *Kadampa* et exerça une influence décisive sur le développement du bouddhisme tibétain. Parmi les *Mahāsiddha* les plus connus, se distinguèrent particulièrement Tilopa (988-1069) et son disciple Naropa (1016-1100) qui synthétisèrent les différents courants du tantrisme et créèrent le *Mahāmudrā* (le « grand sceau »), dont les pratiques doivent conduire à la conscience de la Vacuité (*Shūnyata*) et par elle à la délivrance du *samsāra*. Les « six doctrines de Naropa » (en tibétain *Nāro chödrug*), comportant divers exercices à la fois physiologiques et mystiques, furent apportées au Tibet par son disciple, Marpa le Traducteur (1012-1097), maître lui-même de Milarepa (1052-1135). Elles constituent encore aujourd'hui les fondements de la méditation dans l'école Karyupa.

Du VIIe au XIIe siècle, à partir de l'Est de l'Inde, du Bengale, du Bihar et de l'Orissa, et du Nord-Ouest, du Cachemire, des moines missionnaires avaient exporté le tantrisme dans toutes les directions, vers la Chine et l'Asie centrale, par-delà les mers du Sud, et surtout dans l'Himalaya.

Si sa doctrine se rattache aux théories les plus audacieuses du *Mahāyāna*, celles des *Mādhyamika* sur la Vacuité et celles des *Yogāchara* sur la multiplicité des consciences, le tantrisme semble résulter de la convergence d'éléments très divers, provenant de l'hindouisme tantrique contemporain et en particulier du shivaïsme et du culte de la *Bhakti*, mais aussi des anciens cultes locaux qui survivaient aux confins de l'Inde, au Swat, au Cachemire, au Bengale. Il engendra un système extrêmement diversifié, caractérisé par un ritualisme symbolique d'une grande complexité, par des spéculations cosmologiques résultant de la conviction que l'univers naît et ne cesse d'être produit par la spontanéité divine indéfiniment créatrice, présente aussi au cœur même de l'homme, par le développement d'un panthéon prodigieusement étendu, enfin par l'utilisation de techniques corporelles – parfois même érotiques – à des fins spirituelles, tous éléments pour un Occidental parfois déroutants, mais qui ne doivent pas faire perdre de vue son but et son sens. Le tantrisme « s'adresse à tout l'être humain, tel qu'il est dans ce monde, et d'abord à son corps qu'il faut transformer, consacrer, “cosmiser”, mais jamais mutiler. Puisque dans l'Éveil tout est égal, *samsāra* et *nirvāna*, le tantrisme pose au départ cette égalité qu'il n'est plus dès lors que d'accomplir. C'est là le paradoxe du tantrisme qui, extérieurement, apparaît comme surchargé de pratiques rituelles, complexes, matérielles, alors que dans toute son orientation profonde, et, visiblement, dans ses formes les plus hautes, il est pure quête de l'Éveil parfait, mais une quête où tout l'être humain est impliqué [34] ».

Si le principe et les fins du tantrisme sont pour les autres écoles du *Mahāyāna* compréhensibles et, à la rigueur, admissibles, sa pratique n'en est pas moins considérée avec suspicion en raison de ses dangers. En effet, supposant la transgression des interdits, elle peut entraîner l'adepte aux pires égarements, au point de lui faire perdre le sens du but ultime, la Voie elle-même. C'est pourquoi le tantrisme, tel qu'il est pratiqué dans le bouddhisme tibétain, requiert impérativement l'assistance d'un maître et une relation étroite et permanente entre maître et disciple ; il doit aussi s'accompagner de ces « pratiques rituelles, complexes et matérielles » qui,

---

34. A. Padoux, *Le Tantrisme*, in *Le Bouddhisme, op. cit.*, p. 296.

loin de le « surcharger », en constituent l'encadrement nécessaire.

Apogée et déclin du bouddhisme indien

Le *Sangha* du Bouddha avait été, dès l'origine, constitué de moines itinérants, qui, à l'exemple de leur maître, répandaient son enseignement, le *Dharma*. Le brahmanisme ne pouvait être exporté hors de sa terre natale, car tout hindou qui traversait les mers renonçait automatiquement à sa caste, ce qui pour les brahmanes était plus grave que de perdre la vie. Le bouddhisme ayant rejeté le système des castes, ses moines pouvaient s'expatrier. Aussi nombre d'entre eux traversèrent-ils montagnes, déserts et océans pour prêcher partout le *Dharma*. Ce mouvement missionnaire prit toute son ampleur lorsqu'il fut organisé sous l'empereur Ashoka. À la suite du concile qui se tint à Pātaliputra vers 241 av. J.-C. et fut présidé par le moine Moggaliputta Tissa, propre frère de l'empereur, des missions furent envoyées dans toutes les directions et particulièrement vers le nord-ouest, au Cachemire, au Kannara, au Gujérat, en pays marathe, vers les royaumes grecs établis au Gandhara, au Panjāb et dans le Sindh, ainsi que dans les pays himalayens. Au sud, elles atteignirent le Suvannabhūmi, généralement identifié avec le pays Mōn de la Basse Birmanie et du centre de la Thaïlande, et Sri Lanka, où débarqua une mission dirigée par le fils (ou frère cadet) d'Ashoka, le moine, donné comme *arhat*, Mahinda [35].

Au siècle suivant, le IIe av. J.-C., est censé avoir eu lieu

35. « Histoire de l'Inde », dans *L'Inde classique, op. cit.*, I, 193-512. – « Histoire du bouddhisme », dans *L'Inde classique, op. cit.*, II, 2212-2236. – A. Daniélou, *Histoire de l'Inde*, Paris, 1971.

un dialogue entre un roi grec et un moine bouddhiste qui fut publié par la suite sous le titre de *Milindapañha* (Les questions de Milinda)[36]. Milinda est le roi Ménandre (vers 166-145 av. J.-C.), lieutenant et successeur de Démétrios, roi grec de Bactriane. Établi au Panjāb, il conquit le nord de l'Inde, s'avançant jusqu'à Pātaliputra, où d'ailleurs il ne se maintint pas. Il n'est donc pas étonnant que ce roi se soit intéressé au bouddhisme très répandu dans ces contrées. Le *Milindapañha* le montre harcelant de ses questions le très savant moine Nagasena de Pātaliputra. Ménandre dut reconnaître la valeur des vues exposées par son interlocuteur sur les idées fondamentales du bouddhisme qui pouvaient surprendre un Grec : la théorie de l'*anātman*, le *karma*, ou la réincarnation. À la suite de cet entretien, Ménandre se serait converti ; ses monnaies portent des symboles bouddhistes. Le *Milindapañha* devait servir de texte classique d'introduction à la Doctrine à l'usage des non-bouddhistes ; il fut publié en pāli, puis en chinois.

L'évolution du bouddhisme est ensuite fort mal connue jusqu'au règne de Kanishka qui dura vingt-trois ans (vraisemblablement de 144 à 167). Kanishka n'était pas indien d'origine : c'était un Kouchane, autrement dit un Indo-Scythe. La dynastie kouchane, installée en Bactriane et en Afghanistan, où les prédécesseurs de Kanishka avaient détruit les royaumes grecs et vaincu les Parthes, régnait au Panjāb et au Ghandara, où l'art indo-grec avait pris, au Ier siècle av. J.-C., un essor qui, se prolongeant localement pendant deux ou trois siècles, vivifia durablement l'art bouddhiste. Kanishka, ayant annexé le Cachemire, étendit le royaume au nord-ouest de l'Inde, peut-être jusqu'à Bénarès et sur une partie du Dekkan. Il devenait ainsi le maître du grand carrefour

36. Trad. fr., *Les questions de Milinda*, édit. du Dharma, 1983.

des civilisations les plus actives de son temps, de l'Iran à la Chine.

La tradition fait de Kanishka un bouddhiste fervent. On sait qu'il édifia de grands *stūpa* près de sa capitale, Purusupura (actuelle Peshawar au nord du Pakistan). C'est le premier souverain dont les monnaies portent l'effigie du Bouddha, mais plus souvent encore celles des divinités iraniennes. En revanche, les historiens considèrent comme très contestable la tradition bouddhiste au sujet d'un concile qu'aurait réuni Kanishka vers 150 au Cachemire et auquel auraient participé cinq cents *arhats* et cinq cents *bodhisattvas*. Si elle a eu lieu, cette assemblée n'aurait été qu'un synode de l'école des *Sarvāstivādin*, et aurait eu pour but de réviser les différentes versions de l'*Abhidharma*, la troisième partie philosophique du Canon (*Tripitaka*). Les sources bouddhistes précisent que le principal intervenant fut Vasumitra, grand spécialiste de l'*Abhidharma*. En fait, se serait alors manifestée l'active rivalité qui régnait à l'époque entre les écoles et entraînait des développements doctrinaux de grande importance pour l'évolution future du *Mahāyāna*, en particulier quant aux rôles respectifs de l'*arhat* et du *bodhisattva*.

Le roi Kanishka aurait fait venir de Sérinde de jeunes princes qui étudièrent dans les monastères de l'Inde. La région à laquelle on donne aujourd'hui le nom de Sérinde correspond au chapelet des oasis de la route de la Soie, la grande voie des échanges entre la Chine et l'Occident, qui passait au nord du Cachemire, du Pakistan et de l'Afghanistan, en direction de l'Oxus et de Merv. En traversant le Turkestan chinois, contrée montagneuse et aride, la route se scindait en deux branches, au nord et au sud du désert de Taklamakan. Dès l'époque d'Ashoka, la Sérinde avait reçu des missionnaires bouddhistes. L'empire kouchane, fondé au début du Ier siècle, y apporta paix et prospérité. Dans cette région, se rencontraient les peuples les plus divers qui formaient autant de petits royaumes, unifiés culturellement par la foi bouddhiste ; ils édifièrent de nombreux monastères, foyers de spiritualité, mais aussi de civilisation, où se mêlaient les apports iranien, indien puis surtout chinois. Le rayonnement de ces monastères se prolongea depuis le IIe siècle jusqu'à la conquête islamique. Ils survécurent encore jusqu'au XIIIe-XIVe siècle avant de disparaître. C'est seulement au début du XXe siècle que furent redécouverts par l'Anglais Aurel Stein, puis par le sinologue français Paul Pelliot, avec les ruines de ces monastères, d'innombrables œuvres d'art et surtout des dizaines de milliers de manuscrits. La bibliothèque monastique de Touen-houang, restée intacte pendant près d'un millénaire, a permis de réviser et de compléter l'histoire du bouddhisme [37].

L'élan donné par l'empereur Kanishka au bouddhisme se répercuta au siècle suivant, le IIIe, époque d'une nouvelle ère d'expansion. En témoignent les nombreux vestiges des missions bouddhistes retrouvés dans des contrées qu'elles n'avaient point encore touchées : la Birmanie, le Cambodge, le Tchampa et même l'Indonésie, où des statues du Bouddha sont datées du IIIe siècle.

Sous la dynastie des Gupta, qui régna sur le nord de l'Inde du début du IVe au milieu du Ve siècle, époque considérée par les historiens comme l'« âge d'or » de la civilisation indienne, le bouddhisme fut particulièrement florissant ; de Chine comme de Sri Lanka affluaient les pèlerins venus visiter les lieux saints et les moines qui étudiaient dans les monastères, en particulier à l'univer-

---

37. *Sérinde, Terre de Bouddha. Dix siècles d'art sur la Route de la Soie*, Paris, 1995.

sité monastique de Nālandā que Kumaragupta Ier (415-445) combla de ses bienfaits et qui atteignit alors l'apogée de sa renommée internationale. Le fils de Kumaragupta Ier, Skandagupta (455-467), réussit à contenir les redoutables assauts des Huns Hephtalites, mais à sa mort l'empire fut divisé et la dynastie ne survécut qu'obscurément. Les Huns dominaient le Rādjpūtāna, le Panjāb et le Cachemire ; ils y détruisirent de nombreux monastères.

Le bouddhisme apparemment triomphant sous les Gupta et qui, dans tous les domaines, avait donné à la civilisation indienne un éclat inégalé, n'en était pas moins atteint par les germes d'une future décadence. Dans les monastères, fondements inébranlables du bouddhisme ancien, mais désormais comblés de faveurs et de biens par les souverains et les riches, la discipline s'était progressivement relâchée. Le *Mahāyāna* s'était laissé contaminer par des influences multiples, le tantrisme tout d'abord, mais aussi le culte de la Shakti et le shivaïsme, au point qu'il se rapprochait graduellement du brahmanisme qui ne pensait qu'à le réabsorber. Les fidèles laïcs qui suivaient cette nouvelle orientation s'écartaient des communautés monastiques fermées pour se placer sous la direction d'un maître (*āchārya*) jouant un rôle comparable à celui du *guru* dans le brahmanisme.

Témoin de cette dégradation fut le moine érudit chinois Hiuan-tsang qui parcourut l'Inde entière de 629 à 645, sous le règne du grand empereur Harsha (606-647) qui le reçut avec bienveillance. Harsha, bâtisseur d'un empire aussi étendu et puissant que celui des Gupta, bien que shivaïte d'origine, fut un protecteur zélé du *Mahāyāna*, mais, lui-même syncrétiste, s'efforça de rapprocher brahmanes, jaïnistes et bouddhistes. À travers le compte rendu de Hiuan-tsang qui donne, royaume par royaume, l'état de la religion, apparaît la dégradation des communautés monastiques que délaissaient les adeptes [38]. Le tantrisme se répandait du Bengale au Népal et avait son centre principal au monastère de Vikramashīla, au Bihar, fondé vers 800 par le roi Dharmapala. Vikramashīla devint une importante université monastique, émule de celle de Nālandā, passée elle aussi au tantrisme. À Nālandā se formèrent les premiers introducteurs des *Tantras* en Chine. Lorsque Nālandā déclina, Vikramashīla prit son essor. De là partit pour le Tibet, au XIe siècle, le maître des *Tantras*, Atisha.

À l'influence croissante du tantrisme sur le bouddhisme correspondait le renouveau de l'hindouisme dont le principal acteur fut, au VIIIe siècle, Shankara (Shankarāchārya, 788-820), si proche du bouddhisme qu'on a pu croire qu'il y avait adhéré, alors qu'en fait il ne fit que s'inspirer de certains de ses principes pour revivifier l'hindouisme. En sa brève carrière – il mourut à trente-deux ans –, Shankara parcourut le pays en prêchant la nouvelle doctrine non dualiste, l'*Advaïta Vedanta*, et en fondant de nombreux monastères dont les moines répandirent sa doctrine.

Contrairement à une opinion autrefois admise, ce ne sont pas les invasions musulmanes qui détruisirent le bouddhisme en Inde. Certes, l'entrée des armées de l'Islam qui conquirent le Sindh dès 712 s'accompagna des déprédations habituelles, mais leurs effets furent limités et locaux. C'est seulement à la fin du XIIe siècle que les musulmans s'établirent définitivement dans le nord du pays. Nālandā fut détruit en 1197 et le Maghada tomba entre les mains du général turc Muhammad ibn Bakhtiyar Kilji, lieutenant du puissant Muhammad de Gor (1173-1206) dont l'empire s'étendit sur toute l'Inde

38. « Les contrées occidentales vues par Xuan Zang », in *L'Inde du Bouddha vue par des pèlerins chinois sous la dynastie Tang* (VIIe s.), Paris, 1968.

du nord. Le pillage des monastères et des universités bouddhiques, l'exil des moines persécutés marquèrent alors la fin du *Sangha* indien déjà miné de l'intérieur. Le bouddhisme survécut cependant discrètement en plusieurs régions, en particulier au Cachemire, et n'y disparut que très lentement au cours des siècles.

Mais le bouddhisme avait déjà gagné une grande partie du continent asiatique. Sous ses formes tant anciennes que nouvelles, il y répandait sa spiritualité et sa philosophie, ainsi que les ferments fécondants de la civilisation indienne.

6

Le *Theravāda* dans le Sud-Est asiatique

Lors de sa diffusion en Asie, le bouddhisme se répandit sous deux formes qui se séparèrent de plus en plus et en vinrent à s'opposer. Pourtant, il ne s'agissait que d'interprétations du *Dharma*, la Doctrine fondamentale, restée dans les deux cas identique et incontestée. Ces adaptations aux circonstances de temps, de lieu et de mentalité, ces solutions très diversifiées doivent être explicitées parce qu'elles peuvent servir d'exemples, sinon de modèles, dans la perspective de l'introduction et de la compréhension du bouddhisme en Occident.

Sri Lanka

Importé dans l'île de Ceylan dès le milieu du IIIe siècle av. J.-C. par Mahinda, fils ou jeune frère du roi Ashoka, le bouddhisme y fut fort bien reçu par le roi Devanampiya Tissa (247-207) qui non seulement se convertit mais fit édifier dans sa capitale, Anurādhapura, un grand monastère, le *Mahāvihāra*. Y fut plantée une bouture de l'Arbre de la Bodhi de Bodhgaya, qui donna naissance au pipal (*Ficus religiosa*) que l'on vénère encore aujourd'hui ; elle avait été apportée par la sœur de Mahinda, la nonne Sanghamittā, avec des reliques du Bouddha qui furent enchâssées dans le premier des nombreux *dagaba (stupa)* qui s'élevèrent ensuite dans toute l'île.

Anurādhapura demeura la capitale royale pendant près de mille cinq cents ans, jusqu'au xe siècle, et le *Mahāvihāra* fut le bastion inébranlable de l'orthodoxie, s'opposant à toute innovation qu'il jugeait hérétique. Sa primauté absolue n'en fut pas moins contestée au Ier siècle av. J.-C., quand en 24 le roi Vattayāmani Abhaya, ayant fait édifier le grand monastère d'Abhayagiri, en confia la direction à un moine qui avait ses faveurs. La donation n'ayant pas été faite à l'entière communauté, ce moine en fut exclu. Il en résulta un schisme. Au cours du concile réuni pour apaiser cette querelle, on jugea bon de fixer par écrit en pāli le Canon (*Tripitaka*). C'est vraisemblablement sa première recension écrite ; de tous les Canons, c'est le seul qui ait été transmis en sa totalité.

Une nouvelle scission se produisit sous le règne de Mahāsena (274-301), lorsque celui-ci confia la direction du monastère de Jevatana à un moine qu'il avait choisi. Jevatana hésita entre le *Theravāda* orthodoxe du *Mahāvihāra* et les tendances mahāyanistes d'Abhayagiri. Le roi Mahāsena trancha. Il soutint le *Mahāyana* et détruisit le *Mahāvihāra*, mais son successeur le fit reconstruire. Le *Mahāvihāra* vit son autorité doctrinale considérablement accrue par l'arrivée du moine indien Buddhagosha (ive siècle), venu étudier à Ceylan les commentaires des Écritures qui y étaient conservés. À Anurādhapura, Buddhagosha rédigea de nombreux commentaires au

Canon, ainsi que le *Visuddhi Magga* (Le « Chemin de la complète purification »), exposé bientôt très répandu de la doctrine *theravādin* telle qu'elle était enseignée au *Mahāvihāra*. Par la suite et à cet exemple se développa une vaste littérature pāli, comprenant des chroniques, des œuvres de dévotion et surtout d'innombrables commentaires sur la doctrine, la discipline et l'*Abhidharma*. L'un des plus remarquables est l'*Abhidhamatta Sangaha* (Recueil des commentaires de l'*Abhidharma*), œuvre du moine érudit Anuruddha (XIe siècle environ) qui, comme le *Visuddhi Magga*, expose la doctrine *theravādin*, mais en insistant sur ses aspects psychologiques.

À la fin du Xe siècle, des invasions de Tamouls venus du sud de l'Inde, et les guerres civiles qui s'ensuivirent, mirent en péril la Communauté, menacée par la montée de l'hindouisme. La situation était devenue telle qu'on ne pouvait réunir le quorum d'Anciens nécessaire pour donner les ordinations. On dut faire appel à des moines de Birmanie, où le *Theravāda* n'avait remplacé que depuis peu le *Mahāyāna*. En sens inverse, un groupe de moines birmans venu à Sri Lanka en 1190 rapporta dans son pays la tradition de l'ordination qu'il avait reçue au *Mahāvihāra* ; elle y élimina progressivement toutes les autres formes d'ordination. Entre-temps, le roi Parakkama Bahu Ier (1153-1186) avait réunifié tout le *Sangha* autour du *Mahāvihāra*. Le bouddhisme du Sud connut désormais un âge d'or non seulement à Sri Lanka, mais dans toute l'Asie du Sud-Est.

Y mirent un terme à Ceylan les débarquements successifs des puissances européennes colonialistes et conquérantes. Sri Lanka fut soumis d'abord de 1505 à 1568 par les Portugais catholiques et persécuteurs, puis de 1658 à 1796 par les Hollandais protestants, plus tolérants. Le pouvoir autochtone se réfugia à Kandy dans les montagnes. Une nouvelle fois, au milieu du XVIIIe siècle, la lignée de la transmission se trouva interrompue, car il n'existait plus que des novices (*sāmanera*). En 1783, on dut faire appel à des moines thaïlandais qui restructurèrent le *Sangha*. À la suite de cette réforme, l'ordination supérieure fut réservée aux membres de la caste la plus élevée, ce qui était absolument contraire à l'esprit du bouddhisme ; aussi, au début du XIXe siècle, des membres des autres castes se rendirent-ils en Birmanie afin d'y recevoir cette ordination. Le *Sangha* comporta dorénavant deux branches, l'une birmane, l'autre, restée prépondérante, d'origine thaïlandaise. Enfin se constitua une troisième branche plus récente, elle aussi birmane, mais caractérisée par la sévérité de ses règles.

Les Anglais qui succédèrent aux Hollandais mirent fin en 1815 au royaume de Kandy et, se substituant aux souverains, reprirent à leur compte les charges qu'ils assumaient : conservation des sanctuaires et subventions accordées aux moines, mais, sous la pression des missionnaires européens, ces mesures tombèrent peu à peu en désuétude. En 1865, les moines contre-attaquèrent par une campagne de pamphlets, mais dans le même temps, ils acceptèrent la confrontation. En 1873, au cours d'un débat devant une foule de dix mille personnes, le moine Gunānanda remporta sur ses adversaires chrétiens une victoire qui fit grand bruit. Mais, finalement, ce furent des Occidentaux qui restaurèrent le bouddhisme cinghalais. En 1880, débarquaient à Colombo le colonel américain H.S. Olcott et Mme H.P. Blavatski, d'origine russe. Cinq ans auparavant, ils avaient fondé à New York la Société théosophique, mouvement syncrétiste dont le siège fut fixé en 1879 à Madras. À Sri Lanka, le colonel Olcott et Mme Blavatski se firent bouddhistes en prenant les refuges et en acceptant les préceptes. Peu après, Olcott fondait la *Buddhist theosophical Society* et organisait la création d'écoles bouddhistes dans lesquelles était enseigné un programme d'études occidentales en anglais. S'associèrent à ce mouvement nombre de pieux laïcs cinghalais.

L'un d'eux, Don David Hewavitarne (1864-1933), plus connu sous le nom qu'il s'était lui-même attribué d'Anagārika (« sans maison ») Dharmapāla (« défenseur du *Dharma*), devint le héros du nouvel activisme bouddhique qui le considéra comme un *Bodhisattva*. En 1891, Dharmapāla se rendit à Bodhgayā dont le délabrement le saisit. Le monastère de Mahābodhi étant tombé entre les mains d'un prêtre hindouiste, Dharmapāla décida de le restituer aux bouddhistes. À cet effet, il créa la *Mahābodhi Society*, association internationale dont le but fut de racheter ce monastère, mais aussi d'en fonder un nouveau destiné aux moines du monde entier. S'ensuivit une longue procédure entre bouddhistes et hindouistes qui ne prit fin qu'en 1949, suite à la proclamation de l'indépendance de l'Inde. Depuis lors, les lieux sacrés sont administrés conjointement par les bouddhistes et les hindouistes. Dès 1897, Dharmapāla avait créé aux États-Unis la première organisation bouddhiste occidentale, puis en 1925 à Londres la *British Mahābodhi Society* [1].

Foncièrement conservateur, farouchement opposé à toute innovation et même à toute adaptation, le *Theravāda* cinghalais entend suivre au pied de la lettre chacune des paroles prononcées par le Bouddha et reproduire le mode de vie des *bhikshu* des premiers temps, en suivant exactement le Code de discipline (*Vinaya Pitaka*) et les principes de pureté morale qu'il met en œuvre. Pour le *Theravāda*, l'idéal suprême demeure l'*arhat*, le saint

---

1. Malagoda, *Buddhism in Sinhalese Society, 1750-1900 : A Study of Religious Revival and Change*, Berkeley, 1976. H. Bechert, *Buddhism in Ceylon and Studies on Religious Syncretism in Buddhist Countries*, Göttingen, 1978.

moine préoccupé principalement de son propre Éveil. Le laïc, aussi pieux soit-il, ne peut demeurer que dans la confusion sensuelle et mentale qui résulte d'une vie désordonnée et est absolument incapable de comprendre l'enseignement du Bouddha. La force et la prospérité de la nation dépendent étroitement de l'état du *Sangha*.

Dès l'origine, les moines cinghalais se sont considérés comme investis de la mission d'être les instructeurs et les guides de tout le peuple. De ce fait, ils furent non seulement des prédicateurs et des lettrés, chargés seuls du rituel, mais se firent éducateurs, propriétaires fonciers, puisque la règle leur interdisait d'exercer un métier, et aussi, plus que conseillers, régents des souverains qui, n'étant que des laïcs, leur étaient soumis. Il arriva même que les moines s'instituent faiseurs de rois. D'eux, ils étaient en droit d'exiger qu'ils veillent à la pureté de la Doctrine, répriment tout écart, entretiennent les monastères et défendent les privilèges des moines.

À l'apogée du bouddhisme de Sri Lanka, du IXe au XIIe siècle, leur puissance ne fit que croître, mais en tout temps il n'y eut de culture cinghalaise que monastique. Presque toute la littérature a été composée par des moines, y compris des poèmes profanes. La plupart des édifices furent construits, ou tout au moins inspirés par eux ; il en alla de même pour la peinture et la sculpture. La collusion du monachisme et du pouvoir porta finalement préjudice au bouddhisme ; nombreux furent les membres des classes supérieures qui se détournèrent de lui. Tous les moines cependant ne vivaient pas dans des monastères. La tradition indienne des *āranyaka* (ascètes forestiers), qui s'adonnaient exclusivement à la méditation [2], et des *pamsukila* errants (les « vêtus de haillons »),

2. M.B. Carrithers, *The Forest Monks of Sri Lanka. An anthropological and historical study*, Delhi, 1983.

demeura vivante à Sri Lanka, ainsi que celle des centres d'études situés à l'écart (les *pirivenas* contemporains). Les uns et les autres y furent toujours entourés de respect et, pour certains, de vénération. À qui parcourt Sri Lanka et l'Asie du Sud-Est, devient vite familière la silhouette du moine *theravādin*, le crâne rasé, drapé dans ses robes jaune safran, portant à la main son bol à offrandes. Son attitude est pleine de réserve et de sérénité, son regard baissé semble ne plus voir le monde.

La Birmanie

Considérée depuis toujours et encore aujourd'hui comme une citadelle du bouddhisme, la Birmanie [3] l'aurait reçu des deux moines Sona et Uttara, envoyés par Moggaliputta Tissa, frère de l'empereur Ashoka, au Suvannabhumi (le « Pays de l'or »), peuplé par les Mōns. En fait, il semble que ceux-ci n'adhérèrent au bouddhisme que beaucoup plus tard. Cependant, au IIIe siècle, une inscription de Nāgārjunakonda donne déjà le pays des Mōns pour une terre bouddhiste. Nous connaissons la civilisation des Mōns principalement par les monuments qu'elle a laissés ; elle apparaît comme très supérieure à celle des différents envahisseurs tibéto-birmans qui les opprimèrent. Bien qu'écartés du pouvoir et nettement minoritaires, les Mōns bouddhistes furent dans tous les domaines, littéraire, artistique, juridique et surtout religieux, les éducateurs du peuple birman.

Refoulés vers le sud lors des invasions, les Mōns avaient fondé dans les basses terres du delta de l'Irra-

3. J.F. Ferguson, *Essays on Burma*, Leyde, 1981. J. Perrin, « Le Bouddhisme en Birmanie », in *Présence du bouddhisme*, *op. cit.*, p. 469-489.

wady le royaume de Pegu. Dans la moyenne vallée de ce fleuve, les Pyus, peuple tibéto-birman, établirent un royaume connu par les pèlerins chinois sous le nom indien de Srikshetra dont la capitale fut Prome. Les Pyus étaient devenus les uns vishnouites, les autres bouddhistes mahāyānistes ou tantriques. En 832, le royaume pyu fut conquis par les souverains de l'État de Nan-tchao, eux aussi des Tibéto-Birmans, descendus du Yunnan et alliés à la Chine des T'ang. Enfin, les véritables Birmans, apparentés aux Pyus, auraient fondé en 849 leur capitale, Pagan. Les Birmans, d'abord animistes, se rallièrent au bouddhisme, mais sous sa forme tantrique.

En 1044, vint au pouvoir à Pagan le fils d'un usurpateur, Anawratha (Aniruddha), qui unifia pour la première fois le pays et la religion. Converti par un moine mōn, Shin Arahan, Anawratha adopta solennellement le *Theravāda*. Comme le roi des Mōns avait refusé de lui remettre les reliques et les écritures sacrées qu'il détenait, Anawratha envahit son royaume et emmena à Pagan le roi, sa famille, ses ministres, ses bonzes et ses artisans. Les moines mōns enseignèrent aux Birmans leur écriture et leur art. Vers 1059, Anawratha fit édifier dans sa capitale la pagode (*stūpa*) de Shwezigon, où fut déposée une réplique de la célèbre dent du Bouddha conservée à Kandy, qui fut envoyée par le roi de Sri Lanka. La pagode de Shwezigon devint le sanctuaire national de la Birmanie, ce qu'elle est encore, et Pagan la cité sainte, où s'élevèrent, au cours des siècles, près de cinq mille édifices religieux, dont huit cents ont subsisté jusqu'à nos jours. Le royaume de Pagan, qui connut une grande prospérité, fut détruit par l'invasion des Mongols de Kubilai Khan en 1287.

Le pays se trouva de nouveau morcelé. Tandis que les tribus cham, appartenant au peuple thaï, colonisaient de vastes territoires, les Mōns, ayant repris leur indépendance, ressuscitaient le royaume de Pegu. Le grand roi Dhammaceti (1472-1492), qui avait été moine avant de monter sur le trône, entreprit de réformer le *Sangha* dont les mœurs s'étaient relâchées. Depuis la fin du XIIe siècle, les moines birmans reconnaissaient la suprématie du *Sangha* de Sri Lanka. Un groupe de moines birmans, s'étant rendu dans l'île, y avaient adopté la tradition locale de l'ordination qui remontait à Mahinda et l'avaient introduite en Birmanie, y fondant le « *Sangha* cinghalais », lequel entra en concurrence avec le *Sangha* birman descendant des deux premiers missionnaires Sona et Uttara. À la même époque, firent sécession, comme à Sri Lanka et plus tard en Thaïlande, les méditants *Arannavasin* (ascètes forestiers).

Appartenant lui-même à l'ordre cinghalais, Dhammaceti envoya à Sri Lanka une délégation de vingt-deux moines qui y furent de nouveau ordonnés près de la rivière Kalyaniganga. À leur retour, fut érigée à Pegu la salle d'ordination appelée Kalyanisima, où les moines birmans furent invités à recevoir à leur tour la ré-ordination. La validité de l'ordination d'un moine bouddhiste dépend en effet d'une lignée ininterrompue d'ordinations remontant au Bouddha Shākyamuni lui-même. Encore faut-il que ces ordinations précédentes aient été elles-mêmes valides, c'est-à-dire que l'un des transmetteurs n'ait pas fait l'objet de sanctions graves, ce qui n'est pas toujours le cas. Un doute sur la validité entraîne dans le *Theravāda* la nécessité d'une ré-ordination. Malgré la destruction du royaume de Pegu au XVIe siècle, les querelles et les divisions du *Sangha*, tous les moines birmans d'aujourd'hui font remonter la tradition de l'ordination à la construction du Kalyanisima.

Les structures de la Communauté birmane, garanties par les souverains, furent fortement ébranlées par la conquête britannique, la prise de Mandalay en 1885 ayant abouti à l'annexion du pays. Néanmoins, la résistance nationaliste fut organisée et dirigée par des moines. Elle eut pour résultat la reconnaissance de l'indépendance de la Birmanie, qui devint une république, sous le nom d'Union birmane, le 9 janvier 1948. Par sa constitution de 1948, l'État reconnaissait « la position particulière du bouddhisme en tant que foi professée par la grande majorité de l'Union birmane ».

La Thaïlande

L'actuelle Thaïlande, le pays des Thaïs, ne porte que depuis 1939 ce nom qui a remplacé celui de Siam [4]. Son origine remonte au XIIIe siècle, avec la fondation du royaume de Sukhotai par deux chefs thaïs qui profitèrent de la crise de l'État khmer à la suite de la mort du grand roi Jayavarman VII (fin du XIIe siècle). Les Khmers, Mongols indianisés, n'étaient eux-mêmes que des envahisseurs. Ayant conquis le Cambodge, ils avaient étendu leur influence sur le royaume de Dvaravati, fondé dans le sud de la Thaïlande par les Mōns, les premiers occupants du pays. Au nord de l'actuelle Thaïlande, le chef lao (thaï) Mangaï créa à son tour en 1262 le royaume de Changraï et, allié au Sukhotai, détruisit le royaume mōn du nord, le Haripanchaï.

Sous le règne de Rama Khamheng (v. 1275-1317), le Sukhotaï, qui exerçait sa primauté sur de nombreuses principautés ethniquement diversifiées, devint le centre unificateur d'une civilisation composite, qui, sous la tutelle de l'aristocratie guerrière des Thaï, rassemblait des éléments mōns, khmers et birmans appartenant tous

4. Nivat Dhani, *A History of Buddhism in Siam*, Bangkok, 1965.

au *Theravāda*, devenu la religion officielle du royaume. Le petit-fils de Rama Khamheng, Lu Thaï, monté sur le trône en 1347, fit venir de Sri Lanka des moines renommés pour leur érudition et leur ascétisme, afin de purifier le *Sangha* thaï qu'ils réorganisèrent sur le modèle cinghalais.

En 1350, fut fondé par un prince thaï du Sud le royaume d'Ayathya qui supplanta pour quatre siècle celui de Sukhotai et entretint des relations très actives avec Sumatra, Sri Lanka et la Chine, mais aussi avec ses voisins immédiats du nord et de l'est, le Laos et le Cambodge actuels. Puissance conquérante, l'Ayathya devenu le Siam envahit au XVe siècle le nord de la péninsule malaise et même, mais provisoirement, la capitale khmère d'Angkor. Mais, au XVIe siècle, le Siam fut vaincu par la Birmanie réunifiée depuis peu, qui y établit pendant quelque temps sa suzeraineté.

Quelles qu'aient été ces vicissitudes historiques, le bouddhisme siamois resta florissant au point qu'il fut appelé à rénover à son tour le *Sangha* cinghalais. Le roi de Sri Lanka, Kirti Shri, envoya vers 1750 à Ayathya trois missions chargées de ramener des moines siamois afin d'ordonner des moines cinghalais dans son royaume. Les Siamois demeurèrent trois ans dans l'île et y constituèrent le nouveau *Sangha* thaïlandais qui devait y rester prépondérant. Le bouddhisme siamois fut lui-même réformé à plusieurs reprises, en particulier par le roi Rama IV (1851-1868). Rama IV, précédemment *bhikshu* pendant vingt-sept ans, avait organisé au sein du *Sangha* un groupe réformiste, observant une discipline plus stricte que la majorité, qui y fut finalement soumise, quand il monta sur le trône. État et religion furent désormais encore plus liés que par le passé.

Laos et Cambodge

Longtemps divisé en principautés rivales, puis soumis au XIIIe siècle par le royaume siamois de Sukhotai, le Laos ne fut unifié que par Fa Ngum qui fonda en 1353 le royaume de Lan Chang et y introduisit la civilisation khmère. Fa Ngum avait été élevé à la cour d'Angkor où il avait épousé une fille du roi Jayavarman Parameshvara. Sous le règne de ce roi, le *Sangha* cambodgien avait été réformé par des moines thaï. Jayavarman aurait exhorté son gendre à se rattacher à cette authentique tradition et lui aurait envoyé une mission de moines porteurs des écritures sacrées pālies et d'une statue cinghalaise du Bouddha, appelée Luang Prabang. Celle-ci fut installée dans la capitale qui prit alors ce nom. Depuis lors, le *Theravāda* demeura la religion du peuple lao [5].

Pour les historiens contemporains, cette implantation du bouddhisme au Laos au XIVe siècle n'est qu'une légende. Le bouddhisme aurait pénétré au Laos bien auparavant, ainsi qu'en témoignent des inscriptions du VIIe siècle. Il semble aujourd'hui probable que le Laos connut d'abord le *Mahāyāna* ; mais c'est en effet seulement au XIVe siècle qu'y triompha le *Theravāda* venu du Cambodge. Il y fut d'ailleurs très vite contaminé par les anciens cultes chtoniens des *Phi*, « génies » locaux, ce qui conduisit à une réaction du bouddhisme orthodoxe, dont témoigne la condamnation de ces cultes par le roi Pothisarath au XVIe siècle. Par la suite, le bouddhisme connut au Laos une grande prospérité. De très nombreuses pagodes furent élevées dans tout le pays. Le *Sangha* observa rigoureusement les règles monastiques.

---

5. *Présence du Royaume Lao, Pays du Million d'Éléphants et du Parasol blanc*, sous la direction de R. de Berval, Saigon, 1956. P. Lévi, *Histoire du Laos*, Paris, 1974.

Si le Cambodge [6] possède comme la Thaïlande une population très mêlée, celle-ci comprend une très forte majorité (70 p. 100) de Khmers, ethniquement proches des Mōns de Birmanie et de Thaïlande. On ne sait à quelle époque le bouddhisme fut introduit au « Pays du [Roi] de la Montagne », appelé Fou-nan par les Chinois et qui se serait érigé en royaume au Iᵉʳ siècle apr. J.-C. La civilisation y était fortement indianisée ; les inscriptions étaient rédigées en sanskrit ; shivaïsme et *Mahāyāna*, venus d'Inde, y coexistaient. Les plus anciennes statues de pierre du Bouddha de toute l'Asie du Sud-Est furent taillées à Angkor Borei, au Fou-nan, au début du VIᵉ siècle.

Vers le milieu de ce siècle, le royaume fut conquis par les Khmers du Tchen-la ; mais ceux-ci en conservèrent la civilisation, en particulier le culte du roi-dieu (*devarāja*) hérité de l'Inde du sud, ordonné autour du temple-montagne représentant le centre du cosmos. Les exemples les plus grandioses de ce culte se trouvent à Angkor et remontent au XIIIᵉ siècle : Angkor Vat est un monument hindouiste d'inspiration vishnouite, tandis que le Bayon bouddhiste s'élève au centre de l'énorme complexe d'Angkor Thom, l'ancienne capitale. Dans ce pays majoritairement shivaïte, le souverain, tantôt shivaïte, tantôt bouddhiste, était souvent identifié avec le Bodhisattva Avalokiteshvara, plus souvent encore avec Lokeshvara, le « Seigneur du monde », qui résultait de la fusion d'Avalokiteshvara et de Shiva.

Ayant libéré son pays de l'emprise de Java, le roi Jayavarman II créa en 802 le premier royaume cambod-

---

6. F. Bizot, *Recherches sur le bouddhisme khmer*, Paris, 1976-1981. G. Cœdès, *Pour mieux comprendre Angkor*, Paris, 1947. A. Migot, *Les Khmers. Des origines au Cambodge d'aujourd'hui*, Paris, 1960. S. Thierry, *Les Khmers*, Paris, 1964.

gien, appelé Kampuchea, qui dura cinq cents ans. Yasavarman Ier (v. 889-900) fit d'Angkor Thom sa capitale. En 1181, montait sur le trône le plus célèbre souverain de l'histoire du Cambodge, Jayavarman VII. Il occupa le Champa (sur la côte sud de l'actuel Vietnam), et donna au royaume sa plus grande extension territoriale, depuis le Champa et le Laos, jusqu'à la Thaïlande, la basse Birmanie et une partie de la péninsule malaise. Bouddhiste fervent, fidèle d'Avalokiteshvara, en tant que *devarāja*, Jayavarman VII s'identifia à lui et c'est probablement le Bodhisattva lui-même, descendu du Sukhāvati (Séjour des Bienheureux) afin de protéger le peuple khmer, que représentent les quatre faces aux yeux entrouverts, regardant vers le bas et au sourire d'une incomparable sérénité, des tours-pyramides qui dominent les temples cosmiques, comme le célèbre Bayon.

Mais la mort de Jayavarman VII (vers 1220) provoqua une violente réaction shivaïte qui persécuta les moines bouddhistes et opéra de nombreuses destructions d'œuvres d'art, tandis que l'empire commençait à se désagréger. Le bouddhisme n'y reprit vie qu'au XIVe siècle, mais sous sa forme *theravādin*, vraisemblablement introduite par des missionnaires thaïlandais. Le roi Jayavarman Parameshvara, monté en 1327 sur le trône, adhéra à la nouvelle foi et le pāli remplaça le sanskrit comme langue sacrée. Brahmanisme et *Mahāyāna* dépérirent bientôt, avant de disparaître.

Vers le milieu du XIVe siècle, les souverains khmers eurent à lutter contre les Siamois. En 1431, ceux-ci occupèrent Angkor et la capitale fut transférée à Phnom Penh. Dès lors, le royaume ne cessa de décliner jusqu'au XIXe siècle. Il devint protectorat français en 1863. Incorporé dans l'Indochine française en 1887, le Cambodge ne recouvra son indépendance qu'en 1953.

L'Indonésie

Si l'archipel indonésien fut certainement atteint par le bouddhisme dès les IIe-IIIe siècles, ainsi qu'en témoignent des statues du Bouddha découvertes en plusieurs sites et sa mention dans un ouvrage bouddhiste de la fin du IIIe siècle, le moine pèlerin chinois Fa-hien qui séjourna à Java en 412-413 indique que le nombre des bouddhistes y était alors si réduit que « mieux vaut n'en point parler ». Dès la fin du Ve siècle, l'action des missionnaires venus d'Inde l'accrut considérablement et un autre moine chinois, Yi-tsing, qui séjourna à deux reprises à Shri Wijaya, l'actuel Palembang au sud-est de Sumatra, atteste que cette ville, capitale d'un empire devenu au VIe siècle une grande puissance commerciale, était alors le siège d'un *Sangha* mahāyāniste qu'il cite comme modèle et où des pèlerins chinois venaient étudier.

Au VIIIe siècle, le *Mahāyāna* était partout triomphant. Au siècle suivant, les souverains de Shri Wijaya, appartenant à la nouvelle dynastie bouddhiste de Shailendra, édifièrent à Java de magnifiques monuments. Le plus célèbre d'entre eux est le *stūpa* Borobudur [7], gigantesque construction sur plan carré de 112 mètres de côté, formant cinq terrasses surmontées d'une triple plate-forme circulaire sur laquelle s'élèvent soixante-douze petits *stūpa* et que couronne un dernier *stūpa* de grande taille. Les parois sont entièrement couvertes de très beaux bas-reliefs et ornées de plus de quatre cents statues de bouddhas. Ce monument, le plus grand de tous les monuments bouddhiques, est un *mandala* tridimensionnel, où se trouve représentée, selon la doctrine mahāyāniste, la

7. J. Dumarçay, *Histoire architecturale du Borobudur*, Paris, 1977. P. Mus, *Borobudur. Esquisse d'une histoire du bouddhisme fondée sur la critique archéologique des textes*, 2 vol., Hanoi, 1935.

Voie de la Délivrance. Sa structure complexe s'éclaire grâce à la présence sur les quatre premières terrasses des Bouddhas des quatre points cardinaux, Akshobya à l'est, Ratnasambhava au sud, Amitābha à l'ouest, Amoghasiddhi au nord, tandis que préside à l'ensemble, visible de toutes les faces de la cinquième terrasse, Vairochana, considéré ici comme le Bouddha primordial (Ādi Bouddha) et exécutant le *mudra* (position rituelle des mains) de la *Prajnā Paramitā* (la Sagesse suprême).

En escaladant les étages du *stūpa*, le pèlerin accomplissait le parcours qui conduit à l'Éveil. Il traversait d'abord le monde du désir (*Kārmadhātu*) et les enfers (*Naraka*), donc le *Samsāra*, puis vénérait au passage les principaux épisodes sculptés de la vie du Bouddha Shākyamuni avant de parvenir au monde céleste, le monde des formes d'où le désir est exclu (*Rūpadhātu*). Il accédait finalement au monde du sans-forme (*Arūpadhātu*), symbolisé par les trois plates-formes circulaires surmontées par le grand *stūpa* du sommet, qui, à la différence des petits *stūpa*, est vide et représente la Vacuité (*Shūnyata*).

Vers la fin du VIIIe siècle, le tantrisme se répandit en Indonésie qui entretenait des rapports très actifs avec l'Inde et l'université de Nālandā ; il y fit de rapides progrès. On sait qu'au XIVe siècle, le roi Adityavarman adhéra à l'école du Kālachakra-Tantra ; comme les souverains khmers, il était honoré en tant qu'incarnation de Lokeshvara. Bouddhisme tantrique, shivaïsme et culte du roi-dieu s'étaient intimement mêlés.

Mais l'Indonésie était depuis longtemps visitée par des marchands arabes ; au XIIIe siècle, ils y introduisirent l'Islam. L'expansion de ce dernier se fit peu à peu, par la conversion de grands personnages qui entraînait celle de leur famille et de leurs sujets. À la fin du XIVe siècle, le bouddhisme avait pratiquement disparu de Sumatra, au début du XVe de Java, et dans les siècles suivants de tout l'archipel, où ne subsistaient plus que quelques enclaves bouddhistes isolées. Cependant, les Chinois émigrés dans ces îles sont en majorité bouddhistes.

En résumé, on peut donc dire que, dans l'Asie du Sud-Est, le bouddhisme ne s'est maintenu que sous sa forme la plus conservatrice, le *Theravāda*, indemne de toute influence extérieure, lorsque le *Mahāyana* devenu tantrique, souvent syncrétiste et passablement dégénéré, dut lui laisser partout la place. Il en alla tout autrement dans les pays situés au nord de l'Inde.

7

Le *Mahāyāna* ou bouddhisme du Nord

La Chine

Si, dès l'époque de l'empereur Ashoka, le bouddhisme s'était répandu à partir du golfe du Bengale vers l'Asie du Sud-Est par la voie maritime, il avait au Nord-Ouest gagné l'actuel Cachemire, puis le Gandhara et la Bactriane, par la voie terrestre, la Route de la Soie qui, franchissant les passes himalayennes, traversait les oasis du bassin du Tarim au nord du Tibet. Lieux d'échanges internationaux portant sur la soie de Chine, les jades du Khotan, les épices de l'Inde, les étoffes du Cachemire et les tapis de Perse, ces oasis furent aussi des lieux de rencontre entre l'Orient et l'Occident, par où passaient les ambassades, les missionnaires et les pèlerins. L'empire kouchane de Kanishka avait donné au IIe siècle un nouvel et décisif essor à l'expansion du bouddhisme dans ces régions. Elle ne rencontra guère d'obstacles, ces petits

États polyethniques accueillant volontiers les influences étrangères [1].

En revanche, lorsque, venant d'Asie centrale, le bouddhisme franchit la passe de la Porte de Jade, à l'extrémité occidentale de la Grande Muraille, il eut beaucoup de peine à pénétrer au sein de l'immense empire chinois, unifié dès la fin du IIe siècle av. J.-C., héritier d'une civilisation millénaire et régi par les structures idéologiques, politiques et sociales du confucianisme [2]. Selon une tradition constante, l'empereur Ming-ti (58-75), de la dynastie des Han postérieurs, aurait vu en songe, en 61 ou 64, un être divin, sous la forme d'un « homme d'or », s'avançant vers sa capitale de Lo-yang (Ho-nan). Les interprètes des rêves lui dirent qu'il ne pouvait s'agir que du dieu étranger que l'on appelait Bouddha. L'empereur envoya aussitôt des émissaires en Inde. Ils ne revinrent qu'au bout de plusieurs années, accompagnés de deux moines, Matanga et Tchou Fa-lou, avec un cheval blanc qui portait le *Sūtra en quarante-deux articles*. Les ayant reçus en grande pompe, l'empereur fonda pour ces missionnaires le premier monastère bouddhiste de Chine, celui du « Cheval blanc » (*Pai-ma sseu*), près de Lo-yang, où fut entreprise la première traduction en chinois d'un *sūtra*. S'il ne s'agit là que d'une légende, des documents authentiques prouvent qu'il existait en 65 à P'eng-tch'eng (Kan-sou) une communauté bouddhique protégée par un certain roi de Tchou, frère de l'empereur, qui aurait adhéré au *Dharma*. Transplantée par la suite à Lo-yang, cette communauté fit des adeptes à la cour impériale ; un empereur se convertit même en 166, et fut établi dans la

1. M. Soymié, éd., *Contributions aux études sur Touen-houang*, 3 vol., Paris, 1979-1984.

2. E. Zürcher, *The Buddhist Conquest of China*, 2 vol., Leyde, 1959.

capitale un bureau de traductions qui rassemblait moines kouchanes, sogdiens, indiens et parthes ; il fut organisé par le célèbre Ngan Che-kao (An Shigao), prince héritier de la dynastie iranienne des Arsacides, devenu moine bouddhiste, arrivé à Lo-yang en 148. La première tâche à accomplir avant toute prédication consistait en effet à traduire les Écritures sacrées ; faite avec le plus grand soin, elle se prolongea pendant plusieurs siècles.

Néanmoins, jusqu'à la chute de la puissante dynastie des Han, qui avait régné sur la Chine pendant quatre siècles, la progression du bouddhisme fut lente et très limitée. D'abord considéré comme la religion de certains marchands étrangers qui commerçaient avec la Chine, mais que les Chinois considéraient comme des barbares, le bouddhisme resta longtemps marginal. Sous les Han, le pays était gouverné par une élite de fonctionnaires lettrés dont la doctrine était le confucianisme. Pour eux, le monde était régi par des forces impersonnelles obéissant elles-mêmes à l'alternance du *yin* et du *yang*, opposés et antagonistes ; il n'avait pas été créé, mais était produit constamment par l'interaction du Ciel fécondant, de la Terre nourricière et de l'Homme agissant. Le seul élément de trouble possible dans cette trinité solidaire était l'homme ; lui seul pouvait compromettre l'action coordonnée et harmonieuse de la Terre et du Ciel. Il avait donc pour strict devoir de respecter l'ordre cosmique, ce à quoi veillait le souverain que rendait sacré le « mandat du Ciel ». Il maintenait l'ordre cosmique en accomplissant des prescriptions rituelles extrêmement minutieuses. Son pouvoir était en principe illimité sur tous ses sujets ; il en déléguait une partie à ses ministres et à la bureaucratie des lettrés qui tenait en main tout l'empire. Seuls détenteurs de la culture et de la moralité, ceux-ci gouvernaient de manière paternaliste et autoritaire les masses ignorantes. Naturellement conservateurs, les lettrés leur imposaient le strict respect de la hiérarchie, l'ordre et l'harmonie dans les relations humaines, l'observance des règles de conduite ritualisées par le confucianisme et dictées par la piété filiale et le respect des parents qui s'étendaient aux ancêtres à qui l'on rendait un culte.

Mais ce système pragmatique et profane, étroitement limité aux dimensions de l'existence humaine, ne pouvait satisfaire aux exigences spirituelles des individus ; aussi nombre d'entre eux s'étaient-ils tournés vers une religion de salut, le taoïsme. Si ce dernier préconisait également l'établissement d'une harmonie avec les forces naturelles concrètes, toutefois individuelle et plus seulement collective, il conduisait aussi à la recherche par chacun de l'immortalité, mais une immortalité physique, obtenue au moyen de techniques psychosomatiques complexes. À partir du IIe siècle, le taoïsme, qui avait d'abord été une philosophie, avait pris l'aspect d'une religion populaire, fondée sur le culte de nombreuses divinités et sur une quête de la longévité indéfiniment prolongée par l'alchimie, la diététique et la méditation.

Le bouddhisme, étant de par sa nature même aux antipodes de l'idéologie confucéenne, ne pouvait qu'entrer en conflit avec elle. Niant la réalité autonome de l'existence individuelle, soutenant même, sous sa forme mahāyāniste, l'irréalité de tous les phénomènes, il fut « probablement considéré comme un nihilisme morbide et identifié au *yin*, principe d'obscurité et de mort [3] ». Les notions de *karma* et de réincarnation, d'Éveil et de *nirvāna* n'étaient pour les Chinois que des « nouveautés bizarres », incompatibles avec leurs croyances. De plus, le bouddhisme était essentiellement un monachisme, ins-

3. E. Zürcher, « Par-delà la Porte de jade », in *Le monde du bouddhisme*, *op. cit.*, p. 186.

titution non seulement étrangère à l'esprit chinois, mais contraire à son éthique. Il semblait inadmissible que des individus demeurant célibataires se dispensent des devoirs qu'étaient la piété filiale et la perpétuation de la lignée familiale, et aussi de participer à la prospérité commune en exerçant une activité productive. De plus, le *Sangha* monastique, prétendant ne plus appartenir au monde, se considérait comme délié des obligations dues au pouvoir : l'impôt et les corvées, le service militaire et la soumission au contrôle de l'État.

Entre l'idéologie au pouvoir et le bouddhisme, lorsqu'il eut réussi non sans peine à s'implanter, la coexistence ne pouvait être que précaire et remise périodiquement en question, la tension aboutissant alors à de violentes persécutions, bien que les gouvernants eussent reconnu que le bouddhisme pouvait constituer un utile contrepoids à l'empirisme confucéen. Même lorsque le bouddhisme atteignit son apogée aux VIIe-VIIIe siècles, sous la dynastie des Souei et au début de celle des T'ang, jamais la Chine ne devint un pays bouddhiste comme le furent Sri Lanka, la Birmanie ou la Thaïlande. Si finalement le bouddhisme modela la civilisation classique, celle des T'ang, c'est qu'il s'était entre-temps sinisé, bel exemple de l'adaptabilité du *Mahāyāna* et de son extraordinaire élan créateur dans les domaines intellectuel et artistique.

L'événement qui permit à une religion exotique n'ayant que fort peu d'adeptes de s'insérer dans la société chinoise fut la chute en 220 de la dynastie Han, qui entraîna l'effondrement des valeurs traditionnelles. Les troubles qui résultèrent de la désintégration de l'empire, de sa division en trois royaumes, puis en deux empires, l'un au sud resté chinois, l'autre au nord dominé par des dynasties turco-mongoles sinisées, troubles qui durèrent trois siècles et demi (220-589), jusqu'à la restauration de l'unité de l'empire par les Souei et les T'ang, provoquèrent une crise morale profonde dont bénéficia le bouddhisme. Il apportait au moins une philosophie structurée, plus cohérente que le taoïsme, prônait le détachement face à l'impermanence de toute chose et proposait une méthode de purification mentale grâce à la méditation qui pouvait permettre à chacun de parvenir à l'Éveil et à la délivrance finale, tout être étant censé dans le *Mahāyāna* posséder la « nature de Bouddha ». Il assurait en outre au fidèle l'aide permanente et infiniment compatissante des *Bodhisattvas* célestes, toujours prêts à venir au secours des hommes. Il semblait en définitive plus efficace et plus réconfortant que les obligations ritualisées et impersonnelles du confucianisme ou que les spéculations et la magie superstitieuse du taoïsme populaire.

Lors de son arrivée en Chine [4], le bouddhisme bénéficia tout d'abord de la confusion qui le fit prendre pour une forme de taoïsme. On en vint à identifier le Bouddha avec Lao-tseu qui, après son départ légendaire vers l'ouest, provoqué par l'incompréhension de ses contemporains, se serait rendu chez les « barbares » (les Indiens) et, sous la forme du Bouddha, aurait enseigné un taoïsme simplifié, fondé sur sa propre expérience des renaissances et de l'Éveil final. Cette confusion fut involontairement entretenue par les traducteurs qui ne pouvaient trouver d'équivalents approximatifs aux concepts propres au bouddhisme que dans la pensée taoïste. Sous les Han postérieurs, furent d'abord traduits des textes courts se rapportant principalement au *dhyāna*, la pratique de la méditation qui fut plus ou moins assimilée aux techniques de concentration et de maîtrise du souffle taoïstes. C'était là un malentendu que s'efforcèrent d'éliminer les équipes savantes de traducteurs qui s'organisèrent alors.

---

4. F. Houang, *Le Bouddhisme, de l'Inde à la Chine*, Paris, 1963.

À la fin du IVe siècle, le bouddhisme avait gagné les élites ; il bénéficia du soutien de l'aristocratie des lettrés et même de la faveur impériale. Vers 380, l'empereur des Tsin orientaux fut le premier souverain chinois à adopter les préceptes des laïcs bouddhistes. Vers l'an 400, dans le territoire des Tsin, on dénombrait mille sept cents monastères, peuplés par quatre-vingt mille moines et nonnes. L'empereur Wou des Leang alla beaucoup plus loin. Ayant pris les vœux de *bodhisattva*, il se fit le promoteur actif du bouddhisme, proscrivit le taoïsme et dépensa l'argent du Trésor à construire des temples et à subventionner les moines. En Chine du Nord, sous les dynasties Wei d'origine turco-mongole, la montée du bouddhisme se manifesta par une véritable fièvre de construction. En 518, à Lo-yang, s'élevaient treize cents édifices bouddhistes qui couvraient un tiers de la superficie de la ville ; construits en bois, ils ont disparu. Par contre, on peut toujours admirer les immenses sanctuaires rupestres situés près des deux capitales successives des Wei : l'un à Yun-kang, près de Ta-t'ong, l'autre à Long-men, près de Lo-yang. Yun-kang (v. 460-494) est contemporain de l'apogée des grottes indiennes d'Ajantā. Les sculptures des grottes de Long-men, excavées au VIe siècle dans les falaises calcaires qui encadrent la rivière Yi, témoignent de la perfection atteinte dès le début de l'art bouddhiste sinisé.

Les échanges entre les monastères d'Asie centrale et les monastères chinois n'avaient cessé de s'intensifier aux IIIe-IVe siècles. En résulta une intense activité de traductions qui atteignit son sommet avec l'arrivée à la cour impériale de Tch'ang-ngan de Kumarajiva (344-413), fils d'un Indien et d'une princesse kouchane, puis de Buddhabhadra (359-429), originaire de Kapilavastu, la ville natale du Bouddha. En une dizaine d'années, Kumarajiva, assisté d'une équipe hautement compétente, traduisit un nombre impressionnant de *sūtra* mahāyānistes, toutes précautions ayant été prises pour que ces traductions soient d'une scrupuleuse exactitude, mais aussi rédigées en un excellent chinois littéraire. Kumarajiva parlait couramment le chinois et ses collaborateurs connaissaient fort bien le bouddhisme et le sanskrit.

Vers la même époque, commençaient à se rendre en Inde des moines pèlerins, venus étudier dans les monastères et les universités, d'où ils rapportèrent des textes sacrés en sanskrit qu'ils traduisirent à leur retour. L'un des premiers, Fa-hien (v. 337-422) a laissé un récit de son voyage de 399-415, les *Mémoires sur les pays bouddhistes*, précieux pour notre connaissance du bouddhisme et de la civilisation indienne aux IVe-Ve siècles. Il fut imité par la suite par de nombreux moines savants, dont les plus connus sont Yi-tsing (635-713) qui demeura vingt ans en Inde et alla jusqu'en Indonésie, et surtout Hiuan-tsang (596-664) qui, au cours de son périple de 629-645, visita le Cachemire, les grands lieux sacrés du bouddhisme, étudia à Nālandā et se rendit à Sri Lanka. À son retour il rapportait plus de six cents ouvrages, tant hinayānistes que mahāyānistes. Hiuan-tsang fonda même une nouvelle branche du bouddhisme chinois, l'école Fa-siang, inspirée des enseignements du *Yogāchāra*. Sur son voyage, on possède deux intéressants documents rédigés par ses disciples qui avaient soigneusement noté ses souvenirs. Ainsi se constitua peu à peu une impressionnante collection de textes canoniques d'autant plus précieuse que leurs sources, les *sūtra* sanskrits, disparurent partiellement lors de la destruction des monastères et des universités de l'Inde du nord.

À partir du Ve siècle, le bouddhisme chinois engendra ses propres écoles [5]. Les premières demeuraient très

5. A.F. Wright, *Buddhism in Chinese History*, Stanford, 1959.

proches du bouddhisme indien, ainsi l'école des *Trois traités* (*San-lun*), issue du *Mādhyamaka* ou le *Fa-siang* (école des « caractéristiques du *Dharma* ») de Hiuan-tsang. Les suivantes furent les fruits d'un lent processus d'adaptation du bouddhisme au génie chinois, ou plutôt de rapprochements et d'interactions réciproques. Leurs enseignements relevaient du principe de la « classification des doctrines (*p'an-tsiao*), selon lequel le Bouddha aurait donné des enseignements différents suivant les auditoires auxquels il s'adressait et le degré d'avancement de chacun. Ainsi, les *sūtra* du *Hinayāna* ou *Shrāvakayāna* s'adressaient aux auditeurs (*shrāvaka*) et les guidaient vers le statut d'*arhat*, tandis que ceux du *Mahāyāna* étaient destinés aux futurs *bodhisattvas* ; mais, même parmi ces derniers, chaque école plaçait au sommet de sa doctrine propre un ou plusieurs *sūtra* donnés qui, pour elle, représentaient l'enseignement suprême.

L'école *Tsing-t'ou* (*Jingtu*), de la « Terre pure », reposait sur les trois principaux *sūtra* consacrés au Bouddha Amitābha, ainsi que sur le *Sukhāvatīvijūhopadesa*, attribué à Vasubandhu, donc sur le vœu qu'avait fait Amitābha d'accueillir à leur mort tous ceux qui auraient prononcé son nom avec confiance, dans son « Paradis de l'Ouest » (*Sukhāvatī*). Cette croyance, apparemment tout à fait étrangère à la Doctrine primitive en ce qu'elle faisait du bouddhisme une religion de salut, mettait cependant en œuvre les conceptions du *Mahāyāna* relatives à la compassion infinie des *Bodhisattvas*. Née probablement dans les oasis de la Sérinde, cette foi nouvelle fut importée très tôt en Chine par le Parthe Ngan Che-kao, arrivé à Lo-yang en 148 et qui répandit la pratique de la méditation (*dhyāna*). En 402, le moine chinois Houei-yuan créa la société du « Lotus blanc », en référence au *Sūtra du Lotus blanc (Saddharmapundarīka Sūtra*), en particulier au chapitre consacré à l'inlassable bienveillance du Bodhisattva Avalokiteshvara, assistant du Bouddha Amitābha et son intercesseur auprès des hommes. Cette première société, qui rassemblait un groupe de moines et de laïcs méditant sur la Terre pure d'Amitābha, ne devint une école structurée qu'avec T'an-luan (476-542), considéré par la suite comme son premier patriarche. Ancien taoïste fort érudit, T'an-luan, ayant adhéré au bouddhisme, était parvenu à la conviction que la véritable immortalité ne pouvait être que celle que l'on pouvait obtenir dans le « Paradis de l'Ouest », et qu'il suffisait de conserver durant toute sa vie une foi absolue dans les promesses d'Amitābha et de l'invoquer au moment de la mort pour être exaucé. La pratique principale qu'il recommandait était la récitation de la formule *nien-fo*, transcription du sanskrit *Buddhānusmrti*, « souvenir du Bouddha ». Elle avait pour lui deux sens : « se souvenir » de ses promesses, et « faire appel » à lui, les lui rappeler. Cette récitation qui permettait d'apaiser, de contrôler et d'orienter l'esprit, s'accompagnait de visualisations. Elle supposait non seulement une confiance absolue, mais un total abandon de soi-même.

Le deuxième patriarche, Tao-ch'o (562-645), justifiait la nécessité de cette pratique par le fait que l'année 549 marquait la date fixée par le Bouddha lui-même dans le *Sūtra du Lotus*, 1 000 ans après sa mort, du commencement du *Dharma* de la fin des temps (en chinois, *ma-fa*), du déclin de la Doctrine. Les temps étaient devenus trop durs, les hommes trop imparfaits pour qu'ils puissent suivre encore le « chemin des saints ». Ils ne pouvaient plus compter seulement sur leurs propres forces, le « pouvoir de soi », mais devaient s'appuyer sur « le pouvoir de l'autre » (Amitābha). Enfin le troisième patriarche, Chan-tao (613-681), donna à l'école *Tsing-t'ou* la structure organisée qui lui permit de se répandre dans le peuple. Elle connut dès lors un immense succès, dû à la relative facilité de sa pratique par rapport à celles des autres écoles. Transplantée dès le IXe siècle au Japon par le moine Ennin (793-864), la récitation du *nembutsu* (*Namu Amida Butsu*, « hommage au Bouddha Amitābha ») y devint une pratique courante dans toutes les branches du bouddhisme japonais, mais elle n'engendra d'école spécifique qu'au XIIe siècle avec le moine Hônen (1133-1218), fondateur de la *Jōdo shū* (École de la Terre pure). Les écoles chinoises et japonaises de la Terre pure sont de toutes les écoles du bouddhisme celles qui comptent aujourd'hui le plus grand nombre d'adeptes en Chine comme au Japon.

L'école *T'ien-t'ai*, de la « Plate-forme céleste », du nom de la montagne sur laquelle se situait son centre principal, fondé par Tchi-yi, s'est donné comme premier patriarche Nāgārjuna, car elle s'inspire de sa thèse selon laquelle tout ce qui est conditionné est vide (*shūnyata*) par nature et que tous les phénomènes ne sont que les manifestations de l'Absolu. Son véritable fondateur fut le moine érudit Tchi-yi (Zhiyi) (538-597), le premier à établir une classification systématique des diverses doctrines (*p'an-tsiao*), en vue d'expliquer la diversité croissante des écoles parfois opposées. Le *T'ien-t'ai* lui-même se présente comme la synthèse la plus complète de la diversité de ces enseignements. Aussi distingue-t-il cinq phases, non seulement dans l'évolution de la Doctrine, mais dans l'enseignement du Bouddha lui-même ; au cours des huit dernières années de son existence, Shākyamuni aurait insisté sur le fait que les trois Véhicules (*Triyāna*) séparés, ceux des *shrāvaka* (auditeurs), des *Pratyeka-Buddha* (Éveillés solitaires) et des *Bodhisattvas*, n'en constituaient en fait qu'un seul, le « Véhicule du Bouddha » ou « Véhicule unique » (*Ekayāna*). Cette doctrine ultime et parfaite est exposée dans le *Sūtra du Lotus* et le *Sūtra du Parinirvāna* (extinction définitive du

Bouddha), qui devinrent les textes de base de cette école.

La pratique du *T'ien-t'ai*, qui recommande conjointement l'étude et l'exécution de *mudra* (littéralement « sceau », « signe »), positions particulières et symboliques des mains, et des *mandala* (littéralement « cercle »), diagrammes cosmico-religieux, repose essentiellement sur le *Chih Kuan*, méthode de méditation comprenant deux aspects : *chih*, « concentration » et *kuan*, « compréhension ». L'école *T'ien-t'ai* (*Tendai*, en japonais) fut introduite au Japon au VIIIe siècle par le moine Saicho (767-822), fondateur de l'important complexe monastique du mont Hiei, près de Kyōto, qui pendant plusieurs siècles domina tout le bouddhisme japonais.

Vers l'an 520 débarqua à Canton le moine Bodhidharma, venu du sud de l'Inde. Il aurait alors été appelé à la cour par le célèbre empereur Wou des Leang, puis se serait rendu à Lo-yang, avant de s'établir au monastère proche de Shao-lin sur le mont Song-chan. Il y serait resté « neuf ans face au mur » en méditation profonde avant d'admettre son premier disciple, le futur deuxième patriarche, Houei-k'o. Bodhidharma passe pour le fondateur du *tch'an* (*tch'an-na*, transcription du sanskrit *dhyāna*, « méditation »), dont il serait le premier patriarche, mais il serait aussi le vingt-huitième patriarche de la lignée du *dhyāna*, qui prendrait sa source dans le Bouddha Shākyamuni et inclurait les philosophes Nāgārjuna et Vasubandhu. Selon la légende fondatrice, l'origine du *tch'an* serait l'une des dernières prédications de Shākyamuni sur le pic des Vautours (*Gridhrakūta*), près de Rājagriha. Au lieu de prendre la parole, le Bouddha se serait contenté de montrer la fleur qu'il tenait dans sa main. Seul, Mahākashyapa aurait compris la signification de ce geste et obtenu l'Éveil subit. Le Bouddha l'aurait alors désigné comme le premier patriarche indien du *dhyāna*. Ce fut la première transmission de « cœur à cœur » (*Ishin-Denshin*) du *tch'an*. Les caractéristiques de l'école furent résumées dans le célèbre quatrain attribué à Bodhidharma lui-même :

Une transmission par-delà les Écritures
Ne dépendant ni des mots ni des concepts
Pointant directement au cœur de l'homme
En contemplant sa « nature propre », devenir
[un Bouddha.

Le *tch'an* eut pour textes de base le *Lankāvatāra Sūtra* (Sūtra de la descente à Sri Lanka), puis le *Vajrachchedikā Sūtra* (Sūtra de diamant), l'un des textes composant le *Prajnāparamitā Sūtra*.

D'abord obscure, l'école *tch'an* ne prit son essor qu'avec le sixième patriarche, Houei-nēng (638-713). Elle devint alors véritablement chinoise, se rapprochant de la philosophie de Tchouang-tseu, sans toutefois assimiler le taoïsme, contrairement à ce qu'on a avancé. Bien que Houei-nēng ait eu un rival en la personne de Chen-hsieou, qui créa l'école du Nord et soutenait que l'Éveil ne pouvait être que progressif, tandis que pour le sixième patriarche, il ne pouvait être que subit, l'école du Nord ne dura que peu de temps, alors que prospérait l'école du Sud sous les successeurs de Houei-nēng. S'ensuivit l'expansion décisive du *tch'an* sous de grands maîtres, son « âge d'or » coïncidant significativement avec l'apogée de la civilisation chinoise sous les T'ang (618-907) qu'il influença durablement.

Le *tch'an* fut même la seule école qui n'eut pas à souffrir de la brutale répression du bouddhisme entreprise entre 842 et 845 par l'empereur Woutsong. Celle-ci était partiellement justifiée par le fait que le *Sangha*, devenu puissance temporelle, en était venu à constituer un État dans l'État. Les sources officielles mentionnent 4 600 monastères, mais plus de 40 000 petits temples. Lorsque les communautés furent dissoutes, 260 500 moines et nonnes furent contraints de retourner à la vie laïque. Encore un tel chiffre ne décompte-t-il probablement que « les moines ayant reçu l'ordination majeure », « le nombre des "moines vivant au sein du peuple" et souvent entrés dans l'ordre par des moyens irréguliers... était peut-être dix fois plus élevé [6] ». La persécution n'avait duré que trois ans ; cependant le bouddhisme chinois ne s'en releva jamais.

Si le *tch'an* survécut, c'est qu'il était pauvre et vivait sous la règle très stricte édictée par le grand maître Pai-tchang (720-814), que résumait le précepte : « Un jour sans travailler, un jour sans manger. » Il échappait de ce fait au reproche de « parasitisme » lancé contre les autres écoles. Le *tch'an* n'en traversa pas moins de nombreuses crises. Des « cinq Maisons et sept Écoles » de la grande époque ne devaient subsister que deux lignées, l'École *Lin-tsi* (en japonais, *Rinzai*) et l'École *Ts'ao-tong* (en japonais, *Sōtō*). Introduites au Japon aux XIIe-XIIIe siècles, elles y sont demeurées séparées, mais vivaces jusqu'à nos jours, tandis qu'en Chine, déclinant dès l'époque des Song (Xe-XIIIe siècle), elles fusionnèrent entre elles, puis, au XVIe siècle, admirent les principes de l'école de la Terre pure, perdant ainsi leurs caractères propres et leur élan.

L'école Hua-yen (« de la guirlande de fleurs ») avait pour fondement doctrinal le *Buddhāvatamsaka Sūtra* (Sūtra de la guirlande du Bouddha) qui enseigne que le Bouddha lui-même, l'esprit humain, tous les êtres et l'univers tout entier ne forment qu'une seule et même réalité. Elle fut fondée au VIIe siècle par les moines Iu-shun (557-

6. *Le monde du bouddhisme, op. cit.*, p. 195.

640) et Tche-yen (602-668), ses premier et deuxième patriarches, mais ne se développa qu'au VIIIe siècle, époque où elle fut introduite au Japon sous le nom de Kegon. Selon la doctrine de cette école, toute chose dans l'univers s'engendre spontanément et simultanément ; il en résulte une harmonie parfaite qui doit servir de modèle à l'homme, idée somme toute proche du confucianisme et qui ne pouvait que séduire les Chinois.

L'école Mi-tsong, importée d'Inde en Chine au VIIIe siècle par trois maîtres indiens des *Tantras*, s'appuyait sur le *Mahāvairochana Sūtra* (Sūtra du grand Vairochana, le Bouddha « primordial », détenteur des secrets). La pratique de cette école reposait principalement sur la récitation de *mantra*, syllabe ou suite de syllabes ayant une énergie vibratoire propre et efficace, l'utilisation de *mudra* et de *mandala*. Son enseignement ésotérique ne pouvait être transmis qu'oralement de maître à disciple. En conséquence, cette école ne devint jamais populaire ; mais parmi ses initiés elle compta trois empereurs dont le maître fut le moine indien Amoghavajra. Elle fut introduite au Japon sous le nom de Shingon (École de « la Vraie Parole ») par le moine japonais Kūkai, plus connu sous son titre honorifique de Kōbō Daishi (774-835). Celui-ci fonda sur le mont Koya un important monastère qui devint le centre du Shingon. On y enseignait aussi le confucianisme et le taoïsme que Kūkai avait rapprochés du bouddhisme dans le célèbre traité qu'il écrivit très jeune, *La Vérité finale des trois enseignements* (*Sangō Shiiki*), premier ouvrage japonais de philosophie comparée [7].

Sous la dynastie des Song qui succéda à celle des T'ang de 960 à 1127, le bouddhisme ne cessa de reculer

7. *La Vérité finale des trois enseignements*, trad. fr., Paris, 1985.

devant la montée d'un confucianisme rénové qui avait repris à son compte nombre d'éléments empruntés au taoïsme et au bouddhisme, phénomène en quelque sorte analogue à celui qui avait amené en Inde le déclin du bouddhisme à la suite de la renaissance de l'hindouisme : une religion nationale, après avoir bénéficié de son apport, éclipsait une philosophie universaliste. Le confucianisme rénové redevint la doctrine des lettrés et joua un rôle décisif dans le recrutement par concours des fonctionnaires impériaux ; pour eux, le bouddhisme ne convenait plus qu'aux masses populaires. S'il fut protégé par la dynastie mongole des Yuan (1280-1368) et connut même un regain de faveur sous la dynastie nationale des Ming (1368-1644), lorsque s'opéra la fusion entre le *tch'an* et l'école de la Terre pure et malgré la vague croissante en Chine du lamaïsme tibétain sous la dynastie mandchoue des Ts'ing (1644-1911), le bouddhisme se trouva de nouveau en butte au néo-confucianisme et ne survécut que sous la forme d'une religion populaire mêlée de taoïsme et même de croyances archaïques.

La Corée

Société tribale assez primitive, toute pénétrée de chamanisme, la Corée, alors divisée en trois royaumes, reçut le bouddhisme de Chine à la fin du IVe siècle : au VIe siècle, il était répandu dans toute la péninsule coréenne [8]. Il y joua un rôle civilisateur capital ; son adoption en tant que religion d'État par les trois royaumes correspondait au dessein bien arrêté des gouvernants d'assimiler la culture chinoise qu'à cette époque l'utilisation par les

8. Li Ogg, *Histoire de la Corée*, Paris, 1969. F. Starr, *Korean Buddhism : History, Condition, Art*, Boston, 1918.

Coréens de l'écriture chinoise mettait à la disposition des lettrés. Lorsque le royaume de Silla eut acquis la prédominance (668-935), les principales écoles du bouddhisme chinois, Hua-yen, Mi-tsong et surtout Tch'an (en coréen, *Sōn*), s'y établirent et exercèrent sur la société tout entière une grande influence qui se prolongea tout au long de la période suivante, celle de la dynastie Konyo (935-1392).

Le *Sōn* ne prit véritablement sa forme coréenne qu'avec le moine Chinul (1158-1210) qui, tout en reconnaissant l'authenticité de l'Éveil subit, estimait qu'il était nécessaire de s'y préparer par la purification du mental et employait les *sūtra* pour guider les pratiquants dans leur méditation [9].

Mais, sous la dynastie des Yi (1392-1910), le néo-confucianisme venu de Chine fut imposé comme idéologie nationale et le bouddhisme réprimé : l'État confisqua les domaines des monastères, réduisit le nombre de ceux-ci et des écoles existantes n'en conserva que deux, le *Sōn* et le *Kyo*, qui se consacrait à l'étude des textes sacrés. De nouvelles persécutions eurent lieu aux XVIe et XVIIe siècles, elles conduisirent les moines à se retirer dans les monastères de montagne.

Le Japon

En 538, les ambassadeurs d'un roi coréen, accompagnés d'un groupe de moines, apportèrent au Japon une statue du Bouddha et des Écritures saintes. Ainsi le bouddhisme fit-il son entrée officielle dans l'archipel

9. H.S. Keel, *Chinul, The Founder of the Korean Son Tradition*, Berkeley, 1984. R.E. Buswell, *The Korean Approch to Zen : The Collected Works of Chinul*, Honolulu, 1984.

nippon [10]. Il y rencontra le culte ancestral des *kami*, demi-dieux locaux, représentant les forces naturelles, les monts, les rivières, les forêts et les animaux sacrés, ainsi que des héros des temps mythiques de la formation de la terre japonaise. Cette religiosité indigène, qui prit le nom de *Shintō*, la « Voie des dieux », par opposition au *Butsudô*, la « Voie du Bouddha », avait développé chez les Japonais un sens très vif de la communication avec la nature et le souci d'une pureté rituelle [11].

Malgré une forte opposition, le bouddhisme fut reconnu par l'empereur Yomei dès 785, mais ne devint religion nationale que sous la régence du prince Shōtoku (573-622), grand érudit et homme très pieux qui, en 594, ordonna la vénération des « Trois Joyaux » (le Bouddha, le *Dharma* et le *Sangha*). Il fit construire des monastères, dont le célèbre *Hōryūji* de Nara, qu'il peupla des moines chinois et coréens chargés d'enseigner la Doctrine ; lui-même rédigea d'importants commentaires des *sūtra*. La première école du bouddhisme fut le *Sanron* (les « Trois traités »), forme japonaise du *San-lun* chinois, introduit au Japon par le moine coréen Ekwan.

À Nara, qui fut capitale de 710 à 784, le pieux empereur Shōmu fit édifier le monastère du *Tōdaiji* dont la salle d'or (*kondō*) abritait une statue de bronze doré de seize mètres de haut, représentant le Bouddha Vairochana particulièrement vénéré par l'école *Kegon* (*Hua-yen*), la plus importante des six écoles chinoises (les « six sectes de Nara ») introduites alors au Japon. Le bouddhisme de

10. Sir G. Sanson, *Japan, a short cultural History*, New York, 1943. M. Vié, *Histoire du Japon des origines à Meiji*, Paris, 1975. D. et A. Matsunaga, *Foundations of Japan Buddhism*, 2 vol., Los Angeles, 1978-1979. R.C. Armstrong, *Buddhism and Buddhists in Japan*, New York, 1927.

11. W.K. Bunce, *Religions in Japan*, Rutland et Tokyo, 1955. J. Herbert, *Les dieux nationaux du Japon*, Paris, 1965.

Nara était une religion de l'élite ; les moines lettrés, devenus très puissants, y jouaient un rôle politique important. À l'époque Heian (794-1185), dont la capitale fut Heian-kyo (actuel Kyōto), le bouddhisme atteignit sa maturité avec les écoles *Tendai* (*T'ien-t'ai*) et *Shingon* (*Mi-tsong*) importées de Chine par les deux grands moines Saichō (Dengō Daishi, 767-822) et Kūkai (Kōbō Daishi, 774-835). Saichō fonda sur le mont Hiei, près de Kyōto, un grand monastère qui devait compter par la suite jusqu'à 30 000 moines et institua une formation monastique de douze années basée sur la méditation, l'étude et la discipline. Tandis que le Tendai et le Shingon devenus les écoles dominantes s'épanouissaient à la cour, y donnant naissance à un art nouveau d'un raffinement extrême qui marqua durablement la vie japonaise, se répandait parmi le peuple l'amidisme, la dévotion pour le Bouddha Amitābha (en japonais, Amida) et pour le Bodhisattva Avalokiteshvara [12].

Les troubles qui marquèrent la fin de l'époque Heian et aboutirent à la constitution du gouvernement militaire des *shōguns* établi à Kamakura (1192-1333), entraînèrent la décadence du Tendai et du Shingon et la formation de nouvelles écoles. De la *Jōdo-shū* (École de la « Terre pure »), fondée par Hōnen (1133-1212), se détacha bientôt la *Jōdo-shin-shū* (la « Véritable » École de la Terre pure) de son disciple Shinran (1172-1262) qui, poussant à l'extrême la « voie facile », appuyée sur la force de l'autre (*tariki*), en l'occurrence le Bouddha Amitābha, en fit une secte de laïcs et de moines mariés. La *Jōdo-shin-shū* est aujourd'hui la plus importante école du bouddhisme japonais.

En 1191, le moine Eisai (1141-1215), qui avait étudié le *Tendai* et le *Shingon* au mont Hiei, apporta de Chine le

12. T. Fujishima, *Les douze sectes bouddhistes du Japon*, rééd. Paris, 1982.

Tch'an de l'École *Rinzai* (*Lin-tsi*, en chinois), dont la rigueur, l'éthique et l'intrépidité devant la mort séduisirent *shōguns* et samouraïs, tandis que l'autre branche du Tch'an, le Zen Sōtō (*Ts'ao-tong*), introduit par Dōgen (1200-1253), véritable génie religieux, considéré comme le plus grand philosophe japonais, se diffusait davantage dans les classes plus modestes. Le *Sōtō* reposait essentiellement sur la méditation dans la posture du Bouddha au moment de l'Éveil, *zazen* (de *za*, « être assis »), ou *shikantaza* (« être assis sans rien faire »), et réprouvait toute intervention de l'intellect, fût-ce sous la forme très dépouillée des *kōan*, méthode d'éducation du *Rinzai*. Aujourd'hui encore, les deux écoles *Rinzai* et *Sōtō* constituent des forces toujours vives au sein du bouddhisme japonais.

Le dernier grand réformateur de l'époque de Kamakura fut Nichiren (1222-1282). Fils d'un pauvre pêcheur et d'abord moine tendaī, il en vint à limiter la pratique à la récitation du seul titre du *Sūtra du Lotus*, vénéré par les autres écoles : *Namu Myōhō Renge Kyō* (« Hommage au Sūtra du Lotus de la Bonne Loi »), se considérant lui-même comme l'incarnation d'un Bodhisattva chargé de répandre les enseignements de ce *sūtra* salvifique dans un monde en pleine décadence (*mappō*). Le Japon tout entier devait selon lui s'y convertir, devenant ainsi la terre du bouddhisme rénové d'où il se répandrait de nouveau dans le monde. Nichiren critiquait avec une extrême violence toutes les autres écoles, responsables selon lui de la décadence : la Jōdō-shin-shū était « l'enfer », le Zen, manifestation des forces démoniaques, le Shingon, synonyme de ruine nationale. L'école Nichiren, restée très forte dans le Japon moderne, y a engendré des sectes populaires ultranationalistes [13].

---

13. G. Renondeau, *Le Bouddhisme japonais. Textes fondamentaux des quatre grands moines de Kamakura : Hōnen, Shinran, Nichiren et Dōgen*, Paris, 1965.

À partir du XIVe siècle, le bouddhisme japonais ne connut plus de nouveaux développements doctrinaux. Il subit par contre les vicissitudes des grands troubles politiques de l'ère Ashikaga (1333-1573), au cours desquels s'affrontèrent des troupes de moines armés des écoles Tendai, Shingon, Nichiren et Jôdō-shin-shû. Deux puissants *shōguns* écrasèrent les monastères rebelles et rétablirent l'ordre. Ainsi commença l'époque des Tokugawa (1603-1867). Le pays, unifié sous une dictature militaire, se ferma au monde extérieur après la tentative des Portugais d'introduire le christianisme dans l'archipel. Le bouddhisme, devenu religion officielle, fut protégé, mais étroitement contrôlé et mis au service de l'État, pénétré lui-même d'idéologie néo-confucianiste. Il dépérit, malgré les initiatives énergiques de certains moines, tel Hakuin (1685-1768), tandis que le laïc Bashô (1644-1694), devenu moine à la fin de sa vie, répandait grâce au *haïku*, poème de dix-sept syllabes, un nouvel esprit de ferveur mystique au contact de la nature.

En 1868, un coup d'État mit fin au régime shogunal, rétablit l'empereur et avec lui le *Shintō*, l'empereur étant considéré comme le descendant direct du *kami Amaterasu*, déesse du Soleil. Le bouddhisme subit alors une persécution violente mais brève, avant que soit reconnue la liberté de toutes les croyances. Une rénovation était devenue nécessaire ; elle fut entreprise par des moines érudits partis étudier en Occident, et aboutit à l'ouverture d'universités bouddhiques grâce auxquelles le bouddhisme connut un nouveau rayonnement tant intellectuel que spirituel.

Le Népal

La vallée de Katmandou, au climat tempéré et constant, s'étend entre les hauts sommets de l'Himalaya qui la séparent du Tibet au nord et la chaîne du Mahābharat qui forme au sud sa frontière avec l'Inde. C'est au Népal, à Kapilavastu, que naquit le Bouddha Shākyamuni ; et la légende veut qu'y arriva de l'est le grand Bodhisattva Mañjushrī, le vainqueur de l'ignorance, protecteur des lettrés. Sur cette terre prédestinée, le bouddhisme fut introduit probablement sous le règne de l'empereur Ashoka (v. 264-227 av. J.-C.), ou peu après [14].

La population la plus ancienne du Népal, les Newars, peuple mongoloïde fortement indianisé, parlant un dialecte tibéto-birman, qui, bien que très minoritaire, constitue l'élite intellectuelle du pays, était adepte du bouddhisme *Vajrayāna* ; mais certains Newars adhérèrent par la suite à l'hindouisme, tandis que d'autres pratiquaient un syncrétisme religieux formé d'éléments bouddhiques et tantriques shivaïtes, mais aussi teinté de croyances archaïques. Les Gurka, population d'origine aryenne, d'ailleurs très mêlée, vinrent du Rajahstan, fuyant l'invasion musulmane afin de préserver leur foi hindouiste. Ils s'établirent dans l'ouest du pays.

La dynastie indienne des Malla (1200-1768) régna sur les trois capitales aux édifices magnifiques : Patan (Lalitpur), la bouddhiste, Bhatgaon (Bhaktapur), l'hindouiste, et Katmandou, la plus récente, où se côtoyaient deux communautés, l'une hindouiste et l'autre bouddhiste. En 1768, les Gurka renversèrent les Malla et vint au pouvoir, avec Shah Prthivi Naragan (1768-1775), la dynastie

---

14. S. Lévi, *Le Népal. Étude historique d'un royaume hindou*, 3 vol., Paris, 1905-1908. Madanjeet Singh, *L'Art de l'Himalaya*, Paris, 1968.

gurka des Shah qui règne encore aujourd'hui. Voulant hindouiser le Népal, les Gurka réprimèrent vigoureusement les Newars qui maintinrent cependant le bouddhisme au centre du pays, tandis que les populations montagnardes, Sherpa et Bhothia, adhéraient au lamaïsme tibétain.

Le bouddhisme vajrayāniste des Newars, fortement teinté de shivaïsme, se caractérise entre autres par le statut très particulier de son clergé héréditaire, descendant de moines bouddhistes qui s'étaient mariés. À sa tête se trouvent les *vajrāchārya* (du sanskrit *vajrā*, « diamant », et *āchārya*, « maître spirituel »), lettrés, enseignants, maîtres du culte et spécialistes des *mantra*, des *dhāranī* et des *chatiyā* tantriques (poèmes mystiques ésotériques) ; les *shākyabhikshu*, moines des Shākya, du nom du clan auquel appartenait le Bouddha, leur sont subordonnés. Si les moines vivaient autrefois dans des *vihara* (monastères) et étaient le plus souvent célibataires, une laïcisation croissante a conduit la plupart d'entre eux à mener une vie de famille dans des maisons individuelles construites autour des monastères. Les *vihara* les plus importants observaient – et certains observent encore – la coutume d'origine shivaïte de vénérer une *kumari* (vierge), choisie selon des règles strictes et considérée comme la très pure protectrice du monastère. L'une d'elles, résidant à Katmandou, joue, depuis l'instauration de la dynastie gurka, le rôle de protectrice du roi et du royaume.

Le bouddhisme tantrique tibétain

De par sa situation géographique au nord des Himalayas, le « Pays des neiges », comme l'appellent ses habitants, se trouve à l'abri des invasions et semble à l'écart du monde. Cet énorme plateau, à 4 000-5 000 m d'altitude, dominé par de hauts sommets mais traversé de vallées fertiles, ne fut cependant jamais, sauf à certaines époques, totalement isolé, mais entretint de fructueux rapports avec les deux grands centres de civilisation limitrophes, la Chine et surtout l'Inde. Celle-ci lui apporta le bouddhisme, ce qui créa un actif courant d'échanges grâce à la circulation des missionnaires érudits venus d'Inde et des moines pèlerins tibétains descendus en Inde afin d'y étudier et d'en ramener des textes sacrés. Le Tibet devint alors le pays profondément bouddhiste qu'il est resté jusqu'à nos jours. Du Tibet, le bouddhisme se diffusa à son tour vers les petits États himalayens, le Ladakh, le Sikkim et le Bhoutan, et ce sont des moines tibétains qui convertirent les Mongols [15].

S'il est question dans les sources littéraires tardives d'une présence bouddhiste dès le VIe siècle, l'histoire du bouddhisme tibétain commencerait avec le grand roi Srong-btsan-sgam-po (mort en 650). Son père, mort assassiné en 627, ayant unifié le Tibet, en avait fait un puissant État guerrier dont l'expansion devait se poursuivre jusqu'au IXe siècle, amenant les Tibétains à entrer en contact plus étroit avec leurs voisins. Ainsi le roi Srong-btsan eut-il deux épouses, la princesse népalaise Bhrikuti et la princesse chinoise Wang-chen. Toutes deux étaient de ferventes bouddhistes ; elles apportèrent des statues du Bouddha pour lesquelles le roi fit construire les premiers temples tibétains. Cette histoire en grande partie légendaire symbolise l'arrivée du bouddhisme par deux voies, celle du sud depuis l'Inde par le Népal, celle

15. R. Stein, *La Civilisation tibétaine*, Paris, 1962. D. Snellgrove et H. Richardson, *A Cultural History of Tibet*, New York, 1968. G. Tucci et W. Heissig, *Les religions du Tibet et de la Mongolie*, trad. fr., Paris, 1973. H. Hoffmann, *The Religions of Tibet*, Londres, 1961. E.M. Dargyay, *The Ruse of Esoteric Buddhism in Tibet*, Delhi, 1977. L. Deshayes, *Histoire du Tibet*, Paris, 1997.

du nord et de l'est depuis la Chine. Ces deux courants luttèrent afin de s'assurer la prédominance. Srong-btsan était tenu pour une émanation du grand Bodhisattva Avalokiteshvara, devenu en tibétain Tchenresi (« celui qui regarde avec des yeux clairs »), qui aurait converti lui-même le Pays des neiges. Les épouses du roi étaient identifiées avec les Tārā verte et blanche, elles-mêmes émanations d'Avalokiteshvara [16]. À sa mort, les cendres du roi furent incorporés avec celles de ses deux femmes dans la statue de Tchenresi du plus vénérable des temples de Lhassa, le *Jo-kang* (la « Maison du Seigneur »).

Toutefois, ce n'est qu'au siècle suivant que le bouddhisme fit son apparition dans les textes officiels. Le roi Trisong Detsen (740-v.798), bouddhiste fervent, fut considéré comme le deuxième « roi de la Loi » et l'émanation du bodhisattva Mañjushrī. Il invita au Tibet l'abbé de Nālandā, Shantirakshita, qui fonda le monastère de Samyé en 775 ; mais certains événements néfastes s'étant alors produits, les opposants à la nouvelle religion firent pression sur le roi qui dut renvoyer Shantirakshita. On fit alors appel au grand *siddha* tantrique, Padmasambhava, lui demandant de conjurer les démons qui s'étaient manifestés à cette occasion, ce qui était une manière indirecte de désigner les opposants, les prêtres *bönpo* de l'ancienne religion chamanique indigène, chargés de la divination, des conjurations et des rites funéraires. Selon le *Dit de Padma* [17], récit épique du XIVe siècle, l'arrivée de celui-ci au Tibet prit l'allure d'une marche triomphale – commémorée encore de nos jours au Tibet et au Ladakh –, au cours de laquelle les « démons », réduits à l'impuissance, « offrirent leur

16. S. Beyer, *The Cult of Tārā, op. cit.*
17. G.-Ch. Toussaint, *Le Dict de Padma*, trad. fr., Paris, 1933.

essence vitale », se proposant ainsi d'eux-mêmes comme les protecteurs de la Doctrine. Padmasambhava réussit à achever le monastère de Samyé qui fut consacré en présence du roi et de sa cour, sans doute en 779, et procéda à l'ordination des premiers moines tibétains, appelés depuis les « Sept élus », qui entreprirent les premières traductions des *sūtra* sanskrits.

Peu après, vers 791, le roi Trisong Detsen et ses ministres s'engagèrent par serment à appliquer désormais la loi bouddhique ; les principaux ministres, appartenant à l'aristocratie, étaient eux-mêmes des moines et avaient de ce fait prééminence sur leurs collègues laïcs, tradition qui s'est perpétuée jusqu'à nos jours. Le roi devait pourvoir aux besoins des monastères qui, dispensés d'impôts et n'étant plus soumis à la législation civile, reçurent des terres et des subventions. En 792, Trisong Detsen convoqua à Samyé une assemblée qu'il présida en personne et qu'il chargea de décider s'il fallait se rallier au bouddhisme indien ou au bouddhisme chinois, dont les moines de l'école *tch'an*, disciples du sixième patriarche, s'étaient montrés particulièrement actifs au Tibet, les premiers tenant pour la méthode de l'Éveil progressif, les seconds pour celle de l'Éveil subit. À la suite d'un débat qui se prolongea pendant deux ans, il fut décider d'adopter le « gradualisme » indien et les moines chinois furent expulsés [18].

Le petit-fils de Trisong Detsen, le troisième et dernier « roi de la Loi », étant entré dans l'ordre monastique, fut assassiné en 838 par l'opposition qui mit sur le trône son frère Lang-darma, défenseur des anciens cultes. Celui-ci persécuta les moines, les obligeant à choisir entre le

18. P. Demiéville, *Le concile de Lhassa. Une controverse sur le quiétisme entre les Bouddhistes de l'Inde et de la Chine au VIIIe siècle de notre ère*, Paris, 1952.

bannissement et le mariage, et fit détruire temples et statues. Mais Lang-darma fut assassiné à son tour par un moine en 842.

Le bouddhisme n'en fut pas pour autant restauré ; il partagea le sort de l'empire, dont la lignée royale fut brisée et qui se désintégra peu après. Ne se maintinrent que quelques ermites dispersés et de petites communautés isolées, principalement au Tibet occidental. C'est de là que partit, au XIe siècle, la « deuxième propagation de la Doctrine ». Elle fut menée à bien par le roi de Pu-rang, Ye-shes 'od, qui, semble-t-il, prit les vœux de moine, et par le moine Rinchen-Sangpo (958-1055).

À la fin du VIIIe siècle, Padmasambhava, assisté des moines Vimalamitra et Vairochana, aurait fondé un ordre comprenant des laïcs aussi bien que des moines qui réussirent à préserver leurs traditions même lors de la persécution de Lang-darma. À cette époque remonteraient les *terma* (« trésors »), textes religieux cachés en des lieux secrets et qui furent redécouverts, à partir du XIe siècle, par les *tertōn*, personnages qualifiés, inspirés par des révélations qui leur permirent de les retrouver et de les interpréter. Les *terma* forment une littérature abondante, généralement reconnue comme authentique, qui compte en particulier la vie de Padmasambhava par Yeshe Tsogyel, son principal disciple féminin, et le *Bardo Thödol* (la « délivrance par l'audition dans le *Bardo* » ou état intermédiaire), vulgairement appelé « Livre des morts tibétain [19] ».

Au XIe siècle, l'ordre survivant prit le nom de *Nyingmapa* (l'« école des Anciens ») afin de se distinguer des nouvelles écoles alors en plein essor. Contrairement à ces dernières, les « Anciens » n'avaient ni direction centralisée

19. *Le Livre des morts tibétain*, nouv. trad. avec un commentaire par F. Freemantle et Chögyam Trungpa, trad. fr., Paris, 1979.

ni organisation hiérarchique ; ils se gardèrent toujours de se mêler aux affaires politiques et n'eurent que de petits monastères éparpillés. Certains d'entre eux vivaient dans les villages en maîtres de maison, bien que formant un groupe social distinct, et ne se réunissaient dans le temple local que lors des cérémonies du culte, usage qui s'est prolongé jusqu'à nos jours. Les Nyingmapa vénèrent Padmasambhava, le *Guru Rinpoché* (le « précieux maître »), comme un « deuxième Bouddha ». Il aurait été le « corps de transformation » (*Nirmānakāya*) du Bodhisattva Avalokiteshvara (Tchenresi). La doctrine principale de cette école est *Dzogchen* (le « Grand Aboutissement »), donné pour l'enseignement le plus secret du Bouddha Shākyamuni, qui aurait été transmis par Vajrasattva (« Nature de diamant »), principe de pureté et de purification, propre au *Vajrayāna* (« Véhicule de diamant »), identifié au *Samboghakāya* (« Corps de Jouissance »), lequel contient en lui-même le *Buddhakula*, c'est-à-dire les cinq « familles » des Bouddhas Vairochana, Akshobhya, Ratnasambhava, Amitābha et Amogasiddhi.

Rinchen-Sangpo avait fait partie du groupe de novices envoyés compléter leur formation au Cachemire et en Inde. Il prolongea son séjour en Inde pendant dix-sept ans et se familiarisa avec la stricte observance du *Vinaya*. À son retour au Tibet, Rinchen-Sangpo aurait fondé cent huit monastères : cinq d'entre eux sont bien connus, dont Toling au Tibet et Alchi au Ladakh ; mais c'est surtout à la traduction des traités tantriques qu'il doit sa renommée posthume. En 1042, Rinchen-Sangpo alors très âgé rencontra à son arrivée au Tibet Atisha et se fit initier par lui. Atisha (982-1054), l'un des plus célèbres moines lettrés de l'Inde, avait été invité au Tibet où il passa les douze dernières années de sa vie. C'est lui qui fut à l'origine du véritable bouddhisme tibétain tel qu'il existe aujourd'hui. Synthétisant les apports du *Mādhyamāka*, du *Yogāchāra* et des *Tantras*, particulièrement dans son principal traité, *Bodhipathapradīpa* (« La Lampe du chemin de l'Éveil »), il distinguait trois catégories de pratiquants : ceux qui ne recherchent qu'une meilleure réincarnation, ceux qui aspirent à l'Éveil personnel (les *Arhat* du *Hinayāna*) et ceux qui veulent le faire atteindre aux autres (les *Bodhisattvas* du *Mahāyāna*). Atisha n'en fut pas moins très attentif au respect des règles du *Vinaya*. Il fonda au Tibet l'ordre *Kadampa* (de l'« enseignement oral »), dont l'un des plus éminents représentants fut son disciple tibétain Dromtön (1003-1064). Enfin Atisha répandit le culte d'Avalokiteshvara (*Tchenresi*).

De retour au Tibet après deux longs voyages en Inde, Marpa, dit le Traducteur (1012-1096), y rencontra Atisha. Marpa, au cours de seize années passées au Bihar, y était devenu le disciple du grand *siddha* Naropa dont, de retour au Tibet, il introduisit les « Six doctrines », ainsi que celle du *Mahāmudra* (le « Grand Sceau »), qui permet d'atteindre la délivrance par la prise de conscience de la vacuité universelle (*shūnyatā*). Il se rendit célèbre comme traducteur de textes sanskrits ; mais, pour un petit cercle de disciples, Marpa fut aussi le grand initiateur aux pratiques tantriques qui, par Naropa et Tilopa, tenaient leur origine de *Vajradhara* (le « Porteur de Vajra »), personnification du Bodhisattva Samantabhadra, le protecteur de ceux qui répandent le *Dharma*, lui-même émanation de Vairochana, le Bouddha primordial. Un des élèves de Marpa fut le grand ascète et poète Milarepa (*Mi-la-ras-pa*, Mila, « celui qui porte la robe de coton blanc des ascètes », 1052-1135) [20]. Milarepa, qui n'était pas moine, eut lui-même de nombreux disciples, dont Gampopa (1079-1153), dit Dagpo Lhaje, « le médecin de Dagpo ».

---

20. Milarepa, *Les Cent mille chants*, trad. fr. M.-J. Lamothe, 3 vol., Paris, 1986-1993. *La Vie*, trad. fr. M.-J. Lamothe, Paris, 1995.

Très érudit, celui-ci avait auparavant suivi les enseignements de l'école *Kadampa* qu'il intégra à la doctrine traditionnelle. Gampopa créa un ordre monastique nouveau, *Kagyüpa* (« lignée de la transmission orale »), fondé sur le *Mahāmudra* et les « Six doctrines de Naropa » (*Nāro chödrug*). Ses disciples fondèrent à leur tour quatre branches qui ne diffèrent entre elles que par des nuances doctrinales.

Karma-Kagyū, fondé par Dusum Khyenpa (1110-1193), le premier *Karmapa*, chef d'une lignée dont l'influence s'étendit jusqu'à la Mongolie sous le deuxième *Karmapa* (Karma Pakseri, 1204-1283) qui fut nommé, enfant, onze ans après la mort de son prédécesseur. Ainsi débuta l'institution des *tulku* (en tibétain, *sprul-ku*, « corps de transformation »), laquelle devait prendre une très grande importance dans tous les ordres monastiques. Elle repose sur la faculté que possèdent les Bodhisattvas, parvenus à la huitième étape (*bhūmi*) de leur parcours spirituel, de déterminer les circonstances de leur future réincarnation, en tant que *nirmānakāya* (« corps de transformation »), c'est-à-dire sous une nouvelle apparence corporelle. En conséquence, un grand maître laisse généralement à sa mort des indications qui doivent permettre de découvrir sa nouvelle incarnation. Ce mode de succession s'étendit par la suite aux chefs de l'école Gelugpa, les Dalaï-Lamas. Si l'école Karma-Kagyū est aujourd'hui la principale, l'école Phagmo-Kagyū, fondée par Phagmo-Drupa (1110-1170), s'est subdivisée en huit branches ; deux ont survécu jusqu'à nos jours : la plus importante est l'école Drukpa qui s'établit au XVIIe siècle au Bhoutan, aujourd'hui le seul État mahāyaniste.

Un des quatre grands ordres monastiques tibétains, celui des Saskyapa, porte le nom de son principal monastère, fondé en 1073 par Kou-chog-gyalpo, disciple du créateur de la nouvelle école, Brogmi (992-1072). Kou-chog appartenait à la puissante famille Khon dans laquelle est demeuré jusqu'à nos jours le titre d'abbé de Saskya, par succession d'oncle à neveu, usage commun à plusieurs écoles. Au XIIIe siècle, l'ordre était au sommet de sa prépondérance lorsque son chef, Sakya Pandita (1182-1251), fut convoqué en 1244 à la cour de Kodan, khan des Mongols, qui exigea de lui la soumission du Tibet. Sakya Pandita, lui ayant cédé, en fut nommé régent. Son successeur et neveu, Chögyal Phagpa (1235-1280), acquit la confiance de Kubilaï khan qui devint par la suite empereur de Chine et lui remit le gouvernement du Tibet central. Pour la première fois, le Tibet était gouverné par un moine ; il le fut jusqu'en 1959.

Au XIVe siècle, la traduction des Écritures était parvenue à son terme. Il importait désormais de constituer un recueil canonique ; son principal compilateur fut le moine érudit Buston (1290-1364). Il en résulta deux collections : le *Kanjur* (« Traduction de la Parole du Bouddha »), qui compte cent huit volumes, contenant 1 055 textes ; et le *Tenjur* (« Traduction des traités »), consacré à l'exégèse indienne, soit 3 626 textes, en deux cent vingt-cinq volumes, au total plus de 4 500 ouvrages. *Kanjur* et *Tenjur* furent traduits en chinois et en mongol.

La plus récente des écoles tibétaines fut celle des Gelugpa (« Adeptes de la voie de la vertu »). Elle fut fondée par Tsongkhapa (1357-1419). Entré dans l'ordre *Kadampa*, mais instruit dans les écoles Karma-Kagyū et Saskya, Tsongkhapa était devenu un maître de grande renommée. Très attaché à la stricte discipline du *Vinaya*, il appuyait son enseignement sur les œuvres des grands philosophes indiens Nāgārjuna, Asanga et Dignāgā, et développa ses vues dans un exposé magistral du *Mahāyāna*, *Lamrin Chenmo* (la « Grande exposition des étapes de la Voie »), qui fit désormais autorité. En 1409, il fonda son propre monastère de Ganden, non loin de Lhassa ;

ses disciples en fondèrent deux autres dans le voisinage immédiat de la capitale, Drepung en 1416 et Sera en 1419 [21].

Le troisième successeur de Tsongkhapa, son neveu Gendun Drubse, accrut considérablement l'extension de l'ordre. À sa mort, Drepung comptait plus de quinze cents moines et était devenu le plus grand monastère du Tibet. Gendun Drubse avait créé le nouvel et important monastère de Tashilumpo, près de Chigatsé, qui devint la résidence du Panchen Lama (le « grand érudit »), titre attribué par le cinquième Dalaï-Lama à son maître, l'abbé de Tashilumpo. Le successeur de Gendun Drubse fut un fils né peu après sa mort que l'on considéra comme sa réincarnation, Gendun Gyatso (1475-1542). En 1578, Sönam Gyatso (1543-1588), son successeur, rencontra au Koukounor Altan khan, chef des Mongols Tamed. Celui-ci, s'étant converti, interdit les sacrifices sanglants et les cultes ancestraux. À sa suite, les Mongols devinrent de fervents adeptes de l'école Gelugpa, dont le chef fut décoré par Altan khan du titre de Dalaï-Lama (« lama Océan »-de-sagesse), qui fut attribué à titre posthume aux deux prédécesseurs de Sönam Gyatso, devenu le troisième Dalaï-Lama.

Le soutien des Mongols aux Gelupga fut définitivement assuré lorsque, à la mort du troisième Dalaï-Lama, son successeur fut découvert en la personne du petit-fils d'Altan khan, qui devint le quatrième Dalaï-Lama, Yönten Gyatso (1589-1617). Avec celui que l'on nomme au Tibet le « Grand Cinquième », Losang Gyatso (1617-1682), qui, grâce à l'aide des troupes mongoles, défit tous ses adversaires, la puissance des Dalaï-Lamas, fut

21. Tsong-Ka-pa, *The Yoga of Tibet. The Book of Exposition of Secret, Mantra 2 and 3*, trad. angl. Londres, 1981. Djé Tsongkhapa, *L'Ode aux réalisations*, trad. fr., L'Hay-les-Roses, 1990.

reconnue de tous. En 1656, Losang Gyatso traitait d'égal à égal avec l'empereur de Chine. Le « Grand Cinquième » fit ériger sur des constructions antérieures un énorme et majestueux palais, le Potala, dont le nom évoque la montagne du sud-est de l'Inde, résidence d'Avalokiteshvara, protecteur du Tibet sous le nom de Tchenresi. Désormais, les Dalaï-Lamas furent considérés comme les manifestations de la compassion de ce grand Bodhisattva.

Dès le XVIIe siècle, les missionnaires occidentaux avaient tenté de pénétrer au Tibet. Aucun ne réussit à s'y implanter durablement. Un seul d'entre eux, le jésuite italien Ippolito Desideri, qui vécut à Lhassa de 1716 à 1721, prit la peine d'étudier la langue et le bouddhisme, s'acquit l'estime des nobles et des moines ; mais sa mission n'eut pas de suite. Les envahisseurs occidentaux les plus redoutables furent les Anglais qui, craignant l'expansion russe en Asie, entendaient protéger la frontière himalayenne de leur empire des Indes. Une expédition militaire britanique fut envoyée vers Lhassa en 1904. Se trouvait alors au pouvoir le treizième Dalaï-Lama, Tubten Gyatso (1876-1933), personnage aussi énergique que compétent. Il profita de la chute de l'empire chinois en 1912 pour rétablir l'indépendance de son pays en expulsant la garnison chinoise de Lhassa. Mais, très affecté par la persécution des moines bouddhistes à la suite de la prise de pouvoir par les communistes en Mongolie, il en tira de fâcheux présages pour l'avenir de son pays, écrivant en 1933 dans ce que l'on a appelé son « testament politique » : « Il pourrait arriver qu'ici, au centre du Tibet, la religion et l'administration soient attaquées à la fois de l'extérieur et de l'intérieur... Les terres et les biens des monastères leur seront alors arrachés... Les fonctionnaires de l'État, moines et laïcs... se verront obligés de servir l'ennemi, ou d'errer comme des mendiants à travers le pays. » Moins de vingt ans plus tard, cette prophétie se réalisa.

On a souvent appelé lamaïsme le bouddhisme tantrique tibétain, insistant ainsi sur le rôle essentiel qu'y joue ce personnage central qu'est le lama, maître spirituel et spécialiste du rituel, qu'il ne faut pas confondre avec un simple moine. Le lama est en effet le représentant du Bouddha lui-même et peut vivre aussi bien en ermite que dans un monastère. Sa formation demande de longues années d'études – au minimum la classique retraite de trois ans, qui est souvent renouvelée, parfois à plusieurs reprises. C'est seulement au terme de cette formation que le pratiquant peut prendre le nom de lama – *Rinpoché* (« très précieux ») est le titre honorifique donné aux plus vénérables d'entre eux – et transmettre l'enseignement à ses disciples qui vivent en union étroite avec lui, le considérant comme une incarnation du Bouddha lui-même, et lui devant de ce fait obéissance absolue.

Telle est la condition indispensable de la transmission, surtout lorsqu'il s'agit des doctrines ésotériques, telles que *Mahāmudra* et *Dzogchen*, et plus généralement de la méditation tantrique. Celle-ci repose sur le lien qui unit le pratiquant à son *Yidam* (littéralement « esprit ferme »), l'une des divinités d'un panthéon foisonnant, choisie par le maître pour son disciple en fonction des affinités de chacun. Les *Yidam* les plus recherchés sont Tchenresi et la Tārā verte. Il ne s'agit pas seulement d'invoquer le *Yidam*, mais de susciter sa présence, de le « créer » mentalement à partir du vide, souvent en utilisant le *mantra* ou la syllabe-germe qui lui sont propres. Le méditant, identifié à son *Yidam*, doit le former en lui, le « visualiser », puis le projeter devant lui afin qu'il puisse servir au bien des autres comme au sien. Au terme de cette pratique qui peut demander des années d'exercices assidus, le méditant doit pouvoir résorber le *Yidam* dans l'Absolu, en lequel lui-même se fond. Il acquiert ainsi non seulement des pouvoirs surhumains, mais l'expérience directe de la création et de la dissolution du monde des phénomènes et, sur le plan humain, de la naissance, de la mort et de l'état intermédiaire (*bardo*), et réalise finalement l'identité du *samsāra* et du *nirvāna* [22].

Le lamaïsme est donc essentiellement une religion de moines hautement qualifiés à laquelle ne participent que de loin les simples fidèles laïcs à qui on demande de pourvoir à l'entretien des monastères – ainsi qu'il en était allé déjà dans le *Sangha* originel, celui du Bouddha lui-même –, et de mener une vie morale, afin d'acquérir des mérites dans l'espoir d'une meilleure existence future. Les fidèles requièrent les prières des lamas, mais ne sont généralement pas admis à assister à leurs rituels complexes et très longs. Les pratiques dévotionnelles des laïcs consistent principalement en pèlerinages aux lieux saints et en circumambulations autour des *chörten* (*stūpa*) ; ils allument aussi des lampes devant les statues dans les sanctuaires et récitent des *mantra*, utilisant souvent à cet effet des « moulins de prière » qui répandent dans l'espace pour le bien de tous des *mantra*, dont le plus aimé est celui d'Avalokiteshvara, *Om Mani Padme Hum* (prononcé en tibétain *Om Mani Peme Hung*) que l'on trouve gravé partout, y compris sur les rochers en montagne, dans les pays du bouddhisme *Vajrayāna*. Du fidèle on attend que tous ses actes de dévotion, afin d'être efficaces, soient accomplis avec foi, concentration et compassion pour autrui.

À la différence du *Theravāda*, aux structures rigides et strictement conservatrices, le *Mahāyāna* n'a donc pas

22. Chögyam Trungpa, *Pratique de la voie tibétaine*, trad. fr., Paris, 1976.

cessé d'évoluer et de s'adapter aux circonstances et aux conditionnements les plus divers, donnant lieu à une multitude d'écoles, et jouant dans tous les pays où il a pénétré un rôle culturel de toute première importance, tant sur le plan de la philosophie et des lettres que sur celui des arts. Il a apporté la civilisation aussi bien en Corée et au Japon qu'au Tibet ; ailleurs, là où elle existait déjà, il l'a stimulée et fait mûrir, par exemple dans l'empire chinois, où le bouddhisme engendra l'incomparable civilisation des T'ang. Partout où il s'imposa, le *Mahāyāna*, au lieu de persécuter les anciennes croyances indigènes, sut les neutraliser en les incorporant, s'enrichissant finalement de ces apports qui donnèrent à chacune des écoles nationales son allure et sa mentalité propres, ainsi au Tibet, avec la fusion du *Vajrayāna* et du *Bön*, ainsi, dans une moindre mesure, au Japon où coexistèrent *Shintō* et *Butsudō*, tantôt dominés, tantôt dominants, et finalement même en Chine où, bien que confucianisme et taoïsme soient restés les adversaires du bouddhisme, nombre de Chinois pratiquent conjointement les trois religions. Toutefois, une telle adaptation n'allait pas sans risque, celui d'aboutir à un dangereux syncrétisme au sein duquel le bouddhisme perdît sa nature propre. Mais cette séculaire faculté d'acclimatation pourrait aujourd'hui faciliter les rapports qui commencent à s'établir entre le bouddhisme et l'Occident.

8

Le bouddhisme contemporain

Le renouveau bouddhiste en Asie

L'invasion islamique au XIIIe siècle, puis l'arrivée à partir du XVIe siècle des marchands et des troupes coloniales des puissances européennes, suivie de celle des missionnaires, avaient presque occulté la présence du bouddhisme en Asie. Il n'y eut toutefois que fort peu de conversions au christianisme. Vers la fin du XIXe siècle, commencèrent à apparaître les signes d'une relative renaissance. Ce bouddhisme rénové se trouvait lié aux mouvements de libération de la tutelle européenne et revendiquait comme eux l'indépendance nationale. À ces mouvements s'associèrent de nombreux moines bouddhistes qui dans certains pays en prirent même l'initiative et la direction. La nécessité de s'appuyer sur les valeurs culturelles, fondements de l'identité nationale, s'imposa surtout parmi la bourgeoisie cultivée qui ne pouvait par ailleurs demeurer insensible au fait que certains Occidentaux commençaient à adhérer au bouddhisme et à lui apporter leur soutien actif.

À Sri Lanka, on l'a vu, cette impulsion devint particulièrement manifeste dès les années 1880-1890, au cours desquelles Dharmapāla (1864-1933) milita énergiquement, non seulement sur place, mais dans les pays anglo-saxons. En 1898, était fondée à Colombo la *Young Men's Buddhist Association* sur le modèle de la YMCA protestante. Elle joua un grand rôle dans la renaissance bouddhiste cinghalaise, comme la YMBA birmane, créée en 1906 sur le même modèle. Un autre facteur de renaissance, moins ostensible, mais d'action plus profonde et plus durable, fut, à Sri Lanka d'abord puis dans tout le Sud-Est asiatique, le retour à la pratique de la méditation, depuis longtemps délaissée, qui toucha aussi les laïcs pour lesquels furent ouverts des centres. Parallèlement étaient constitués les *pirivena* (écoles monastiques) – la première fut fondée dès 1849. Elles permirent par la méditation et l'étude la formation d'un clergé plus instruit et mieux armé. L'érudition monastique connut un nouvel essor quand commencèrent à s'y adonner un petit groupe de moines occidentaux dirigés par le *Mahāthera* (grand « Ancien ») Nyanatiloka (1878-1956), Allemand d'origine qui avait été ordonné moine en 1904 en Birmanie [1].

Dans ce dernier pays, la tradition de la méditation avait été remise à l'honneur par le *thera* Narada, sous la forme classique du *satipatthāna* (littéralement « quatre éveils de l'attention »), qui consiste à orienter son attention successivement sur le corps, les sensations, les formations psychiques et l'esprit. L'école birmane du *satipatthāna* qu'avait fondée Narada eut – et a encore – son

1. L. de Silva, *Buddhism : Beliefs and Practices in Sri Lanka*, 2e éd., Colombo, 1980.

centre principal au monastère de Sasana Yeiktha à Rangoon, dirigé par Mahasi Sayadaw qui fit de nombreux adeptes non seulement en Asie mais en Occident. Une coutume particulière à la Birmanie permet aux laïcs de devenir membres d'une communauté monastique pour un temps donné, ce qui crée un lien beaucoup plus étroit entre moines et laïcs que par exemple à Sri Lanka. C'est ainsi qu'un laïc, haut fonctionnaire très respecté, Sayagyi U Ba Khin, dirigea pendant de nombreuses années un « centre international de méditation ». Il s'agit de la méditation *vipassanā* qui consiste principalement dans l'examen analytique de la véritable nature des choses, laquelle est fondamentalement vide (*shūnyata*). À l'occasion du « sixième » grand concile bouddhique réuni à Rangoon en 1954-1956 afin de célébrer *Buddha Jayanti*, l'anniversaire des 2 500 ans du bouddhisme, et qui réunit des moines venus de tous les pays *theravādin*, furent établis un grand nombre de nouveaux centres de méditation pour les laïcs aussi bien que pour les moines [2].

En Thaïlande, le seul pays à part le Bhoutan à avoir un souverain bouddhiste et le bouddhisme comme religion d'État, la méditation connaît également un regain de succès ; sa pratique s'est beaucoup développée, en particulier parmi les classes cultivées des villes. Par opposition à la participation, jugée trop active et quelque peu compromettante, du *Sangha* à la vie politique et sociale du pays, s'est créé un courant de remise en valeur des véritables fins du bouddhisme : le non-attachement et la transformation profonde de l'être par la concentration et la méditation [3].

---

2. M.E. Spiro, *Buddhist Society. A Great Tradition and its Burmese Vicissitudes*, Londres, 1971.

3. S. Saksamran, *Political Buddhism in Southeast Asia : The Role of the Sangha in the Modernization of Thailand*, Londres, 1977.

Plus curieusement, le renouveau du bouddhisme ne s'est pas limité aux pays traditionnellement *theravādin* du Sud-Est asiatique, il a atteint deux pays où le bouddhisme semblait à peu près disparu : l'Indonésie et l'Inde. Dans l'archipel indonésien, la présence d'immigrants chinois (environ 3 p. 100 de la population totale) avait maintenu une certaine pratique, mais il s'agissait d'un syncrétisme qui incorporait nombre d'éléments confucianistes et taoïstes. De la véritable renaissance fut en grande partie responsable l'énergique initiative d'un seul homme, Jinarakkhita Thera. Né à Bogor (Java) et d'origine chinoise, il alla étudier la physique aux Pays-Bas, mais, de retour en Asie, vint se placer sous la direction spirituelle de Mahasi Sayadaw à Rangoon, où il fut ordonné moine en 1953. Rentré à Java en 1955, Jinarakkhita Thera y fonda plusieurs monastères et temples, et des associations bouddhistes se créèrent dans tout le pays. En 1970, une mission de moines thaïlandais vint procéder à l'ordination de *bhikshu* indonésiens, premier noyau d'un nouveau *Sangha*. Mais les bouddhistes indonésiens eurent alors à faire face à l'accusation d'athéisme, dans un pays islamique où la « croyance en Dieu » (*maha esa*) est un des principes de base des lois fondamentales de la République d'Indonésie, formulées en 1945, lorsque le gouvernement, visant d'ailleurs le communisme, proscrivit toutes les associations niant l'existence de Dieu. À ces accusations, Jinarakkhita répondit que le bouddhisme reconnaissait l'existence d'un Dieu, l'*Adi-Bouddha*, ou Bouddha primordial, Vairochana, qui, rappelons-le, siège à la cime du *stūpa* de Borobudur. Mais la majorité des bouddhistes indonésiens, affiliés au *Theravāda*, rejeta une telle interprétation. Pour eux, seul peut être qualifié de divin le *nirvāna*, présence de « l'Inné » dans l'homme. Ainsi qu'on le voit, le problème de l'athéisme bouddhiste se pose également dans l'Asie contemporaine [4].

En Inde [5], la réintroduction du bouddhisme fut aussi due à une personnalité exceptionnelle, Bhimrao Ramji Ambedkar (1891-1956). Appartenant par sa naissance à la caste des *Mahar* (les « intouchables »), exclue de l'hindouisme, Ambedkar eut la chance de pouvoir faire des études supérieures en Occident ; en 1916, il devenait docteur ès lettres de l'université de Columbia à New York. De retour en Inde, Ambedkar se mit à la tête du mouvement d'émancipation des intouchables, lesquels firent de lui leur chef politique et spirituel. Ambedkar soutenait que le système des castes était la racine de tous les maux que subissait la société indienne. En 1947, il fut nommé ministre de la Justice dans le premier gouvernement de l'Inde indépendante, mais dut démissionner en 1951. En 1950, Ambedkar avait proclamé son adhésion au bouddhisme en tant que fondé sur la sagesse, la compassion, le respect et la compréhension mutuels. Il convainquit les intouchables de s'y rallier. Le 14 octobre 1956 eut lieu à Nagpur la « consécration » (*diksha*) d'Ambedkar et de 500 000 intouchables ; d'autres conversions s'ensuivirent. Ambedkar étant mort peu de temps après, le 6 décembre 1956, ses fidèles firent de lui un *Bodhisattva*. Les bouddhistes « d'Ambedkar » sont aujourd'hui plus de 4 millions, concentrés principalement dans le Mahārashtra. Si la plupart de leurs dirigeants sont des laïcs, le mouvement compte depuis 1970 une quarantaine de moines. La présence du bouddhisme se manifeste aussi en Inde grâce à l'afflux des pèlerins venus du monde entier vénérer les lieux saints et particulièrement Bodhgayā ressuscité.

---

4. « La résurgence du bouddhisme en Indonésie », in *Le monde du bouddhisme, op. cit.*, p. 270-271.

5. T. Ling, *Buddhist Revival in India*, Londres, 1980

Une des questions majeures qui se posent aujourd'hui – et pas seulement en Asie – est celle de la possible adaptation du bouddhisme au monde moderne. Au début du XXe siècle, on avait cru trouver une solution, « le modernisme bouddhique », en ne voulant voir dans le bouddhisme qu'un mode de pensée rationnel, un moyen de surmonter et d'échapper à *duhkha*, la souffrance existentielle, et en opposant le bouddhisme, « religion de la raison », aux religions fondées sur des croyances, ce qui supposait l'exclusion de tout élément irrationnel, donc de la mystique, censée être un ajout à la « pure doctrine du Bouddha », pétition de principe qu'on a depuis mise en doute.

La question de l'adaptation du bouddhisme aux besoins de l'homme moderne ne pouvait avoir qu'encore plus de gravité et d'urgence dans les pays d'obédience communiste, où la situation est évidemment tout autre. Ainsi qu'on l'a vu plus haut, le treizième Dalaï-Lama s'était ému de la persécution menée par les communistes en Mongolie extérieure, devenue une « république populaire » dès 1924, dont la capitale Ourga fut rebaptisée Oulan-Bator (« Héros rouge »). Seul maître du pouvoir sous obédience soviétique à partir de 1932, le communiste Tchoibalsan entreprit l'éradication complète du lamaïsme. La presque totalité des 2 500 monastères de Mongolie fut détruite. Toutefois, au grand monastère de Gandan, dans la banlieue d'Oulan-Bator, une centaine de lamas perpétuent toujours le rituel et la pratique.

En Chine, dès la fondation en 1949 de la République populaire de Chine, présidée par Mao-tse-dong, la position du bouddhisme chinois fut fortement menacée [6].

6. H. Welch, *The Buddhist Revival in China*, Cambridge, Mass., 1968. H. Welch, *Buddhism under Mao*, Cambridge, Mass., 1972. Wing-tsit Chan, *Religious Trends in Modern China*, Londres, 1970.

Dans un premier temps, le gouvernement s'abstint de toute répression brutale, car dans son esprit la religion, étant étroitement liée au « pouvoir féodal », disparaîtrait progressivement d'elle-même et cette superstition serait nécessairement éliminée par le triomphe de la pensée marxiste-léniniste. Cependant la plupart des temples furent fermés ; on confisqua les terres qui assuraient les revenus des monastères et les moines durent subvenir individuellement à leurs besoins. Mais il y eut ensuite des actions violentes, accompagnées de vandalisme systématique, lors des grands mouvements de masse, en particulier pendant la révolution culturelle de 1966-1971, au cours de laquelle les gardes rouges se livrèrent dans tout le pays au pillage et à la destruction.

Après la mort de Mao en 1976, le nouveau régime plus libéral autorisa la réouverture d'un petit nombre de monastères, mais surtout afin de satisfaire les touristes étrangers et en particulier les bouddhistes japonais venus en pèlerins. En 1980 l'ordination monastique, prohibée depuis 1957, fut tolérée mais soumise à certaines conditions : les postulants étaient tenus de faire d'abord des études supérieures, ce qui ne manquera pas d'avoir finalement des séquelles favorables : le clergé, naguère fort ignorant, sera au moins instruit. En 1986, le nombre des moines était estimé à 28 000, contre 738 200 en 1930. Mais on peut penser qu'il s'agit là de véritables vocations, ce qui était loin d'être le cas dans le passé.

La situation n'est pas meilleure dans les États qui constituèrent l'Indochine française et se proclamèrent indépendants après la Seconde Guerre mondiale, le Viêtnam, le Laos et le Cambodge, devenus communistes. Au Viêtnam, depuis 1975, nombre de monastères et de temples ont été fermés, et la liberté religieuse est pratiquement inexistante. Au Cambodge, la prise de pouvoir par les Khmers rouges de 1975 à 1978 entraîna des persécutions d'une violence extrême ; le régime communiste fanatique assassina nombre de moines et obligea les autres à redevenir laïcs. L'invasion viêtnamienne eut du moins pour conséquence une très relative tolérance. Au Laos, le Pathet Lao communiste astreint les moines à se charger de besognes civiles au profit du communisme ; un grand nombre d'entre eux ont fui en Thaïlande.

Tout autre est la situation en Corée, divisée en deux par la guerre de 1950-1953. On ne sait à peu près rien du bouddhisme en Corée du Nord soumise à une véritable dictature communiste. En Corée du Sud, où le christianisme a fait beaucoup de convertis (9 millions), malgré l'idéologie officielle néo-confucéenne, les bouddhistes sont environ 15 millions, soit près de la moitié de la population totale, et le *Sangha* coréen est en train de renaître : il compte 23 000 moines et peut-être quelque 20 000 religieux mariés. Les vocations sont nombreuses, études et érudition connaissent un nouvel essor. Si la méditation *Sōn* (Zen) demeure très prisée, une nouvelle école, fondée en 1924 par Soe-Tae-San (1891-1943), le *Won* ou École du Cercle, a pris un grand développement à partir de 1950. Il s'agit d'un bouddhisme extrêmement simplifié, censé répondre aux besoins de l'homme moderne. Il vise à la réalisation de la « Nature de Bouddha » en tout être, grâce à la pratique d'un « zen indépendant du temps et de l'espace ». Le méditant doit se concentrer sur un cercle noir sur fond blanc, qui symboliserait le *Dharmakāya* (corps cosmique des Bouddhas). Le *Won* laisse de côté cérémonies et rituels. Dès 1973, il a construit de nombreux établissements d'enseignement et comptait alors 600 000 fidèles et environ deux cents temples, surtout urbains.

Le Japon

À la fin de la Seconde Guerre mondiale, le shintoïsme nationaliste et militariste avait beaucoup perdu de son prestige et, malgré une indifférence générale à l'égard de toute religion quelle qu'elle soit, on put observer une progressive – encore que relative – renaissance du bouddhisme [7]. Les écoles traditionnelles, d'abord fort éprouvées par la réforme agraire qui les avait privées de leur principale source de revenus, ont ensuite entrepris de grandes actions en vue de stimuler la pratique parmi les laïques. Bien que celle-ci ait nettement diminué par rapport au passé, la quasi-totalité de la population du Japon (111 millions sur 115) se déclare bouddhiste, mais la plupart des Japonais sont en même temps shintoïstes, attachés malgré tout au culte ancestral. Les bouddhistes se répartissent à peu près comme suit : 30 p. 100 pour l'école Nichiren, 30 p. 100 pour l'école Tendai, 18 p. 100 pour la *Jōdo Shin-shū* (« véritable école de la Terre pure »), 11 p. 100 pour l'école Shingon, 8 p. 100 pour les deux écoles Zen, avec une nette prédominance du Sōtō sur le Rinzaï.

En fait, ce sont les « nouvelles religions » qui connaissent le plus de succès du fait qu'elles exaltent les valeurs typiquement japonaises, mais réadaptées au contexte actuel, dont le sens traditionnel du groupe, le désir de s'intégrer dans une communauté de pensée et d'entraide. Les pratiques religieuses y comptent moins que les discussions, capables de remédier à l'isolement de l'individu dans une société vouée au seul profit. Au cours des réunions de groupe, sont débattus les problèmes de chacun.

---

7. P. Fischer, éd., *Buddhismus und Nationalismus in modern Japan*, Bochum, 1979.

Certaines de ces sectes sont extrêmement riches et puissantes, en particulier celles qui se rattachent de près ou de loin à la *Nichiren Shōshū* (« véritable école de Nichiren »), fondée par Nikkō Shonin (1246-1333), disciple de Nichiren, et qui vénère en ce dernier le « Bouddha de la dernière ère ». Cette école procura un support doctrinal au mouvement militariste et ultranationaliste venu au pouvoir à la fin du XIXe siècle. On la rendit même responsable de deux attentats politiques qui firent grand bruit : l'assassinat en mai 1932 du Premier ministre Inukai, et celui en février 1936 de deux ministres et d'un amiral.

La plus importante de ces « nouvelles religions » issues de la *Nichiren Shōshū* est le *Sōka Gakkai* (« Union scientifique pour une éducation génératrice de valeurs »), fondé en 1930, sous la forme d'une société laïque d'enseignants, mais qui devint bientôt un mouvement dépendant de la *Nichiren Shōshū.* Le *Sōka Gakkai* fut la seule école qui résista victorieusement aux tentatives du gouvernement de soumettre définitivement toutes les institutions bouddhistes ; il supporta avec un grand courage les persécutions officielles et son fondateur, un instituteur nommé Makiguchi Tsunesaburō (1871-1944), mourut en prison [8].

Après la guerre, la proclamation de la liberté religieuse permit l'expansion du *Sōka Gakkai* qui, sous le successeur de Makiguchi, Toda Josei (1900-1958), devint un véritable mouvement de masse, fondé plus sur la vénération de Nichiren que sur le *Sūtra du Lotus* et utilisant une méthode énergique de prosélytisme, remontant d'ailleurs à Nichiren lui-même, *shakubuku* (« détruire l'erreur et contraindre à suivre »). Elle

---

8. K. Murata, *Japan's New Buddhism : An Objective Account of Soka Gakkai*, New York et Tokyo, 1969.

consiste à « démasquer les idées fausses », c'est-à-dire toutes les autres religions et même toutes les autres formes de bouddhisme, et à obliger « par compassion » les non-adeptes à se convertir à la seule foi authentique. Cette singulière méthode fut appliquée avec une brutalité fanatique tout à fait opposée à l'esprit du bouddhisme qui prône la non-violence : barrages par des propagandistes chargés de la conversion des masses, avertissements menaçants au cas où la vraie foi ne serait pas acceptée, sanctions économiques et boycottages de toute sorte. De nombreuses réactions amenèrent les dirigeants à adopter des formes de prosélytisme moins agressives, mais tout aussi efficaces.

En 1964 fut créée une section politique du *Sōka Gakkai*, le *Kōmei-tō* (« parti de la propreté »), qui, devenu très rapidement un des principaux partis politiques au Parlement, propagea un idéal démocratique prétendument humaniste et bouddhiste, reposant en principe sur la lutte contre la corruption, la généralisation de l'assistance par l'État et l'instauration de la paix universelle. Si en 1970 le *Kōmei-tō* s'est officiellement séparé de la *Nichiren Shōshū*, il n'en est pas moins demeuré soumis à ses directives.

Présidé depuis 1960 par Daisatsu Ikeda, le *Sōka Gakkai* dispose d'organes de presse, d'écoles, d'universités et de très nombreuses œuvres sociales ; il finance également un syndicat ouvrier et une ligue d'étudiants. En 1988, il se targuait de posséder dix millions d'adhérents au Japon. Depuis 1975, il s'est beaucoup répandu hors de ses frontières, sur tous les continents où il mène une propagande intense ; selon lui, ses adhérents seraient un million deux cent mille dans cent quatorze pays.

Le *Risshō-Koseikai* (« Société pour la reconnaissance du juste et la préparation de l'avenir »), plus modéré et plus traditionaliste, se rattache également à la doctrine de

Nichiren. Fondé en 1938, il allie la foi dans le *Sūtra du Lotus* à la vénération pour le Bouddha Shākyamuni. Son éthique, dont l'idéal est le Bodhisattva, met en œuvre des méthodes assez proches de celles d'un certain protestantisme anglo-saxon : conversations collectives au cours desquelles les participants reconnaissent leurs défaillances et s'encouragent mutuellement à mieux faire. Le *Risshō-Koseikai* dispose lui aussi d'écoles, d'œuvres sociales, de maisons d'édition et d'organes de presse.

La situation du bouddhisme au Japon, où sont représentées toutes les grandes écoles traditionnelles, est loin d'être simple. Une haute spiritualité et un profond sentiment religieux y cohabitent avec des pratiques superstitieuses, voire charlatanesques. Si le Japon est actuellement le plus grand centre d'études bouddhistes dans le monde, si la pensée bouddhiste est de nouveau source d'inspiration, ainsi qu'en témoigne l'œuvre de Nishida Kitaro (1870-1945), considéré aujourd'hui comme l'un des plus grands philosophes du siècle, les « nouvelles religions » ne peuvent être considérées que comme de dangereuses déviations qui déforment jusqu'à la défigurer la doctrine du Bouddha.

Destruction et survie du bouddhisme tibétain

Dix-sept ans après la mort du treizième Dalaï-Lama, sa prophétie se réalisa. À l'automne de 1950, le gouvernement de Chine populaire, sorti depuis peu victorieux de la guerre civile, envoya une armée au Tibet, revendiqué comme faisant partie du territoire chinois. La résistance qui s'organisa autour de la personne du quatorzième Dalaï-Lama, Tenzin Gyatso, aussitôt investi des pleins pouvoirs d'un chef d'État à l'âge de seize ans, fut rapidement défaite, et les troupes chinoises entrèrent à Lhassa en 1951. Mais l'opposition croissante à la domination chinoise entraîna une révolte générale dans l'est du Tibet en 1956. En mars 1959 Lhassa se soulevait et le Dalaï-Lama réussit à s'enfuir en Inde, accompagné ou suivi de près de 80 000 Tibétains qui cherchèrent refuge en Inde, au Népal et au Bhoutan. Avec l'appui du gouvernement indien, le Dalaï-Lama établit le siège d'un centre religieux et administratif, Thekchen Choeling (en tibétain, la « place du Mahāyāna »), à Dharamsala, dans l'Himachal Pradesh, au nord-ouest de Delhi. Dans cette province se trouve un tiers des cent vingt monastères reconstitués par les lamas réfugiés ; d'autres communautés furent fondées en Orissa et en Mysore. Mais, sauf dans la région himalayenne, le climat indien, opposé à celui du Tibet, ne pouvait que causer de graves difficultés de santé aux quelque 50 000 Tibétains restés en Inde, qui doivent subvenir avec peine à leurs besoins et ne peuvent le faire que grâce à l'assistance étrangère. D'autre part, les lamas érudits, pour la plupart très âgés, sont de moins en moins nombreux, et la question de leur succession, c'est-à-dire de la transmission d'un prodigieux héritage, tant culturel que spirituel, gardé intact durant des siècles, se pose avec de plus en plus d'acuité et d'urgence [9].

Au Tibet, la fuite du Dalaï-Lama et de la plupart des chefs religieux et politiques eut pour conséquence la soumission du pays à l'administration directe de la Chine, grâce à la création en 1965 d'une prétendue « Région autonome du Tibet ». Elle n'incluait pas à l'est le Kham et l'Amdo, ces deux contrées étant simplement annexées

9. « L'anéantissement du bouddhisme tibétain », in *Le monde du bouddhisme*, *op. cit.*, p. 259-262. P. Harvey, *op. cit.*, p. 347. L. Deshayes, *op. cit.*, p. 301-379.

aux provinces chinoises limitrophes. C'est là justement qu'avaient eu lieu les révoltes les plus importantes de 1954 à 1959 ; elles furent suivies par celle du Tibet central et occidental en 1959 et 1960. La période la plus destructrice survint pendant les années de la « Révolution culturelle », lancée au Tibet en 1967. Au cours de celle-ci, les gardes rouges détruisirent près de 6 000 monastères et tuèrent d'innombrables moines. On estime qu'environ un million de Tibétains périrent alors, soit massacrés soit victimes d'une terrible famine, conséquence d'une transformation brutale et inappropriée des techniques agricoles.

Depuis 1980 la situation s'est relativement améliorée. Une trentaine de monastères ont été reconstruits ou restaurés, ainsi ceux, hautement prestigieux, de Drepung et de Tashilhumpo. Les moines y sont revenus, mais en petit nombre. À Drepung, ils seraient quelques centaines contre une dizaine de milliers avant 1959. Le sanctuaire national du Jo-khang à Lhassa est ouvert au public quelques jours par semaine, et l'on peut de nouveau se prosterner devant la statue très vénérée d'Avalokiteshvara. Quant au Potala, il a été transformé en musée.

Ces quelques mesures de détente ont finalement provoqué une nette recrudescence de la dévotion au Tibet, qui peut désormais se manifester au grand jour et hésite d'autant moins à le faire en raison de la présence des touristes étrangers, autorisés à visiter le Tibet depuis 1984. Ceux-ci furent les témoins des émeutes antichinoises, où se mêlent laïcs et jeunes moines, qui ont lieu périodiquement depuis 1987-1988.

Mais quelle que soit la résistance obstinée des Tibétains qui vouent un véritable culte au quatorzième Dalaï-Lama, la situation ne peut plus évoluer que de manière négative, étant donné l'immigration massive des Chinois qui submergent la population autochtone et exploitent le Tibet en pays conquis. De son côté, le Dalaï-Lama, invité à plusieurs reprises à rentrer au Tibet, s'en tient fermement à sa position : il refusera d'y revenir tant que la liberté religieuse n'y sera pas assurée à chacun et tant que les Tibétains n'auront pas la possibilité d'exprimer librement leur choix en ce qui concerne leur futur gouvernement. Auréolé d'un grand prestige international depuis qu'il a reçu en 1989 le prix Nobel de la paix, Tenzin Gyatso ne manque aucune occasion, au cours de ses nombreux voyages en Occident, d'alerter gouvernements et opinions publiques. Les premiers l'assurent d'un soutien qui demeure le plus souvent platonique, se réfugiant derrière le principe de non-immixtion dans ce qu'ils persistent à considérer comme une affaire intérieure chinoise. Cependant, les dons affluent pour assister plus efficacement ce peuple courageux qui demeure fidèle à ses idéaux.

La diaspora tibétaine à travers le monde, particulièrement en Europe et en Amérique, n'en a pas moins eu cette conséquence que le bouddhisme s'y est considérablement répandu grâce à la présence de grands lamas, personnalités tout à fait remarquable qui ont des milliers de disciples occidentaux et procèdent à de nombreuses ordinations.

Le bouddhisme en Occident

Contrairement à ce que l'on a pu avancer naguère, le bouddhisme n'a jamais été totalement inconnu en Occident. Parmi les pays vers lesquels se rendirent les ambassades envoyées par le grand empereur bouddhiste Ashoka au IIIe siècle av. J.-C., sont mentionnées la Syrie, l'Égypte et la Macédoine, patrie d'Alexandre le Grand. De ces ambassades on ne sait rien d'autre, mais cela ne prouve pas qu'elles ne parvinrent pas à destination. Le *Milindapañha* montre qu'au moins un des rois grecs, successeurs en Inde des lieutenants d'Alexandre, s'était intéressé personnellement au bouddhisme auquel il se serait converti au IIe siècle av. J.-C. De ces contacts multiples, nous avons une trace indéniable sur le plan artistique, l'art dit « gréco-bouddhique » du Gandhara (Ier siècle av.-IIe siècle apr. J.-C.), auquel nous devons les premières représentations du Bouddha Shākyamuni.

Par les sources chrétiennes, fort discrètes en ce qui concerne les religions étrangères, nous savons que le christianisme naissant n'ignora pas tout à fait l'existence du bouddhisme. Au IIe siècle, l'un des premiers grands apologistes chrétiens, Clément d'Alexandrie (v. 150-215), parle des brahmanes de l'Inde et même du Bouddha. Dans un ouvrage contemporain consacré à l'Inde, et d'une grande importance documentaire, il était question du bouddhisme. Il avait été composé par Bardesane d'Édesse (154-222), chrétien syrien proche des milieux gnostiques, d'après les renseignements recueillis auprès d'une ambassade indienne venue trouver à Émèse l'empereur romain Héliogabale, lui-même d'origine syrienne et grand prêtre de Baal. Cet ouvrage a disparu, mais on le connaît par les allusions qu'y fait Bardesane dans une autre de ses œuvres.

Notre Moyen Âge aussi connut l'histoire du Bouddha, mais sous une forme dûment christianisée. En effet, le célèbre « roman » de *Baarlam et Josaphat* s'inspire du *Lalitavistara* bouddhique. Sous le nom de saint Josaphat, Shākyamuni entra même au *Martyrologe* grec et latin en compagnie de son maître, saint Baarlam ; ils y figurent toujours, à la date du 27 novembre. Contribua beaucoup à ce culte la célèbre *Légende dorée* (vers 1250) de Jacques de Voragine, qui rapporte les vies des « saints Baarlam et Josaphat, abbés », et fut pendant des siècles l'un des livres les plus lus de la Chrétienté. Dans son *Devisement du monde*, Marco Polo, après avoir raconté la légende du Bouddha et parlé du culte de ses reliques dans toute l'Asie, écrit : « Car, certes, s'il avait été baptisé, il aurait été un grand saint avec Notre Seigneur Jésus-Christ. »

Toutefois, l'intérêt pour le bouddhisme ne se manifesta qu'à partir de la première moitié du XIXe siècle, lorsque parvinrent aux indianistes européens les premiers manuscrits des Écritures sacrées, envoyés du Népal par le résident britannique Hodgson (1800-1894), ou recueillis au Tibet par l'intrépide explorateur hongrois Csoma de Körös (1784-1842). En 1844, le Français Eugène Burnouf (1801-1852), prenant pour base de ses travaux le Canon pāli cinghalais, publiait une précieuse *Introduction à l'histoire du bouddhisme indien*, suivie d'une excellente traduction du *Sūtra du Lotus*, elle-même accompagnée de notes d'une érudition remarquable pour l'époque. Depuis lors se succédèrent études et ouvrages de synthèse. Mais les interprétations de ce temps, en particulier celles contenues dans le livre du philosophe français Barthélemy Saint-Hilaire, *Le Bouddha et sa religion* (1860), répandirent de graves erreurs sur l'Éveil, le *nirvāna* et le *karma*, par exemple, qui firent longtemps écran à une véritable compréhension du bouddhisme.

Le philosophe allemand Arthur Schopenhauer (1788-1860) fut lui aussi victime de ces préjugés, lorsqu'il fit du bouddhisme le fondement de son propre système de pensée, exposé dans le monumental *Monde comme volonté et comme représentation*, œuvre de jeunesse (1819) mais qui demeura son chef-d'œuvre. Néanmoins, Schopenhauer avait entrevu dans la connaissance du bouddhisme l'occasion de mettre en cause toute la philosophie occidentale. À ce titre, il apparaît rétrospectivement comme un précurseur.

Une nouvelle étape, celle-ci décisive, fut franchie grâce à l'Anglais T.W. Rhys Davids (1843-1922), qui avait servi pendant huit ans à Ceylan dans l'administration coloniale. En 1881, il fondait en Angleterre la *Pāli Text Society*, qui se donnait pour mission de publier en caractères romains des éditions critiques des principaux textes du Canon pāli. Dès ses débuts, cette société, qui rendit d'immenses services aux études bouddhiques, réunit des savants non seulement anglais, en tête desquels se trouvaient Rhys Davids lui-même, puis après sa mort sa femme C.A.F. Rhys Davids, mais allemands, scandinaves, français et russes. Entre 1881 et 1910, la *Pāli Text Society* publia la plupart des textes du Canon pāli ; en 1989, la collection comprenait cent soixante-seize volumes de textes et soixante-quatorze volumes de traductions, plus des études et des commentaires. Elle poursuit aujourd'hui ses travaux.

Pendant longtemps, en raison du parti pris qui, conformément à l'optique rationaliste du « modernisme bouddhique », voyait dans le Canon pāli les « enseignements primordiaux du Bouddha », tandis que les éléments rituels, mystiques ou métaphysiques du bouddhisme *Mahāyāna* passaient pour des ajouts tardifs, on ne s'était guère intéressé aux versions chinoises et tibétaines des *sūtra* sanskrits souvent disparus. Leur étude fut d'abord entreprise en Russie par une équipe d'érudits dirigée par T. Stcherbatski, qui publia plusieurs ouvrages en anglais. Des savants anglais, mais surtout français et belges, prirent la suite, tels les grands indianistes français Sylvain Lévi (1863-1935), Alfred Foucher (1865-1952), André Bareau et le philologue et voyageur Paul Pelliot (1878-1945), découvreur de la bibliothèque de Touen-houang en Asie centrale, ou les spécialistes belges du bouddhisme, Louis de La Vallée-Poussin (1868-1938) et son disciple, Mgr Étienne Lamotte (1903-1983), qui enseigna à

Louvain. De toute première importance fut aussi la contribution du grand sinologue français Paul Demiéville (1894-1979), rédacteur en chef du *Hōbogirin, Dictionnaire encyclopédique du bouddhisme*, fondé en 1929 par S. Lévi et J. Takakasu, et dont la publication se poursuit encore actuellement au Japon. P. Demiéville fut aussi l'un des principaux rédacteurs, avec Jean Filliozat, des chapitres consacrés au bouddhisme dans *L'Inde classique – Manuel des études indiennes*, dont les deux volumes (1947 et 1953) constituent une irremplaçable encyclopédie érudite. Notables également furent les travaux de l'École française d'Extrême-Orient, fondée à Hanoi en 1901, qui effectua d'importantes recherches archéologiques et épigraphiques, par exemple sur le temple d'Angkor Vat, et publia études et traductions. La secrétaire de cet institut, Suzanne Karpelès, défendit énergiquement la cause du bouddhisme au Cambodge et au Laos et dirigea la publication du *Tripitaka* pâli et de sa traduction en langue khmère. S. Karpelès eut aussi une grande activité au sein de la première association bouddhiste officiellement constituée en France, « Les Amis du Bouddhisme », fondée à Paris en 1929 par Grace Constant Lounsberry, une Américaine expatriée, auteur d'un petit livre qui rendit de grands services aux débutants, *La Méditation bouddhique* (1935). À la même époque, l'intrépide exploratrice Alexandra David-Neel (1868-1969), devenue au Tibet « dame-lama », faisait connaître au grand public le bouddhisme tibétain qui ne fut étudié et pratiqué que beaucoup plus tard [10].

---

10. « Histoire de l'étude du bouddhisme indien », dans A. Bareau, *Les Religions de l'Inde, op. cit.*, III, p. 227-234. H. Bechert, « Le bouddhisme dans le monde moderne », dans *Le monde du bouddhisme, op. cit.*, p. 271-277. « Le bouddhisme hors d'Asie », dans P. Harvey, *op. cit.*, p. 352-378.

La première vague

Les introducteurs du bouddhisme en Occident furent en fait les travailleurs immigrés venus d'Asie. À partir de 1860-1870 et au cours des décennies suivantes jusque vers 1900, des centaines de milliers de travailleurs chinois puis japonais débarquèrent sur la côte du Pacifique, aux États-Unis et au Canada, et se firent embaucher dans les mines d'or et pour la construction des voies ferrées. Semblable immigration de Japonais eut lieu au Brésil à partir de 1909. À Hawaii, qui fut annexé par les États-Unis en 1898, le flot des travailleurs asiatiques ne s'interrompit pas après 1900 et fut comparativement plus important que sur le continent. Dès 1889 était arrivé à Honolulu le prêtre japonais Sōryū Kagahi. Représentant un des rameaux de la *Jōdo-Shinshū*, il y fonda le premier temple japonais et cette branche de la « véritable école de la Terre pure » resta pendant longtemps celle qui regroupait le plus grand nombre d'adhérents. 80 p. 100 des bouddhistes américains lui appartenaient au début de ce siècle. En 1899, les adeptes de cette tradition formèrent à San Francisco la « Mission bouddhiste d'Amérique du Nord » (*North American Buddhist Mission*).

Mais le grand événement qui fit connaître le bouddhisme à l'opinion publique américaine fut le Parlement mondial des religions réuni à Chicago à l'occasion de l'Exposition universelle de 1893. Si la vedette en fut le Swāmi Vivekānanda, le grand disciple de Rāmakrishna, le bouddhisme, représenté par le Cinghalais Anagārika Dharmapāla et Sōen Shaku, abbé du Zen Rinzai, y connut aussi un vif succès. L'éditeur américain Paul Carus (1852-1919) en fut si impressionné qu'il décida de se consacrer à la diffusion d'œuvres bouddhistes et fit venir du Japon pour l'assister Daisetz Teitaro Suzuki (1870-1966), disciple laïc de Sōen Shaku et universitaire, grand érudit du zen. Par la suite, les nombreux ouvrages de D.T. Suzuki sur le zen et le *Mahāyāna*, traduits en plusieurs langues, jouèrent un rôle essentiel en les faisant connaître en Occident.

La deuxième vague

D.T. Suzuki devint de ce fait un des principaux pionniers de la deuxième vague de propagation du bouddhisme qui suivit la Seconde Guerre mondiale. Après celle-ci, de nombreux militaires américains cantonnés dans le Japon occupé entrèrent en contact avec les institutions bouddhiques ; d'autres rapprochements se produisirent lors des guerres de Corée (1950-1953) et du Viêtnam (1965-1974). Avec la montée du mouvement hippy, né à San Francisco en 1966, et de la « *Beat Generation* », commencèrent les grands pèlerinages pseudo-mystiques des jeunes Américains et Européens vers l'Inde et le Népal. À la même époque, des maîtres tibétains réfugiés et des moines zen venus du Japon commençaient à répandre la pratique du bouddhisme aux États-Unis et en Europe. S'ensuivit un nouvel essor du bouddhisme beaucoup plus significatif, puisqu'il s'agissait cette fois de véritables pratiquants.

Cette nouvelle avancée prit elle aussi naissance aux États-Unis. Précédemment, maîtres zen et lamas tibétains n'y étaient que des visiteurs occasionnels ; mais certains d'entre eux, attirés par les premiers adeptes, décidèrent de s'y établir et de fonder des centres de méditation. En 1959, arrivait à San Francisco le maître zen Sōtō, Shunryu Suzuki (1904-1971) qui fonda en 1961 l'important *Zen Center* de San Francisco et en 1966 le *Zen Mountain Center de Tassajara*, premier monastère Sōtō d'Occident. Les abbés qui lui succédèrent furent des moines américains. En 1970, était créé au nord de la Californie Shasta Abbey dont l'abbesse fondatrice était une bouddhiste d'origine anglaise, P.T.N. Kennett, adepte du *Theravāda* dans sa jeunesse, mais qui fut la première femme à être admise au Sojiji, le second grand monastère zen Sōtō du Japon, et accéda en 1963 au rang d'abbesse. Toujours en Californie, Taizan Maezumi Rōshi (1931-1995) fonda le Centre zen de Los Angeles. En 1962 et 1969, le grand maître japonais Yasutani Rōhi se rendit à plusieurs reprises aux États-Unis à la requête de pratiquants du zen et y fit de nombreux disciples. L'un d'entre eux, Philip Kapleau, après un long séjour auprès de son maître au Japon, fonda le Centre zen de Rochester. Le moine coréen Seung Sahn, arrivé en 1972 à Providence (Rhode Island), y ouvrit un centre zen aujourd'hui prospère [11]. Tous ces maîtres débutèrent aux États-Unis avec des moyens extrêmement réduits et leur connaissance de l'anglais était presque toujours rudimentaire, mais ils formèrent des moines américains capables de continuer leur mission.

Aux États-Unis, où sont aujourd'hui représentés les quatre grands ordres monastiques tibétains, les lamas en exil ne furent pas moins actifs. Le plus célèbre d'entre eux fut Chögyam Trungpa (1940-1987), abbé tulku de l'école Karma-pa dans la tradition Kagyu-pa, qui s'enfuit très jeune du Tibet et gagna la Grande-Bretagne où il réussit à faire des études universitaires avant de fonder le centre de méditation de Samyeling en Écosse. Venu aux États-Unis en 1969, Chögyam Trungpa y créa en 1971 le centre Karma Dzong à Boulder (Colorado), qui prit une grande extension avec la fondation du *Naropa Institute* consacré aux recherches savantes sur le bouddhisme et

11. É. Rommeluère, *Guide du Zen*, Le Livre de Poche, Paris, 1997.

de tout un réseau de centres de méditation. Dans ses nombreux ouvrages qui connaissent un grand succès tant en Europe qu'aux États-Unis, Chögyam Trungpa est parvenu à adapter la tradition tibétaine et le bouddhisme *Mahāyāna* à leur nouvel environnement culturel en un langage différent et très direct qui semble ouvrir la porte à un courant nouveau de pensée né de ces rapports entre Orient et Occident. En 1968, était arrivé en Amérique du Nord un autre grand lama de l'école Nyingma, Tarthang Tulku, qui fonda le *Nyingma Institute* de Berkeley (Californie).

Il existe aussi aux États-Unis plusieurs centres de *Theravāda* dirigés à l'origine par des moines de Sri Lanka et de Thaïlande. Venu de Hong Kong, le maître chinois du *Tripitaka* Hsuan-hua inaugura en 1968 à San Francisco la *Sino American Buddhist Association*, dont dépendent la *Dharma Realm University* (Université de la Sphère du *Dharma*), établie au nord de la Californie, ainsi que plusieurs écoles où sont étudiés conjointement les enseignements du Tch'an et ceux de la Terre pure.

Enfin le *Sōka Gakkai*, installé à Los Angeles depuis 1960, a entrepris comme à son ordinaire une vigoureuse campagne de prosélytisme ; en 1970, il déclarait avoir déjà aux États-Unis plus de 200 000 adhérents recrutés surtout parmi la population noire et hispano-américaine.

En résumé, des circonstances aussi bien historiques que géographiques – la côte Ouest des États-Unis, et donc la Californie, fait face à l'Asie sur l'autre rive du Pacifique – ont fait des États-Unis depuis une trentaine d'années le terrain par excellence d'expérimentation et d'acclimatation du bouddhisme en Occident. Il en résulte une confusion apparente due à la diversité des écoles. Toutefois, étant donné que la plupart de ceux qui ont été attirés par le bouddhisme sont avant tout des méditants, et que, précédemment désorientés, ils recherchent une voie de découverte de soi et de développement spirituel, on peut espérer que d'une situation encore quelque peu chaotique naîtra à la longue une véritable compréhension du bouddhisme ainsi que du profit que pourrait en retirer l'Occident

Le même disparate, dans un premier temps inévitable, règne en Europe. En Angleterre, l'implantation du bouddhisme est relativement ancienne ; elle remonte aux séjours qu'y fit Anagārika Dharmapāla entre 1893 et 1927 et à la fondation en 1907 de la *Buddhist Society* de Grande-Bretagne, présidée par T.W. Rhys Davids et rénovée en 1943 par Christmas Humphreys. Les traditions qui prévalent en Angleterre sont aujourd'hui le *Theravāda*, le zen et le bouddhisme tibétain. Ce sont les mêmes écoles qui dominent en Allemagne. Dès 1903 Nyānatiloka, d'origine allemande, devenu moine à Sri Lanka, eut plusieurs disciples allemands. Un autre Allemand, le lama Anagā-rika Govinda (1898-1985), appartenant au courant œcuménique tibétain *Rimé*, qui vécut longtemps au Tibet, fonda en Allemagne l'*Arya Maitreya Mandala*, communauté laïque qui exerce un certain rayonnement.

En France, la coïncidence apparemment fortuite de l'arrivée des réfugiés viêtnamiens et tibétains et de la recherche spirituelle entreprise, à travers les nombreux ouvrages sur le bouddhisme qui paraissaient alors, par une jeunesse déchristianisée, entraîna un développement progressif de la pratique. La venue en France de deux grands maîtres, le Rōshi Taisen Deshimaru (1914-1982), maître du zen Sōtō japonais, et le Vénérable Kalou Rinpoché (1904-1989), grand lama tibétain, accéléra ce processus. Arrivé à Paris en 1967, T. Deshimaru y fonda l'Association Zen internationale et deux importants centres de méditation (*zendō*), l'un à Paris, l'autre dans un domaine de la vallée de la Loire, ainsi que de nombreuses annexes, tant en France qu'en Europe occidentale. Kalou Rinpoché, qui fit en France de nombreux séjours, a fondé à partir de 1974 plusieurs monastères appartenant à l'école Kagyu dont Karma Ling, en Savoie, dirigé par le premier lama français, Denys Teundroup. D'autres centres s'ouvrirent à la même époque : Karma-Kagya et Nyingma en Dordogne, Gelug à Lavaur, près de Toulouse, Sākya-pa à Évreux. Au total, il existe aujourd'hui en France une cinquantaine de centres représentant les quatre grands ordres monastiques tibétains : Kagyu (trente-cinq), Gelug (sept), Nyingma (six) et Sakya (quatre). Afin d'assurer la survie de leur tradition, les lamas se sont donné pour premier objectif de former des moines européens. Un certain nombre de pratiquants français ayant accompli une ou plusieurs retraites de trois ans et reçu les initiations majeures, portent aujourd'hui le titre de lama.

9

Le bouddhisme et nous

Le bouddhisme est donc aujourd'hui parmi nous. Qu'allons-nous en faire ? En quoi peut-il nous être utile ? Telles sont les questions essentielles qui sont à l'origine de ce livre, mais y sont demeurées jusqu'alors sous-jacentes. Il convenait en effet, avant de tenter d'y répondre, d'exposer l'enseignement tel qu'il fut donné par le Bouddha Shākyamuni lui-même et la manière dont il a été reçu par les peuples très divers auxquels il est parvenu et qui ont su en tirer un grand profit, civilisateur autant que spirituel.

Tant que notre société demeurait relativement stable et équilibrée, s'appuyant sur un patrimoine culturel encore intact, le bouddhisme ne pouvait être considéré que comme une religion spécifiquement asiatique, étrangère à la mentalité et aux préoccupations occidentales. La situation est aujourd'hui tout autre. Les idéaux anciens se sont effondrés ; la continuité culturelle, submergée par un « progrès » exclusivement technocratique et par la domination des nouveaux « médias », s'est trouvée rompue ; enfin, on peut se demander si les religions traditionnelles, elles-mêmes en crise, sont encore capables d'assumer leur mission. Le malaise qui en résulte ne fait que croître de génération en génération. Il entraîne une insatisfaction et une instabilité qui peuvent engendrer des troubles psychiques graves, ou même déboucher sur la violence.

Le contexte socio-économique, lui-même gravement perturbé, ne saurait porter remède à ces maux ; il ne peut que les entretenir et les accroître. Dans la société dite de consommation, où seul compte l'avoir, et non plus l'être, où règne sans frein une convoitise inextinguible, parce que perpétuellement insatisfaite, nul ne peut échapper à l'angoisse existentielle telle que le bouddhisme l'a analysée sous le nom de *duhkha*. Chacun a tendance à se conduire comme une personnalité assiégée de toutes parts, en un monde où la « communication », dont il est justement tant question, n'est plus qu'un leurre, où personne n'écoute plus personne, où prévaut de ce fait la mésentente. Chacun en vient à s'isoler, à se replier et à se renfermer de plus en plus sur lui-même, dans un égocentrisme morbide, proprement névrotique. La psychanalyse, à laquelle recourent tant de nos contemporains, ne peut que constater et mettre en évidence les causes profondes de ce mal-aise, mais comment pourrait-elle en venir à bout ? Seul l'individu peut se sauver de lui-même par lui-même. Il a néanmoins besoin d'aide.

Certains vont la chercher auprès des *gurus* de notre temps qui exploitent sans scrupule leur crédulité. Ils courent alors un autre danger, plus grave que celui auquel ils tentaient d'échapper : au lieu de se sauver, ils en viennent à s'anéantir. De toute manière, en s'en remettant à autrui, ils se privent de toute chance d'autoguérison.

C'est à elle que se rapporte finalement le message du Bouddha, qui est transmission d'une expérience personnelle, reproductible par chacun, et dont le terme est la délivrance, grâce à la véritable compréhension de la destinée humaine. Le bouddhisme est essentiellement méthode et processus de guérison. C'est, si l'on veut, une psychothérapie, mais radicale et définitive, qui se fonde sur une analyse extrêmement fine et précise de la condition humaine, toujours identique dans le temps et dans l'espace. Son but, universel et intemporel, est la destruction de l'ignorance (*avidyā*), de l'aveuglement existentiel. Une telle démarche exige une détermination, un courage (*vīrya*) et une persévérance (*kshānti*) qui manquent à la plupart d'entre nous. Peut-être pour l'entreprendre avec le ferme propos de la mener jusqu'à son terme, faut-il avoir atteint le fond du mal-aise, du mal-être, du malheur existentiels, et avoir pris conscience qu'il n'y a plus d'autre issue. Ainsi en advint-il du prince Siddharta Gotama, sortant du milieu protégé où il avait jusqu'alors vécu et découvrant la profonde misère de l'être humain ; ainsi naquit sa vocation. Mais, parvenu à l'Éveil, il dut lui-même constater : « La connaissance que j'ai acquise est profonde, difficile à comprendre, paisible, au-delà du raisonnement, seulement accessible aux sages, mais l'humanité prend plaisir à la satisfaction du désir, elle s'en réjouit, elle se complaît dans l'agitation. La connaissance est éloignée d'elle, comment la souhaiterait-elle, puisqu'elle ne recherche pas l'apaisement, qu'elle ne veut renoncer ni à l'attachement ni à la convoitise ? » Ne peut être délivré que celui qui le veut de toutes ses forces et est prêt à tous les sacrifices et d'abord celui de ce qu'il prend pour son « moi ».

Celui-là seul, le « renoncé », a, au moins en son cœur, « quitté la maison », est « entré dans le courant » (*shrotaāpanna*) et marche sur la Voie. Il s'agit là d'une « conversion », non telle que l'entend le christianisme, mais au sens étymologique du mot : « retournement », d'une adhésion réfléchie et circonspecte, fondée sur l'expérience personnelle ou la compréhension intellectuelle. Dans les deux cas, l'adepte choisit délibérément de changer de vie et de conduite. Il s'y engage en « prenant refuge » dans le Bouddha, le *Dharma* et le *Sangha*, et en prononçant les cinq vœux des disciples laïcs : ne pas tuer, ne pas voler, ne pas commettre l'adultère, ne pas mentir, s'abstenir de boissons enivrantes.

Aussi diverses que soient les formes prises par le bouddhisme à travers le temps et l'espace, l'enseignement fondamental reste toujours identique, puisqu'il s'agit de celui du Bouddha Shākyamuni, et la pratique essentielle commune est la méditation. La multiplicité des écoles devrait permettre à chacun de choisir sa voie, conformément à ses affinités et à ses aspirations. Depuis l'arrivée du bouddhisme en Occident, deux de ces écoles, toutes deux māhāyanistes, ont été mieux reçues que les autres, sans doute parce que, plus adaptables et plus ouvertes, elles correspondent le mieux aux besoins actuels : ce sont le bouddhisme tibétain et le zen qui, malgré de grandes différences apparentes, ont en commun le même idéal, la compassion universelle du *bodhisattva*, le souci de l'autre plutôt que de soi-même. Bouddhisme tibétain et zen illustrent en somme les deux méthodes classiques : progressiste ou subitiste.

En définitive, le choix du pratiquant occidental est fondé sur ce qu'il attend du bouddhisme : soit obtenir simplement la paix intérieure, parvenir à une plus juste évaluation de son destin et donc à une meilleure compréhension des autres et de lui-même et, partant, à un mode de vie plus satisfaisant ; soit découvrir sa « véritable nature », qui est « Nature de Bouddha », « Nature d'Éveillé », ce qui suppose le renoncement au « Moi », donc une véritable métamorphose, telle est la voie de l'Éveil et du *nirvāna*. Ceux-là qui s'engagent dans cette voie longue et ardue sont de véritables bouddhistes, donc des moines.

Le bouddhisme est aussi parmi nous en ce sens qu'il a rencontré la civilisation occidentale. Depuis plusieurs décennies se sont produits des échanges, parfois des chocs, qui ne cessent de se multiplier. Sans nécessairement adhérer au bouddhisme, nombre d'esprits éminents ont perçu ce que, agissant comme un ferment nouveau, ainsi qu'il l'a fait jadis dans tous les pays où il a pénétré, la Birmanie comme la Chine, le Japon comme le Tibet, il pourrait apporter à une civilisation qui éprouve un profond besoin de rénovation.

Bouddhisme et philosophie

Au début du XIXe siècle, Arthur Schopenhauer avait déjà vu dans le bouddhisme un élément actif susceptible de rajeunir la philosophie occidentale, strictement dualiste, déjà somnolente et accaparée par l'université, ce qui rendait très difficile l'expression de toute pensée originale et indépendante. La sienne le fut et il le paya fort cher, puisqu'il lui fallut vaincre l'incompréhension radicale de son époque. Son chef-d'œuvre, *Le Monde comme volonté et comme représentation* (1819), pratiquement invendu, fut détruit par son éditeur, et Schopenhauer ne vint à bout de l'indifférence de ses contemporains qu'en sa vieillesse. Ses tardifs admirateurs venaient le consulter dans son cabinet de travail, où il siégeait sous un portrait de Goethe et un buste de Kant, surmontés d'un bouddha tibétain. Comment aurait pu connaître le succès celui qui, à partir d'une connaissance d'ailleurs inexacte du bouddhisme, soutenait que le monde n'est qu'illusion, pure « représentation » de notre esprit et que le comprendre, c'était se délivrer du cauchemar existentiel et atteindre la paix du *nirvāna* ?

Un siècle plus tard, un autre grand penseur allemand, Martin Heidegger (1889-1976), ayant rencontré le zen, déclarait : « Si je le comprends correctement, voilà ce que j'ai essayé de dire dans tous mes écrits. » Ces paroles compromettantes ne trouvèrent aucun écho dans le clan des heideggeriens ; on fit même comme si elles n'avaient pas été prononcées [1]. On ne voulait voir en lui qu'un professeur et un philosophe alors qu'il affirmait lui-même n'être ni l'un ni l'autre, mais plutôt – seulement, c'est-à-dire beaucoup plus – un penseur qui dépassait et récusait la philosophie morte depuis longtemps de sa belle mort, puisqu'elle n'avait jamais été qu'« oubli de l'Être ». Heidegger était même, fort scandaleusement et depuis toujours, sinon un métaphysicien, du moins un ontologiste et, de ce fait, une manière de théologien, bien qu'il eût récusé ce titre, puisqu'il parlait de l'« Être », non de Dieu [2]. Sans doute eût-il revendiqué celui de « physiologue » – lequel d'ailleurs englobait les autres –, tels ces « pré-philosophes », ces « pré-socratiques » qui furent ses modèles, éprouvant, comme eux, l'originel étonnement émerveillé que connote, comme il le souligne, le verbe grec *thaumazein*, « s'étonner, s'émerveiller », donc admirer, vénérer. Pour le penseur allemand du XXe siècle, comme pour les Ioniens des VIe-Ve siècles av. J.-C., la vérité est dé-voilement, dé-cèlement (*aletheia*) de l'Être, fin de l'oubli, de l'ignorance (*a-lethō*, « échapper à, être oublié, ou ignoré »), ce qui, d'une certaine manière, correspond à l'anamnèse de l'Éveil, du réveil, dans la psychanalyse comme dans le bouddhisme, comme dans la

1. G. Steiner, *Martin Heidegger*, 1978, trad. fr., Paris, 1981, p. 51.

2. Il n'en fut pas moins l'inspirateur des néo-théologiens allemands, qu'ils soient catholiques, comme Rahner, ou protestants, comme Bultmann, et l'initiateur d'une « méta-théologie » qui remplaçait un Dieu par trop personnel par la présence cachée de l'Être.

mystique de l'Église d'Orient. La *phusis* des physiologues, avant de désigner la nature, signifiait, ainsi que le rappelle utilement Heidegger, « naissance et croissance, formation et production », et même, selon un rapprochement étymologique qui lui est propre [3], « ce qui s'avance et se pose dans la lumière », donc l'émergence de l'Être, devenu perceptible.

A-t-on compris la démarche ultime de l'ermite de Todtnauberg, son refuge dans la Forêt-Noire, telle qu'elle s'exprime dans *Le Chemin de campagne* (*der Feldweg*) de 1948 ? Certains ont jugé énigmatique ce texte si clair, si lumineux, peut-être parce que Heidegger s'y réclame du « vieux maître Eckhart, auprès de qui nous apprenons à lire et à vivre », et tient des propos « mystiques », donc inacceptables. En effet, le penseur s'éloigne des hommes dont « le langage ne dit pas que Dieu est vraiment Dieu », et à qui « seul parvient encore le vacarme des machines, qu'ils ne sont pas loin de prendre pour la voix de Dieu… C'est en vain que l'homme par ses plans s'efforce d'imposer un ordre à la terre, s'il n'est pas ordonné lui-même à l'appel du chemin. À qui se disperse le Simple paraît monotone. La monotonie rebute. Les rebutés autour d'eux ne voient plus qu'uniformité. Le Simple s'est évanoui. Sa puissance silencieuse est épuisée ». Heidegger ne pense plus, il médite. Cet ordre, on pourrait l'appeler « cosmique » et ce chemin la Voie. Il a retrouvé, lui, ce « chemin de campagne… dans l'air, variable avec les saisons, où prospère une gaieté qui sait et dont la mine paraît souvent morose. Ce gai savoir est une sagesse malicieuse. Nul ne l'obtient qui ne l'ait déjà. Ceux qui l'ont le tiennent du chemin de campagne… [Son] appel est maintenant tout à fait distinct. Est-ce l'âme qui parle ? est-ce le monde ? est-ce Dieu ? » On ne

3. Et peut d'ailleurs être discuté.

saurait être plus clair, mais cette clarté aveugle. Voilà pourquoi certains n'ont pas voulu la voir. Ce que dit le Heidegger de Todtnauberg, c'est que la nature est la véritable institutrice pour qui sait regarder et écouter. La terre doit redevenir ce qu'elle n'est plus, « l'espace du jeu » des puissances naturelles (et surnaturelles). De même, la pensée doit être de nouveau ce qu'elle fut, un « remerciement », une « action de grâces » (*das Denken dankt*, « la pensée remercie »), et le « questionnement » ce qu'à l'origine il fut : « la piété de la pensée » (*Frömmigkeit des Denkens*).

Avec « le chemin de campagne », Heidegger avait retrouvé aussi, en fin de parcours, « la sérénité qui sait... porte donnant sur l'éternité [4] ». À cette sérénité, il consacre un discours qui porte ce titre et qu'il prononça en 1955 dans sa petite ville « natale » ; il le publia, suivi d'un commentaire rédigé dix ans auparavant. C'est elle qui inspire un autre écrit de 1947, *L'Expérience de la pensée (Aus der Erfahrung des Denkens)* [5], texte étonnant, et par les idées exprimées qui émanent de la pensée purement intuitive, et par sa présentation : de courtes phrases, presque des *haïku*, faisant face aux idées, pensée et formulation ressemblant quelque peu à celles mises en œuvre par les maîtres zen, dont il convient de préciser qu'à l'époque Heidegger ne les connaissait pas encore.

La philosophie du « non-philosophe » Heidegger est remise en cause radicale de la philosophie par elle-même. Elle est d'abord déblaiement, rejet de tout ce qui, depuis Platon et Aristote et, bien entendu, surtout depuis Descartes, masquait l'étonnement originel, ce contact direct avec l'Être qu'est le « questionnement » premier,

4. Traduction française dans *Questions III*, Paris, 1966.
5. On pourrait aussi traduire, plus justement peut-être : « L'expérimentation de la pensée. » Trad. fr. dans *Questions III*, 1966.

en tant qu'expression de vénération. L'initiative heideggerienne « nous force littéralement à tenter de repenser le concept même de pensée [6] ». La véritable pensée « ontologique » est « remémoration » (*Denken ist andenken*), rappel ; elle est « penser à », donc « penser après » (*Nachdenken*) [7], ce que commente le heideggerien théologien, le jésuite William J. Richardson : « La pensée, si elle doit être sincère avec elle-même, ne doit être liée que par l'être tel qu'il advient sans cesse à la pensée. Elle doit persévérer dans sa docilité envers cette venue continuelle. C'est de cette manière que la pensée répond à l'appel de l'être, et cède aux exigences que l'être lui impose [8]. » En modifiant à peine le vocabulaire, on a là un exposé de l'attitude juste du méditant bouddhiste, qui doit être lui aussi absolument sincère, attentif et docile. La pensée heideggerienne est finalement « non-pensée ». Là aussi, nous retrouvons, *mutatis mutandis*, l'exigence fondamentale de la méditation bouddhiste qui ne peut s'initier que par le rejet de tout à priori, la mise entre parenthèses du mental (le logique, le rationnel), lequel voile l'*Ainsité* (*Tathāta*), c'est-à-dire l'Être lui-même. Le méditant, qu'il soit heideggerien ou zen, est donc exclusivement guidé par l'honnêteté, la sincérité candides, et donc le respect absolu du Réel.

C'est finalement dans une autre dimension, non dualiste, qu'était passé Heidegger, et là ses fidèles ne parvenaient plus à le suivre. L'Être dont il parlait, il le remarque lui-même, était l'*Ousia* des Grecs, et même la *Parousia* (la « Présence ») ; et il ne pouvait ignorer que la « parousie » désigne pour les théologiens le « second

---

6. G. Steiner, *op. cit.*, p. 20.
7. *Qu'appelle-t-on penser ? (Was heisst Denken ?)*, 1952 ; trad. fr. dans *Essais et conférences*, Paris, 1980.
8. W. J. Richardson, *Heidegger : Through phenomena to thought*, La Haye, 1963.

avènement », le retour du Christ (de l'Être) en sa gloire. En définitive, de l'Être on ne peut rien dire, sinon qu'il est (*Sein ist Sein*). Cette tautologie est celle de l'apophatisme, celle aussi du bouddhisme qui se refuse à parler de « Dieu », puisque l'Éveil lui-même est rencontre avec l'Être, métamorphose de l'existence en l'Être, reconnaissance que par elle-même elle est l'Être. Cette tautologie est la seule définition possible de (Dieu), le nom qu'à Lui-même il se donne lorsqu'il « parle » aux hommes : « Je suis celui qui suis. » Comment aurait-on pu suivre le penseur sur ce « chemin » qui ne « mène », en effet, plus « nulle part » [9].

En 1961, Heidegger concluait provisoirement :

« L'Être est le vide extrême, et il est en même temps la richesse dont tout ce qui est, le connu et l'éprouvé, l'inconnu encore à éprouver, reçoit le mode d'être suivant lequel son être se déploie. L'Être est l'extrême universalité, rencontrée en tout ce qui est, et ainsi la chose la plus commune, qui a perdu, ou n'a jamais possédé, tout ce qui pourrait la distinguer et lui donner quelque relief. Il est en même temps l'extrême singularité (*das Einzigste*), à laquelle rien de ce qui est ne peut atteindre. Car, en face de tout « étant » qui voudrait s'élever au-dessus des autres, on trouve toujours son semblable : un autre étant, aussi différent qu'il puisse être du premier. Mais l'Être n'a rien qui lui soit semblable. Ce qui est en face de

---

9. *Chemins qui ne mènent nulle part* (Paris, 1962) est la traduction française du recueil intitulé en allemand *Holzwege*, « chemins du bois ». Il y a donc là aussi contresens. Ces sentiers forestiers (*Gehölz*), comparables au « chemin de campagne », évoquent beaucoup plus pour le promeneur solitaire et méditatif qu'était Heidegger dans la Forêt-Noire les chemins qui conduisent à des « clairières » (*Lichtung*), une des images clés de l'œuvre. Ceux-ci ne mènent en effet « nulle part » dans l'éblouissement lumineux qui saisit le marcheur qui vient de traverser la forêt, en effet noire, et est parvenu au cœur de l'Être.

l'Être est le Rien, et peut-être est-il sous la dépendance de l'Être, et de lui seul. » Pour désigner ce « Rien », Heidegger forge le néologisme *Nichtung*, qui n'est pas négation de l'Être, mais la condition de son apparition, de son émergence, de son « épiphanie » hors du *Nichts*, le « néant » au sens de « vide ». Ces mots « Rien » et « Vide » tels que les emploie Heidegger correspondent à la « Vacuité » (*Shūnyatā*), telle que l'entend Nāgārjuna.

Si l'on veut utilement comparer philosophie bouddhique et philosophie occidentale, c'est donc à l'aube de celle-ci qu'il faut revenir, au temps où elle ne se nommait pas encore « philosophie », au *noũs*, l'« intellect pur », par lui-même divin, au *logos* et au *pneuma*, le « souffle caché dans le langage », selon Heidegger, d'Héraclite d'Éphèse [10]. Après vinrent les rhéteurs et les sophistes. Après, peut-être, n'y eut-il plus que les mystiques, dont ce « vieux maître Eckhart » qu'invoque, plutôt qu'il ne l'évoque, Heidegger.

Bouddhisme et psychanalyse

Dès que l'on commença à s'intéresser au bouddhisme et à ses éventuelles applications, certains se demandèrent s'il n'existerait pas quelque analogie entre les psychothérapies actuelles et la méditation bouddhique en tant que processus d'autoguérison de la maladie de l'esprit. On en vint très vite à des conclusions aussi imprévisibles qu'éclairantes. Dès 1961, dans *Psychothérapie orientale et occidentale*, le pionnier que fut Alan Watts avait souligné, sur un plan très général, le parallélisme entre des disciplines, les unes millénaires, les autres modernes, que tout paraissait séparer, mais qui ne visaient pas moins un

10. *Héraclite*, trad. fr., Paris, 1973.

même but : la libération psychique [11]. En 1971, la traduction en français de l'ouvrage collectif de D.T. Suzuki, E. Fromm et R. de Martino, *Zen Buddhism and Psychoanalysis*, abordait directement la question. Le psychanalyste E. Fromm y remarquait : «… on peut dire… que la connaissance du Zen et l'intérêt qu'on y prend peuvent avoir l'influence la plus fructueuse et la plus illuminante sur la théorie et la pratique de l'analyse. Le Zen, pour différent de la psychanalyse qu'il soit dans sa méthode, peut aiguiser l'attention, jeter une lumière nouvelle sur la notion de la vie intérieure. Il peut donner un sens plus élevé à ce qui est à découvrir, à ce qui doit devenir créateur, à ce qui doit surmonter la contamination affective et la fausse intellectualisation qui sont le résultat inévitable d'une expérience basée sur la rupture sujet-objet. » En sens inverse, E. Fromm ajoutait : « L'éclaircissement par l'analyse pourrait aider le disciple zen à écarter les illusions, dont l'absence est la condition même de l'illumination [12]. » De tels propos sur le zen sont évidemment applicables à tout le bouddhisme, en tant qu'autopsychothérapie, connaissance consciente, approfondie et distanciée du « Moi » lui-même.

Depuis cette date, avec la diffusion du bouddhisme tibétain et du zen, se sont succédé des colloques traitant de ce sujet et réunissant moines bouddhistes et psychothérapeutes dont certains pratiquaient les techniques orientales de méditation. La question centrale était : la quête d'identité – le « Qui suis-je ? » –, entreprise spontanément au cours de la méditation, grâce à l'introspection qui résulte naturellement du retournement du regard vers l'intérieur, ne correspond-elle pas à une sorte d'auto-

11. *Psychotherapy East and West* fut publié en trad. fr. en 1974.
12. *Bouddhisme zen et psychanalyse*, 3e éd., Paris, 1986, p. 156-157.

analyse contrôlée par le maître ? En tant que telle, ne se rapprocherait-elle pas de la cure analytique dans laquelle le psychanalyste n'est que le témoin privilégié et intervient aussi peu que possible ? À quoi un psychanalyste et psychiatre qui enseigne par ailleurs la méditation bouddhique, J.-P. Schnetzler [13], répond résolument : « On peut, à notre avis, dire légitimement que la méthode psychanalytique est un cas particulier de la méditation *vipassanā* [14]. » Rappelons que ce mode de méditation vise l'examen analytique de la nature des choses, c'est-à-dire de la Vacuité (*Shūnyatā*) en tant que Réalité suprême. Mais si, selon le même auteur, les ressemblances sont sensibles, puisqu'il s'agit, dans l'un comme dans l'autre cas, de reconnaître – au sens d'explorer – les zones profondes du psychisme qui d'ordinaire demeurent hors d'atteinte, les différences ne sont pas moindres. Par exemple, la « situation de dépendance [de l'analysé vis-à-vis de l'analyste], au reste explicable par la faiblesse du malade, s'oppose à la solitude du méditant qui a fait de soi-même son refuge ».

Il importe donc de soigneusement distinguer deux méthodes de guérison psychique qui n'opèrent pas du tout de la même façon. Ainsi, le « transfert », condition indispensable, mais seulement transitoire, de la cure psychanalytique, doit être évité dans le domaine de la spiritualité, car il correspondrait à la relation de dépendance absolue du fidèle par rapport à son guru. De même, au relâchement du contrôle volontaire, sans quoi la psychanalyse serait impossible, s'oppose la concentration du pratiquant : « Développez votre concentration, car celui qui

13. J.-P. Schnetzler, *La méditation bouddhique. Une voie de libération*, Paris, 1979 ; nouv. éd., 1994, p. 120.

14. La méditation *vipassanā* (en sanskrit, *vipashyanā*) du bouddhisme *Mahāyāna* consiste dans l'examen analytique de la véritable nature des choses, en tant que Vacuité (*Shūnyatā*).

est concentré comprend les choses selon leur réalité [15]. » Encore faut-il ajouter que, dans la méditation, coexistent deux attitudes également nécessaires ; la véritable concentration ne saurait se produire s'il n'y a eu précédemment relâchement des tensions. On ne peut examiner que ce que l'on a d'abord libéré.

Mais, dans les deux cas, ce qui doit survenir est l'anamnèse, le « souvenir » revécu, le « rappel » de ce qui a été oublié et enfoui : pour la psychanalyse, le « retour du refoulé », l'émergence à la conscience de la cause – ou occasion – originelle de la névrose ; pour le bouddhisme, le resurgissement de la « nature de Bouddha », la réapparition du « visage originel », c'est-à-dire de notre véritable identité. L'amnésie à laquelle met fin l'anamnèse remonte pour la psychanalyse toujours à la petite enfance, mais pour le bouddhisme encore plus loin. L'obstacle majeur au ressouvenir est aussi, dans les deux cas, imaginaire, illusoire. Les *samskāra*, les « formations psychiques », issues du mental, font prendre à l'individu pour des réalités extérieures ce qui ne sont que ses propres émanations et peuvent être considérées du fait de leur rôle comme équivalents des « projections » de la psychanalyse.

On ne peut donc mettre en parallèle des « techniques » qui ne sont que superficiellement comparables. Elles n'ont pas la même fin et n'utilisent pas les mêmes moyens. Il est de ce fait plus éclairant d'examiner ce sur quoi se fondent les différentes méthodes de guérison psychique, c'est-à-dire la nature de la psyché, telle que la décrit la psychanalyse d'une part, et le bouddhisme d'autre part, à condition toutefois de ne voir ni dans la – ou les – psychanalyse ni dans le bouddhisme une doctrine intangible, et d'éviter toute simplification abusive.

---

15. *Samyutta Nikāya,* 21, cité par J.-P. Schnetzler, *op. cit.*, p. 121.

Pour le bouddhisme, le Moi est l'illusion suprême ; ce n'est tout au plus qu'une référence erronée à la coalescence provisoire des cinq agrégats (*skandha*). Bien qu'elle prétende renforcer la structure déficiente du Moi, n'en va-t-il pas au fond de même pour la psychanalyse qui décrit sa genèse tardive et aléatoire, et les périls dont il est sans cesse menacé, pour Freud, entre le « Ça », c'est-à-dire les « instincts », et le « Surmoi », instance elle-même non innée, puisqu'il s'agit d'interdits extérieurs introvertis ? Le Moi, Freud ne l'a-t-il pas défini comme « un clown de cirque qui, par ses gestes, cherche à persuader l'assistance que tous les changements qui se produisent dans le manège sont les effets de sa volonté et de ses commandements », ou encore comme un cavalier qui conduit sa monture là où elle veut aller [16] ? De telles comparaisons ressemblent à celle qui, dans l'hindouisme et le bouddhisme, fait du mental (*manas*) un singe cavalcadant de branche en branche et incapable de s'arrêter. Pour Freud, le Moi n'est que l'expression du principe d'autoconservation. Telle est en somme l'attitude constante des psychanalystes. Pour Jung, le Moi n'est que la *persona* (entendue au sens latin premier : « masque de comédien »), « compromis entre l'individu et la société ». Lagache y voit seulement « le terme qu'emploie le sujet conscient quand il pose sa personne comme objet un et permanent, qu'il oppose au non-moi et aux autres moi, les moi étrangers, mais qu'il ne peut leur opposer que pour autant que ce "moi" est de la même espèce, c'est-à-dire un objet ». Le sujet conscient, ajoute Lagache, s'identifie au moi : « La conscience est infiltrée, altérée, captée, fascinée, enchantée, envoûtée par le Moi. Le Moi qu'elle a fait. » Lacan est encore plus

16. S. Freud, *Cinq leçons sur la psychanalyse*, trad. fr. nouv. éd., Paris, 1966.

dépréciatif : la conscience est « enchaînée aux méconnaissances constitutives du Moi », lequel n'est qu'une « organisation passionnelle », elle-même engendrée par un « rapport érotique où l'individu humain se fixe à une image qui l'aliène [17] ». Dans ces conditions, n'est-il pas troublant que la psychanalyse, après avoir impitoyablement démonté le mécanisme mensonger, s'empresse de le remonter, en vue seulement de sa meilleure adaptation au monde ? C'est évidemment là sa limite.

La monture, évoquée par Freud, qui sait où elle veut aller, et ira malgré son cavalier, le Moi, n'est autre que le Ça, en gros les instincts primaires. Mais Freud a emprunté le mot au psychothérapeute Groddeck, son contemporain, auteur du fameux *Livre du Ça* [18]. Or le « Ça » groddeckien est une notion beaucoup plus extensive et, pour un bouddhiste, bien plus parlante que le « Ça » freudien : elle « désigne et ne peut désigner rien d'autre que la totalité du vivant dans l'être individuel à partir de sa conception [19] ». Pour Groddeck, le Moi n'est qu'une convention du langage, il n'a pas d'existence propre. « Essayez de comprendre ce moi, de le séparer, de le saisir individuellement. Vous verrez que ce n'est pas possible. Il n'y a absolument pas de moi ; c'est un mensonge et une déformation quand on dit : je pense, je vis. Il faudrait dire : ça pense, ça vit. Ça, c'est-à-dire le grand mystère du monde [20]. » « Aussi à la question : qu'est-ce que le Ça ? je ne puis répondre. » En un autre endroit, Groddeck cependant précise : « Le Ça ne s'exprime pas seulement avec des

---

17. Textes mentionnés par J.-P. Schnetzler, *op. cit.*

18. *Das Buch vom Es* fut traduit en français en 1963, sous le titre : *Au fond de l'homme, cela*. Il a été réédité en 1975 sous son véritable titre : *Le livre du Ça*.

19. *La maladie, l'art et le symbole*, essais de G. Groddeck, rassemblés et traduits par R. Lewinter, Paris, 1969, p. 145.

20. *La maladie, l'art et le symbole*, p. 245.

mots. Chaque forme signifie quelque chose : le grand nez, le dessin de la bouche, le pouce plat, l'arc des sourcils, la coupe des cheveux, la façon de manger, de boire, de respirer, la profondeur du sommeil, l'attitude du corps, chaque mouvement, l'odeur que nous répandons, la chaleur de notre peau, l'intonation de la voix, tout ce qui change [21]. » Sans le savoir, Groddeck rejoint ici les enseignements du bouddhisme qui affirme que le *karma* s'exprime principalement par le corps, dans ses formes et ses particularités les plus intimes.

Le médecin berlinois récusait, en particulier dans sa pratique médicale, tout dualisme âme-corps. En 1917, il écrivait à Freud : « … J'étais fermement convaincu que la distinction entre l'âme et le corps n'était qu'un mot… que l'âme et le corps sont une chose jointe qui recèle un ça, une puissance par laquelle nous sommes vécus, tandis que nous croyons vivre… J'ai essayé de traiter l'individu entier, le ça en lui. J'ai cherché un chemin qui conduise à ce domaine inviolé, inconnu. Je savais que j'étais bien proche du mysticisme, si je ne m'y trouvais déjà en plein. Néanmoins, les faits étaient là, qui me forçaient à poursuivre mon chemin [22]. » Groddeck, médecin traitant, fut à ce titre responsable de guérisons étonnantes et, pour les autres médecins, inexplicables.

S'il se reconnaît – en s'en excusant – comme mystique, c'est donc, selon lui, en fonction des nécessités – et de la réussite – de son traitement. En fait, Groddeck déborde constamment du domaine rationnel bien jalonné, en vertu aussi de son parcours personnel qui l'amène par exemple à contester l'authenticité du langage, dont la faiblesse réside pour lui « dans le fait qu'il est incapable de saisir la vérité qui est impermanence et interdépendance.

21. *Ibid.*, p. 63.
22. *Ibid.*, p. 96.

Le bouddhisme n'enseigne pas autre chose [23] ». Pour lui, l'être humain tout entier – corps et âme – est le lieu des signes, des symboles [24] que le médecin comme le psychanalyste ont à déchiffrer. Le monde lui-même en est peuplé et il s'agit de les reconnaître par-derrière les apparences. » En nous, par-delà « l'obscure conscience de la faiblesse et de la peur respectueuse… plonge à profondeur égale l'autre racine qui pousse les sèves et les forces dans la vie humaine. C'est le sentiment d'être un avec la nature, non pas son esclave, non pas son outil, mais un avec elle, indissolublement fondu en elle, puissant comme elle, divin comme elle, éternel comme elle… Dans la vie de chaque être humain survient un tel instant de calme profond, d'unité avec Dieu-Nature. Et l'enfance nous paraît un Paradis parce que l'enfant se sent encore un avec le monde… Mais rares sont ceux qui savent ce que signifie ce repos, ce repos qui surplombe la joie et la douleur, que la mort n'effraie pas et que ni l'or ni l'amour ne séduisent, cette ouverture du ciel sans crainte et sans désir. C'est l'être-un avec Dieu-Nature, la conscience d'appartenir au Tout créateur, la dissolution et la fusion de la personnalité de l'homme, du moi, en Dieu-Nature [25] ».

Ce qu'évoque Groddeck, qui bien évidemment se souvient des paroles de Jésus : « En vérité, je vous le dis, quiconque n'accueille pas le Royaume de Dieu en petit enfant n'y entrera pas », ce n'est certes par l'Éveil, mais ces petits éveils, ces *satori* fragmentaires et fugitifs, qui

---

23. D. Dussaussoy commentant Groddeck, dans « Groddeck entre l'Orient et l'Occident », publié dans Dr Ikemi et T. Deshimaru, *Zen et self-control*, Paris, 1985.

24. Le dernier livre de Groddeck, publié un an avant sa mort, est consacré à *L'Être humain comme symbole (Der Mensch als Symbol*), trad. fr., Paris, 1991.

25. *La maladie…*, *op. cit.*, p. 257.

sont comme un avant-goût de l'Éveil, fréquents, mais inconscients, dans l'enfance, et qui nous font un jour les rechercher.

Il y a là comme un retour vers l'Être, par-delà l'« oubli de l'Être » dont parle Heidegger. Qu'un clinicien, à vrai dire génial, en soit arrivé là, et par sa propre pratique médicale, toutefois exceptionnellement compréhensive intuitivement et « compatissante », au début de ce siècle, est assurément un signe, même s'il ne fut pas perçu par ses contemporains. Or Georg Groddeck (1866-1934) appartenait à la même génération que Sigmund Freud (1856-1939), qui fut son correspondant, son ami, mais non son maître. Il n'ignorait pas le bouddhisme qu'il salue au passage dans son œuvre, le louant de prôner, plus que le christianisme, « le détachement de soi ». « L'abstraction opérée du moi apparaît comme le but ultime de l'aspiration. Or le bouddhisme que je viens de définir comme une contemplation extensive – il ne s'arrête pas à l'homme, mais s'étend aux animaux –, le bouddhisme, disais-je, ou du moins ses idées fondamentales gagnent toujours plus de terrain dans l'âme de l'Europe. » Notons seulement que ce texte a été écrit en 1909.

C.G. Jung (1875-1961) fut le contemporain de D.T. Suzuki (1870-1966) et connut ses écrits sur le zen. Si sa première réaction fut brutalement négative : « Je partage tout à fait l'avis de Koestler, lorsqu'il dénonce l'impressionnante masse de sottises du zen », il n'en accepta pas moins par la suite de préfacer un ouvrage de Suzuki, *Introduction au bouddhisme zen* (Londres, 1949). Cependant, en 1960, Jung mettait encore en garde les Occidentaux contre les dangers qu'ils pouvaient rencontrer en pratiquant les techniques orientales de méditation : « Nous serions alors submergés par l'inconscient, précisément parce que nous l'avons trop fortement refoulé et que nous n'avons pas encore pactisé avec les moins respectables de nos instincts », contrairement, selon lui, aux Asiatiques. Mais l'année suivante, et sur son lit de mort, Jung se trouva convaincu, en lisant *Les Enseignements du Tch'an et du Zen* de Charles Luk (Lu K'uan Yu), disciple de Hsun-Yun (1839-1959), le dernier grand représentant chinois du tch'an, mort à cent vingt ans et moine depuis cent ans, auprès de qui se rendirent bien des visiteurs venus d'Europe. Jung demanda alors à son disciple, le Dr M.L. von Franz, d'écrire à Charles Luk sa satisfaction, ce qu'elle ne put faire que le 12 septembre 1961, trois mois après la mort de son maître : « Lorsqu'il lisait ce qu'avait dit Hsun-Yun, il avait parfois le sentiment que lui-même aurait pu dire exactement la même chose. » Jung ne fit donc probablement que juste avant de mourir des rapprochements pourtant évidents, par exemple entre ce qu'il appelle des « archétypes » ou « images virtuelles », « virtualités formatrices qui modèlent la matière indifférenciée fournie par le flux de l'énergie psychique », et les *samskāra* (formations psychiques) qui, pour l'école mahāyāniste du *Yogāchāra*, sont émis par la plus profonde des consciences, la conscience *ālaya*, ou conscience héréditaire, ce qui correspond approximativement à ce que Jung lui-même dit de la provenance des archétypes : « Ces images virtuelles sont comme le sédiment de toutes les expériences vécues par la lignée ancestrale ; elles en sont le résidu structurel, non les expériences elles-mêmes [26]. » Dans un autre passage de la *Dialectique du moi et de l'inconscient* de 1933, Jung allait jusqu'à écrire : « Lorsque les bouddhistes disent qu'en progressant sur la voie de la perfection, grâce à l'intériorisation et à la contemplation, il se produit une réminiscence et une remémoration d'incar-

26. *Dialectique du moi et de l'inconscient*, trad. fr., Paris, p. 143.

nations passées, ils se rapportent sans doute à la même donnée psychologique de base [la croyance en l'immortalité de l'âme], avec cette différence toutefois qu'ils attribuent la composante historique, non pas à l'âme elle-même, mais au Soi [27]. »

On en viendra, tôt ou tard, à reconnaître – certains psychothérapeutes déjà l'admettent – non seulement que le bouddhisme, en tant que processus de guérison psychique, n'est somme toute pas tellement différent par sa méthode, la méditation introspective, et son but, la délivrance, des techniques thérapeutiques modernes et qu'il pourrait même, dans certains cas, les compléter, mais surtout que l'analyse de la psyché, telle que la présentait au IVe siècle le *Yogāchāra*, ressemble étrangement par son approche, son acuité et sa profondeur, aux découvertes les plus récentes de la psychanalyse.

Bouddhisme et christianisme

Y a-t-il incompatibilité entre la méditation bouddhique et la vie chrétienne ? Quels sont, quels peuvent être les rapports entre bouddhisme et christianisme ? Comment peuvent-ils se rencontrer et se comprendre ? Enfin en quoi, hypothétiquement, sont-ils susceptibles de bénéficier l'un de l'autre ? Telles sont maintenant les questions qu'il faut poser, sans prétendre les résoudre, car il est certainement beaucoup trop tôt.

C'est évidemment du catholicisme, traditionnellement intolérant, et non du bouddhisme qui admet la validité de toute voie spirituelle, quelle qu'elle soit, et recommande même à ceux qui adhèrent à la doctrine du Bouddha de ne pas abandonner celle dans laquelle ils se trouvaient

27. *Ibid.*, p. 145.

précédemment, s'ils ne l'ont au préalable rejetée, que doit venir une réponse, au moins provisoire. L'Église l'a déjà donnée en la personne de Paul VI, pape de 1963 à 1978. On sait l'estime réciproque qui lie Jean-Paul II et le quatorzième Dalaï-Lama, mais on semble avoir oublié les décisions prises par Paul VI, le premier pape vraiment œcuménique, autorisant, dans certains cas, les ordinations zen de clercs catholiques, prêtres et moines, déjà engagés dans cette voie, mesure d'ailleurs récemment abrogée par Jean-Paul II.

Mais sur ces questions fondamentales s'étaient prononcés deux religieux, l'un cistercien, l'autre jésuite, tous deux éminents par leur science comme par leur foi. Tout au moins projetèrent-ils sur elles un vif éclairage, émanant d'une expérience personnelle qui a valeur de témoignage. L'Américain Thomas Merton (1915-1963), né en France où il fit ses premières études, avant de les poursuivre en Angleterre à Cambridge, puis à la Columbia University de New York, converti en 1936 au catholicisme et entré cinq ans plus tard à la Trappe de Gethsémani dans le Kentucky, s'était fait connaître par *La nuit privée d'étoiles* [28] où il évoquait son parcours spirituel. Véritable contemplatif, déçu par l'évolution contraire d'une Église qui avait déjà opté pour une matérialisation et une socialisation progressives, afin de devenir, croyait-elle, « moderne », Th. Merton se tourna bientôt vers les traditions orientales et particulièrement vers le bouddhisme. Attiré au zen par la lecture des ouvrages de D.T. Suzuki, avec qui il engagea un dialogue [29], il rencontra ensuite le Dalaï-Lama, puis médita sous la direction d'un lama tibétain de l'école *Nyingma*

28. Trad. fr., Paris, 1951 ; rééd. 1994.

29. « Sagesse et vacuité », rédigé en commun et inséré dans *Zen, Tao et Nirvāna*, trad. fr., Paris, 1970, p. 105-146.

et appartenant à la tradition *Dzogchen*, elle-même assez proche du zen. Thomas Merton mourut en 1963 lors d'une conférence intermonastique à Bangkok à laquelle il participait.

Très différent, mais tout aussi significatif, est le parcours du jésuite allemand, le P. Hugo M. Lasalle, qui vécut près de cinquante ans au Japon, y fut naturalisé sous le nom d'Enomiya Makibi et ouvrit à Tokyo un *dojo* où il enseigna et fit pratiquer *zazen*, déclarant : « Le catholicisme ouvre ses portes aux autres religions : c'est pourquoi j'ai fait construire un *dojo* zen qui sera ouvert à tous. » Le P. Lasalle répandit aussi le zen en Allemagne, où il revint mourir, à plus de quatre-vingt-dix ans, en 1990.

Dans une lettre privée, le P. Lasalle écrivait : « Quant à mon expérience personnelle avec la méditation zen que je pratique chaque jour exactement comme je l'ai apprise de mes maîtres, je ne sens aucune contradiction avec le Christ historique ni avec l'Église, les sacrements, etc. Et j'ai fait cette expérience aussi avec beaucoup de chrétiens que j'ai dirigés dans le *zazen* en Allemagne. À mon avis, le zen est comme l'eau fraîche qui coule de la montagne. Elle est limpide, transparente et ne contient rien, cela est sa beauté et sa force irrésistible [30]. »

Afin de mesurer le chemin parcouru, on peut mettre en regard de cette interprétation le jugement porté en 1922 par un autre jésuite tout aussi éminent, le P. L. Wieger, missionnaire et sinologue bien connu grâce à ses traductions de Lao-tseu et de Tchouang-tseu : «… une pareille contemplation ne peut être soutenue comme acte intellectuel. L'unique résultat qu'elle puisse produire, si elle est pratiquée sérieusement, est l'idiotie. Et, si elle n'est pas pratiquée sérieusement, cette oisiveté mentale conduit

30. Lettre du 2 mai 1969, adressée à P. Viallet.

finalement à l'immoralité [31]. » Il faut cependant ajouter qu'un des premiers et meilleurs spécialistes du zen fut un autre jésuite, allemand comme le P. Lasalle, le P. H. Dumoulin, qui vécut logtemps au Japon, auteur d'une importante *Histoire du bouddhisme zen* [32].

Des témoignages directs et indiscutables par leur absolue sincérité des P. Merton et Lasalle se dégage une attitude très positive, où il n'y aurait plus incompatibilité ni même rivalité, mais complémentarité, sans confusion cependant, sans assimilation hâtive ou abusive. Le point de départ de l'un comme de l'autre est le constat de l'absence, ressentie comme un manque, d'une véritable « expérience » du divin, pratiquement disparue ou tenue en suspicion par l'Église, et l'occasion qu'offre le bouddhisme de la retrouver en toute sa vigueur, en son originelle authenticité.

Ainsi que le remarque Th. Merton, si l'on considère l'« expérience » chrétienne « simplement comme un système de vérités *au sujet* de Dieu et comme une explication de la façon dont l'univers est venu à l'existence, de ce qui lui arrivera par la suite, de l'objet de la vie chrétienne, de ses normes morales, de ce que sera la récompense des vertueux, etc., le christianisme est réduit dans son effet à une vue du monde, parfois une philosophie religieuse sans guère davantage, soutenue par un culte plus ou moins poussé, par une discipline morale et par un strict code de la Loi. Dans un pareil encadrement, l'"expérience" du sens intime de la révélation chrétienne sera nécessairement déformée et diminuée. Que sera une telle expérience ? Pas tant une expérience théologique

31. L. Wieger, *Histoire des croyances religieuses et des opinions philosophiques en Chine, depuis les origines jusqu'à nos jours*, Hsien Hsien-hien, 1922.

32. *A History of Zen Buddhism*, trad. angl., New York, 1963.

vivante de la présence de Dieu dans le monde et parmi les hommes à travers le mystère du Christ qu'un sentiment de sécurité dans la rectitude de l'intéressé : un sentiment de confiance dans son salut, confiance fondée sur la conscience réflexe de détenir la bonne manière de voir quant à la création et au but du monde, et sur ce que sa conduite personnelle lui mérite une récompense dans la vie future [33] ».

Un chrétien ayant une telle mentalité « sera naturellement disposé à une mauvaise interprétation du zen, parce qu'il prendra instinctivement la position d'une personne placée devant un "système de pensée rival", une "idéologie concurrente", ou une "vue étrangère du monde", ou encore, plus simplement, une "religion fausse" [34] ». Cette conception toute négative et fermée du christianisme, que Merton déplore comme une regrettable déviation, ne correspond-elle pas en fait à la vie routinière et sclérosée de la majorité des chrétiens ?

Dans un autre chapitre, Merton constate que la situation est loin de s'être améliorée. On aurait pu en effet penser qu'après les déclarations du concile de Vatican II, les chrétiens seraient « largement ouverts aux religions », on est bien obligé d'observer que « jamais les chrétiens progressistes n'ont été *moins* disposés à ce genre d'ouverture d'esprit. Sans doute approuvent-ils en principe toute forme de communication et de dialogue interreligieux. Mais le nouveau christianisme laïque "postchrétien", qui est activiste, antimystique, social et révolutionnaire, a tendance à considérer comme admise une bonne partie des postulats marxistes sur la religion, opium du peuple. Ils (les néo-chrétiens) se satisfont toujours de vieux clichés sur le "bouddhisme négateur de vie", sur

33. *Zen, Tao et Nirvāna*, p. 62-63.
34. *Ibid.*, p. 37.

“la contemplation égoïste du nombril” et sur le *nirvāna*, sorte d’extase narcotique » !

Mais de son côté, reconnaît Merton, « le zen est délibérément secret et déconcertant… Il peut parfois paraître franchement et ouvertement irréligieux. Et il l’est, dans la mesure où il attaque directement le formalisme et le mythe, où il considère la religiosité conventionnelle comme un obstacle à la maturité du développement spirituel ». De plus, « le zen n’est pas une explication systématique de la vie, ce n’est pas une vue du monde, ce n’est pas une théologie révélatrice et salvatrice, ce n’est pas un moyen de perfectionnement ascétique, ce n’est pas le mysticisme tel que le comprend l’Occident : en fait, il ne cadre avec aucune catégorie commode de chez nous ».

Dans un autre ouvrage, *Mystique et Zen*, Merton remarque qu’« il est impossible de parvenir au *satori* (illumination) seulement par l’inaction quiétiste ou la suppression de toute pensée. En même temps, cependant, “l’illumination” n’est pas une expérience, ni l’activité d’un sujet pensant et conscient de soi. C’est encore moins une vision du Bouddha ou l’expérience d’une relation “Je-tu” avec l’être suprême, considéré comme un objet de connaissance et de perception. Toutefois, le Zen ne *nie* pas non plus l’existence d’un être suprême. Il n’affirme pas et ne nie pas, il *est* tout simplement. On pourrait dire que le Zen est *la conscience ontologique de l’être pur par-delà le sujet de l’objet*, la saisie immédiate de l’être en ce qu’il est tel et de telle manière [35] », autrement dit en son *Ainsité*. « Mais le propre de cette conscience est de n’être ni réflexive ni consciente, ni philosophique ni théologique. Elle est, en un sens, totalement au-delà de la

35. *Mystique et Zen*, Paris, 1972, nouv. éd., Paris, 1995. Les mots en italique sont soulignés par Merton.

portée de l'observation psychologique et de la réflexion métaphysique. Faute d'un meilleur terme, on peut dire qu'elle est purement spirituelle. »

L'incompréhension des chrétiens conformistes est donc inévitable, la mésentente ne peut être que radicale, tout rapprochement serait inutile ; il n'est même pas souhaitable. En revanche, il n'y aurait plus d'obstacle, au moins en apparence, avec l'expérience chrétienne la plus haute, l'expérience mystique, et l'on comprend l'enthousiasme de certains penseurs japonais contemporains pour maître Eckhart. Dans son *Mysticisme chrétien et bouddhiste* [36], D.T. Suzuki cite à plusieurs reprises la célèbre phrase du grand mystique rhénan : « L'œil dans lequel je vois Dieu est le même que celui dans lequel Dieu me voit », qui est en effet un véritable *kōan*. Il aurait pu d'ailleurs y ajouter les paroles de Ruysbroek l'Admirable qui, en quelque manière, l'explicitent : « Dans la simple nudité qui enveloppe toutes choses, le contemplatif se sent identique à la lumière grâce à laquelle il les voit », et reconnaître dans cette « simple nudité » ce que le bouddhisme appelle *Tathāta* (Ainsité). Citant ailleurs un autre passage d'Eckhart : « En nous donnant son amour, Dieu nous a donné le Saint-Esprit de façon que nous puissions l'aimer de l'amour avec lequel Il S'aime Lui-même », Suzuki le commente en termes zen : « Le Fils qui, en nous, aime le Père, dans l'Esprit : un miroir en réfléchissant un autre sans aucune ombre entre eux », voyant dans ce qu'exprime ce texte « la même chose que l'intuition de la *prajñā* » (la Sagesse suprême). À propos de ce commentaire de Suzuki, Merton remarque à quel point il est important « qu'un penseur japonais formé dans le zen soit si ouvert à ce qui est fondamentalement le mystère le

36. *Mysticism : christian and buddhist*, New York, 1957, p. 40-41.

plus obscur et le plus difficile de la théologie chrétienne : le dogme de la Trinité », et en tire la conclusion : « Cela semblerait indiquer que le véritable domaine pour la recherche d'analogies et de correspondances entre le christianisme et le zen pourrait après tout être la théologie plutôt que la psychologie ou l'ascétisme. Au moins, la théologie n'est-elle pas exclue, mais ce doit être celle de la contemplation chrétienne, et non la théologie théorique des manuels et des disputations [37]. »

Quant au P. Lasalle qui, comme Th. Merton, voit dans la méditation la source vive de la foi chrétienne, la « Voie vers l'expérience de Dieu », il estime que la pratique du zen pourrait être une méthode de revivification même pour les chrétiens. C'est là ce qu'il expose dans ses ouvrages [38], en particulier *Méditation zen et prière chrétienne* [39]. Dans un chapitre particulièrement suggestif : « La non-pensée des mystiques », E. Lasalle cite lui aussi un passage important de maître Eckhart, extrait du « Sermon sur la pauvreté en esprit » que, de son côté, Suzuki [40] avait rapproché d'un poème sur la pauvreté imparfaite du maître tch'an Siang-yen Tche-sien (mort en 899) :

« Si un homme est vide de toutes choses, de toutes créatures, de lui-même et de Dieu, et si Dieu pouvait encore trouver place en lui pour agir, nous dirions : tant que cette place existe, cet homme n'est pas pauvre de la pauvreté la plus intime (*eigentliche Armut*). Car Dieu n'a

---

37. *Zen, Tao et Nirvāna*, *op. cit.*, p. 80-81. Peut-être vaudrait-il mieux employer le mot d'« ontologie », comme Merton l'a fait ailleurs, que celui, suspect, de théologie.

38. *Zen-Weg zur Erleuchtung*, Vienne, 1960 ; trad. fr., *Le Zen, chemin de l'illumination*, Paris, 1965.

39. *Zen-meditation für Christen*, Neilheim, 1968 ; trad. fr., *Méditation zen et prière chrétienne*, Paris, 1973, nouv. éd., Paris, 1994.

40. Dans son dialogue avec Th. Merton, « Sagesse et vacuité ».

pas en vue que cet homme ait en lui une place réservée pour Son action, puisque la véritable pauvreté d'esprit exige que l'homme soit vidé de Dieu et de toutes ses œuvres de façon que, si Dieu veut agir dans l'âme, c'est l'homme lui-même qui doit être la place dans laquelle il agit – et cela, il aimerait le faire. Car si Dieu trouvait une fois une personne aussi pauvre que cela, il prendrait la responsabilité de Sa propre action, parce que Dieu agit en Lui-même. C'est ici, dans cette pauvreté, que l'homme recouvre l'être éternel qu'il fut, qu'il est et qu'il sera à jamais [41]. » Le véritable pauvre en esprit, précise Eckhart, est celui qui « ne veut rien, ne sait rien, ne possède rien », et, dit-il ailleurs, a totalement renoncé à soi-même : « Tout ce que Dieu te demande, de la façon la plus pressante, c'est de sortir de toi-même… et de laisser Dieu être Dieu en toi [42]. » De même, le disciple d'Eckhart, Tauler, recommande « de faire le vide afin de laisser Dieu opérer au-dedans de nous ».

Le P. Lasalle montre la présence constante dans le christianisme d'un courant assez proche, en somme, des traditions spirituelles de l'Orient, et singulièrement du bouddhisme. Comme le suggère également Merton, c'est vers la théologie mystique qu'il se tourne, ne serait-ce que parce qu'elle est explicitation – et guide – de l'expérience personnelle des mystiques, se trouvant de ce fait dans un rapport quelque peu similaire à ce qu'est, dans la méditation bouddhique, celui de l'enseignement et de la pratique.

Dans ce domaine, en effet, les résonances sont multiples et pleines de sens et, plus on remonte dans le passé,

---

41. Ce que Suzuki commente en termes zen : « La pauvreté parfaite n'est recouvrée que quand la vacuité parfaite est la plénitude parfaite. » Th. Merton, *op. cit.*, p. 116.

42. Ce qui revient en somme au « laisser être l'Être » de Heidegger.

plus elles le sont. Prenant l'exemple de Richard, le grand maître en contemplation de la fameuse École de Saint-Victor de Paris au XIIe siècle, le P. Lasalle montre que, comme dans la méditation bouddhique, c'est le vide de l'esprit qui est exigé du contemplatif ; il est le préalable nécessaire à la redécouverte de la personnalité véritable (le « visage originel »), qui est un retour : « C'est ici seulement, écrit Richard de Saint-Victor, que l'âme retrouve sa dignité ancienne et revendique le privilège qui lui est naturel de sa propre liberté. » Du même auteur, E. Lasalle extrait cette autre citation : « Que l'homme essaie d'abord de connaître son propre invisible avant de vouloir scruter l'invisible de Dieu. » Plus frappant encore est le rapprochement fait par le jésuite entre certaines formulations zen et celle de Grégoire de Nysse dans son *Commentaire sur le Cantique des cantiques* : « Comme il [l'esprit] laisse en arrière tout ce qui apparaît, non seulement ce que saisissent les sens, mais aussi tout ce que croit voir la raison, et comme il pénètre de plus en plus profondément à l'intérieur, jusqu'à ce que par l'effort de son esprit il se plonge dans ce qui ne peut être ni vu ni saisi, c'est alors qu'il "voit Dieu". C'est en cela que consiste la vraie connaissance de ce qu'il cherche : voir signifie ne pas voir. L'objet de la recherche se situe au-delà de tout savoir, enveloppé de toute part comme par un nuage d'incompréhensibilité. » Avec Grégoire de Nysse, nous atteignons les débuts de la théologie mystique. L'un des premiers Pères grecs de l'Église (IVe siècle), l'évêque de Nysse se trouve tout près encore de la source commune ; il n'en appartient pas moins, avant leur séparation, à l'Église d'Orient, non à l'Église d'Occident.

Que la rencontre devienne plus aisée, plus naturelle, au fur et à mesure que l'on remonte le cours de l'histoire de la spiritualité, c'est ce qu'atteste aussi Th. Merton. L'occasion de son dialogue avec D.T. Suzuki fut en effet l'envoi à ce dernier de son livre, *La Sagesse du Désert*[43], consacré aux Pères du désert, les ancêtres de tout le mysticisme chrétien, occidental comme oriental. Mais si ensuite on prend la voie orientale, le terme de comparaison devient plus pertinent : il s'agit, non plus de la théologie mystique catholique, mais de celle, beaucoup plus libre, de l'Église d'Orient, autrement dit de l'orthodoxie, et l'on peut en effet mettre en évidence une certaine proximité entre la méditation bouddhique, et la métaphysique qui la soutient, et l'hésychasme, courant mystique oriental qui s'est poursuivi jusqu'à nos jours. Il prend sa source dans l'*hesychia*, mot grec qui signifie d'abord « tranquillité », mais aussi « solitude, retraite solitaire » ; appliqué à la mystique, *hesychia* en est venu à vouloir dire : « élimination des pensées, donc oubli de soi ». À *hesychia* correspond d'une certaine manière, dans le vocabulaire de la théologie mystique, le mot *anamnèse* (*anamnesis*) [44], le « rappel », le « souvenir », interprété dans ce contexte comme « remémoration » et « commémoration » de la Transfiguration et de la Résurrection du Christ, plutôt que de sa Passion, donc de la révélation de la possible déification de l'homme, ce à quoi il est par Dieu destiné, et donc comme « initiation au mystère, comme révélation d'une réalité toujours présente[45] », ainsi que l'est, pourrait-on dire et *mutatis mutandis*, celle de la nature de Bouddha.

La théologie de l'hésychasme est par essence apophatique (négative), selon la distinction opérée déjà par le Pseudo-Denys (Ve siècle), dans sa *Théologie mystique*, entre deux voies possibles : la première, positive, qui ne

---

43. *The Wisdom of the Desert*, New York, 1960 ; trad. fr., Paris, 1967.
44. On sait l'usage que fait de ce mot la psychanalyse.
45. V. Lossky, *Essai sur la théologie mystique de l'Église d'Orient*, Paris, 1944 ; rééd., Paris, 1990.

peut conduire qu'à une connaissance imparfaite ; la seconde, négative, « fait aboutir à l'ignorance totale – c'est la voie parfaite –, la seule qui convienne à l'égard de Dieu, inconnaissable par nature ». Une telle distinction fait écho à celle qui, dans la méditation bouddhique, sépare le zen de « l'Éveil silencieux » (*Mokushō zen*) du zen de « la Contemplation de la Parole » (*kanna zen*), autrement dit le zen Sōtō du zen Rinzai. L'apophatisme « est avant tout une disposition de l'esprit qui se refuse à former sur Dieu des concepts ; il exclut résolument toute théologie abstraite et purement intellectuelle qui voudrait adapter à la pensée humaine les "mystères de la sagesse de Dieu" », reproche que l'on peut faire à toute la théologie occidentale depuis la scolastique du XIIIe siècle. « C'est une attitude existentielle qui engage l'homme entièrement : il n'y a pas de théologie en dehors de l'expérience… », écrit V. Lossky, lequel ajoute : « La voie de la connaissance de Dieu est nécessairement celle de la déification [46]. » De la même façon, un bouddhiste pourrait dire : on ne peut connaître le Bouddha, qui par définition est en nous, qu'en le devenant.

Il faut ici rappeler que la méditation hésychaste, comme la méditation bouddhique, conjoint le corps et l'esprit et les unifie dans l'assise qui s'accompagne d'un contrôle de la respiration, du souffle, qui en grec se dit *pneuma*, comme l'esprit. Ainsi Nicéphore l'Hésychaste enseigne à rythmer le souffle afin de « faire revenir l'esprit dans le cœur » et de prendre ainsi conscience du « trésor caché », qui est la Présence divine en nous [47].

Mais, pour utiles que soient les rapprochements que

46. V. Lossky, *op. cit.*, p. 36-34.

47. Traduit par J.-Y. Leloup dans *Écrits sur l'hésychasme, une tradition contemplative oubliée*, Paris, 1990. Rappelons qu'esprit et cœur sont représentés en chinois par le même idéogramme. Quant au « Trésor caché », c'est la « nature de Bouddha ».

l'on peut faire, il convient de ne pas oublier la mise en garde de Th. Merton sur le confusionnisme capable de brouiller les pistes : « Il faut assurément le dire, un certain genre de pensée "concordiste" prend trop facilement pour un dogme fondamental que les "mystiques" de toutes les religions passent tous par la même expérience et qu'ils sont tous semblables dans leur libération des différentes doctrines, explications et fois de leurs coreligionnaires moins fortunés. Toutes les religions "se rencontrent ainsi au sommet" ; leurs diverses théologies ou philosophies perdent leur propos quand on voit qu'elles n'étaient que de simples moyens d'arriver au même but, et que tous les moyens sont efficaces de la même façon. Cela n'a jamais été démontré avec la moindre rigueur, et quoique des esprits de talent et d'expérience l'aient avancé avec persuasion, il faut bien dire qu'une bonne dose d'étude et d'investigation sera encore nécessaire avant que l'on puisse dire grand-chose sur cette question très complexe ; celle-ci semble une fois de plus impliquer une vue purement formaliste des doctrines théologiques et philosophiques, comme si une croyance fondamentale était une chose qu'un mystique pouvait rejeter à la manière d'un vêtement et comme si cette expérience même n'était pas modifiée en quelque sens par le fait qu'il avait cette croyance [48]. »

Mais ceci pose un autre problème, celui de la différence de la notion et du rôle de la foi dans le bouddhisme et dans le christianisme, problème que nous avons abordé au passage. Afin de conclure, très provisoirement, un débat qui est loin d'être terminé – et l'on est en droit d'espérer qu'il sera finalement riche et révélateur –, on pourrait dire que la véritable rencontre ne peut se produire qu'entre deux expériences personnelles, celle du

48. Th. Merton, *Zen, Tao et Nirvāna*, *op. cit.*, p. 65-66.

bouddhiste pratiquant et celle du véritable mystique chrétien. À ce moment-là, mais seulement à ce moment-là, une conjonction, probablement, s'opérera d'elle-même ; ou, comme le formule Th. Merton : « Le *Kerygma* [la Révélation] surnaturel et l'intuition métaphysique de la base de l'être sont loin d'être incompatibles. On peut dire que l'un prépare la voie de l'autre. Ils peuvent fort bien se compléter : c'est pourquoi le zen est parfaitement compatible avec la foi chrétienne et même avec la mystique chrétienne pour peu qu'on entende le zen dans son état pur, en tant qu'intuition métaphysique... libéré des formules verbales et des préconceptions linguistiques. »

Lexique

Abhidharma. « Doctrine particulière. » Troisième partie du Canon bouddhique (*Tripitaka* *), et la plus tardive, compilée entre le IIIe s. av. et le IIIe s. apr. J.-C. Élaboration scolastique de la Doctrine qui porte principalement sur la philosophie et la psychologie.

āchārya. Maître spirituel. À l'origine, le maître enseignant la Doctrine à un novice. L'*āchārya* en vint à jouer, dans le *Mahāyāna* *, un rôle de plus en plus important auprès des adeptes laïcs, proche de celui d'un *guru*.

ahimsā. « Non-violence. » Le respect absolu de tout être vivant, aspect essentiel de l'attitude bouddhiste. C'est le premier des préceptes (*shīla* *).

ālaya-vijñāna. Dans le *Mahāyāna* *, la conscience de tréfonds » ou « conscience héréditaire », la huitième et la plus profonde des consciences (*vijñāna* *), fondement de toutes les autres, à partir de laquelle celles-ci se déploient. Lors de l'Éveil (*Bodhi* *), *ā*

---

* Les mots suivis d'un astérisque sont définis dans ce lexique.

laya-vijñāna devient *āmala-vijñāna*, conscience immaculée et impassible.

Amidisme. Culte du Bouddha Amitābha (en japonais, Amida) dans les écoles du *Mahāyāna* * chinois et japonais. Il repose sur le vœu fait par ce Bouddha de guider et d'assister tous les êtres sur la Voie de la Délivrance et d'accueillir à leur mort tous ceux qui l'auront invoqué avec confiance, dans la « Terre pure » * qu'il a créée pour eux, le « Paradis de l'Ouest » (*Sukhāvati*, « le Bienheureux »).

arhat. L'être accompli, parfaitement détaché, affranchi de toute souillure, de toute illusion, de toute inclination, et de ce fait totalement libéré, idéal du bouddhisme primitif et du *Hīnayāna* * (v. *bodhisattva* *).

ātman – anātman. Dans l'hindouisme, l'*ātman* est le Soi véritable et immortel de l'homme, identique au *Brahman*, l'Absolu. Le bouddhisme nie l'existence même de l'*ātman*. Pour lui, il n'y a qu'*ānātman*, Non-Soi. La personnalité présente, le Moi conventionnel, ne résulte que de la réunion provisoire des cinq agrégats périssables, les *skandha* *.

avidyā. L'ignorance, l'aveuglement, le faux savoir qui s'attache aux apparences illusoires et est incapable de discerner la réalité. *Avidyā* est le point de départ de la Production conditionnée (*Pratītya Samutpāda* *), qui enchaîne l'individu au *samsāra* *, le cycle des naissances et des morts.

bhikshu. « Mendiant vivant d'aumônes. » Dans le *Hīnayāna* *, le moine, celui qui, ayant renoncé au monde et reçu l'ordination (*upasampadā*), fait partie du *Sangha* *. Sa tâche est la méditation et la prédication de la Doctrine ; il mène une vie errante de mendiant, toute forme de travail lui étant interdite. *Bhikshuni*, membre féminin du *Sangha* *, ayant reçu l'ordination complète.

Bodhi. L'éveil. La compréhension parfaite résultant de la réalisation par la méditation (*dhyāna* *) des enseignements du Bouddha relatifs à la souffrance (*duhkha* *), à la nature de celle-ci et à sa cessation (*nirodha* *). Dans le *Mahāyāna* *, Bodhi est prise de conscience de l'identité du *nirvāna* * et du *samsāra* *, du sujet et de l'objet, la fin de tout dualisme, qui est *Prajñā* *, Sagesse suprême. *Sambodhi*, l'Éveil ultime et définitif qui conduit au *nirvāna* *.

bodhi-chitta. L'« Esprit d'Éveil » (*Bodhi* *). L'aspiration à l'Éveil en vue du bien de tous les êtres qui détermine l'entrée sur la Voie, consacrée par la triple prise de refuge (*Trisharana* *).

bodhisattva. « Être éveillé. » Parvenu à l'Éveil (*Bodhi* *), le *bodhisattva* pourrait, par la pratique des *Pāramitā* *, accéder à l'état de *Bouddha* * et jouir du *nirvāna* * ; mais il y renonce afin de faire parvenir tous les autres êtres à l'Éveil. Dans le *Hīnayāna* *, le nom de *bodhisattva* ne désignait que le *Bouddha* historique au cours de ses existences antérieures. Mais, du fait que les *Bouddha* ont été d'abord des *bodhisattvas* compatissants, le *Bodhisattva* devint dans le *Mahāyāna* * l'idéal du véritable pratiquant, et les *bodhisattvas* transcendantaux furent considérés comme ses guides et ses protecteurs.

Bouddha. Au sens propre, l'« Éveillé » (de *Bodhi* *), celui qui est parvenu à la compréhension suprême et a obtenu de ce fait la délivrance finale, le *nirvāna* *. Le *Pratyeka-Bouddha*, arrivé à l'Éveil, n'enseigne pas aux autres le moyen d'y parvenir, tandis que le *Samyak-Sambuddha*, seul véritablement omniscient et de ce fait parfaitement compatissant, répand autour de lui, pour le profit de tous les êtres, la Doctrine (*Dharma* *) qui lui a été révélée.

Le *Bouddha* historique Shākyamuni n'est considéré que comme le septième des *Bouddhas* venus en ce monde. Doit lui succéder, en un temps indéterminé, le futur *Bouddha* Maitreya, « celui qui aime », ou le « tout amour », dont la descente du ciel des *Tushita* entraînera une ère de renouvellement du *Dharma* *.

Un futur *Bouddha* doit d'abord traverser d'innombrables existences, jusqu'au jour où, devenu *bodhisattva* *, il fait, devant un *Bouddha*, son maître, le vœu de devenir lui-même un *Bouddha*. Au cours des existences suivantes, il s'exerce à la pratique des *Pāramitā* * et, avant de renaître pour la dernière fois, séjourne dans le ciel des *Tushita*, les « Satisfaits », d'où il descend pour s'incarner sur terre, parvenir à l'Éveil parfait (*sambodhi*, v. *Bodhi* *) et enseigner la Doctrine (*Dharma* *). Sa vie humaine se termine par l'extinction définitive, le *Parinirvāna*.

chitta. La « volition », la « pensée » intentionnelle, l'esprit conceptuel et discriminateur qui engendre l'acte (*karma* *). Concept proche de *manas* * et de *vijñāna* *, mais non du tout identique. Dans le *Yogāchara* *, *chitta* correspond à *ālaya-vijñāna* *.

Dharma. Littéralement, « porter, soutenir ». Concept central du bouddhisme employé dans plusieurs acceptions. Le *Dharma* en soi est, au premier chef, la Réalité absolue et ultime, l'Ordre de l'univers, la Loi qui le régit. Par extension, le mot désigne la Doctrine du Bouddha, qui en constitue l'expression.

Mais les *dharmas* sont aussi les phénomènes en général, les choses « telles qu'elles sont », les facteurs existentiels et leurs reflets dans la conscience, enfin l'ensemble des règles qui déterminent le comportement.

Dharmakāya : v. *Trikāya* *.

dhyāna. Méditation, état de recueillement actif qui résulte de l'apaisement et de la concentration de l'esprit (*samādhi* *) et qui permet de parvenir à la véritable compréhension. On y distingue quatre degrés ou étapes successives, la dernière se caractérisant par l'impassibilité, l'équanimité et la parfaite lucidité. Le *dhyāna* du *Bouddha* * est à l'origine de la fondation d'une école distincte, devenue le *tch'anna* (transcription chinoise du mot *dhyāna*), ou *tch'an*, *zen* en japonais.

Dhyāni Bouddha. Dans le *Mahāyāna* *, on désigne sous ce nom les Bouddhas transcendantaux, accessibles seulement dans la méditation (*dhyāna* *). Les cinq *Dhyāni Bouddha* sont : Amitābha, « Lumière infinie », qui règne sur la *Terre pure* * de l'Ouest (v. *Amidisme* *), Amogasiddhi, « Infaillible Réalisation », le Bouddha de la « Sagesse tout accomplissante », Akshobhya, l'« Inébranlable », Ratnasambhava, « l'Origine des Joyaux », les « Trois Joyaux (*Triratna* *) étant : le *Bouddha* *, le *Dharma* * et le *Sangha* *, enfin Vairochana, le « Resplendissant », dans certaines écoles considéré comme l'*Ādi Bouddha*, le *Bouddha* suprême, personnifiant l'Absolu ; en d'autres écoles, l'*Ādi Bouddha* est Akshobhya.

duhkha. La souffrance, telle qu'elle est décrite dans l'enseignement fondamental du Bouddha * sur les « Quatre Nobles Vérités », c'est-à-dire la souffrance existentielle qui résulte du conditionnement et de l'impermanence de la destinée humaine, mue par *trishnā* *, le désir, la convoitise.

gati. « Conditions d'existence » dont l'ensemble constitue le *samsāra* *. Les trois *gati* supérieurs correspondent aux conditions d'existence des *deva*, les « dieux », autrement dit les êtres célestes qui, en raison de leurs bonnes actions passées, jouissent d'un bonheur paradisiaque mais temporaire, les *asura*, les « Titans » ennemis des *deva* qu'ils jalousent, et les hommes ; les trois *gati* inférieurs correspondent aux conditions d'existence des animaux, des *preta*, « esprits affamés », et des habitants des Enfers (*naraka*).

Hīnayāna. « Petit Véhicule. » Terme dépréciatif créé par les fondateurs du *Mahāyāna* * pour désigner les écoles antérieures, fondées sur l'idéal de l'*arhat* *. Celles-ci se dénomment elles-mêmes *Theravāda* * (doctrine des « Anciens »), bien que le *Theravāda* n'ait été qu'une des branches du bouddhisme primitif, mais c'est la seule qui ait survécu jusqu'à nos jours. Géographiquement, le *Theravāda* correspond au bouddhisme du sud, implanté dans les pays du Sud-Est asiatique : Sri Lanka, Birmanie, Thaïlande, Laos et Cambodge.

karma. Littéralement « l'acte ». L'action volontaire, l'intentionnalité, l'impulsion psychique qui pousse à agir. Le *karma* est comparé à une graine prête à germer, qui se développe en une plante portant un fruit, le résultat ou résidu de l'acte, lequel oblige à renaître, car cette maturation dépasse souvent la durée d'une vie, ou même de plusieurs. Le *karma* est transféré d'une vie à l'autre par les *vāsāna* (« impressions ») qui, s'accumulant dans la conscience *ālaya* *, transmigrent avec elle et constituent l'héritage de nos vies antérieures.

karuna. La « compassion », vertu éminente des *Bouddhas* *, et des *Bodhisattvas* *, personnifiée particulièrement par le Bodhisattva Avalokiteshvara, le « Grand Compatissant ». *Karuna* est le complément naturel et indispensable de *Prajñā* *, la Sagesse suprême.

kāsāya (en japonais, *kesa*). La robe de dessous des moines, composée de bandes de tissu cousues ensemble et évoquant le dessin d'une rizière. Le *kāsāya* commémore et représente la toge revêtue par le Bouddha après son Éveil (*Bodhi* *). Il l'avait lui-même confectionnée avec des morceaux d'étoffe au rebut. En tant que tel, le *kāsāya* est sacré.

lama. En tibétain, « celui qui se tient plus haut ». Titre réservé en principe à un maître spirituel particulièrement vénéré. En pratique, ce nom est donné par politesse aux moines tibétains et les grands maîtres sont salués du nom de *Rimpoché*, « précieux » (maître).

Madhyamaka. « Voie du Milieu. » L'une des deux grandes écoles (v. *Yogāchāra* *) du *Mahāyāna* *, fondée par Nāgarjuna (IIe-IIIe s.) et son disciple Aryadeva (IIIe s.) et qui donna à la Doctrine d'importants développements philosophiques. Le *Madhyamaka* se répandit particulièrement de l'Inde au Tibet et en Chine.

Mahāyāna. « Grand Véhicule. » Une des deux grandes branches du bouddhisme, l'autre étant le *Hīnayāna* *. Le *Mahāyāna*, apparu en tant que distinct au Ier s. av. J.-C., a pour idéal le *Bodhisattva* * et non plus l'*Arhat* * de la tradition primitive et du *Hīnayāna*. Plus ouvert aux laïcs, il ne considère plus l'état monastique comme la condition indispensable à l'Éveil, tout être humain possédant en puissance la « Nature de Bouddha ».
Né en Inde, le *Mahāyāna* se répandit principalement en Chine et au Tibet, puis de Chine en Corée et au Japon, et se subdivisa en multiples écoles.

manas. L'intelligence discursive, le mental, fondement de toutes les activités psychiques. Dans le *Yogāchāra* *, *manas* est considéré comme la septième conscience organisatrice des données des six sens, dont la sixième, la conscience mentale, est désignée sous le nom de *manovijñāna*.

mantra. Syllabe, ou groupe de syllabes, sacrée, chargée d'une énergie spirituelle propre. La récitation de *mantra* joue un grand rôle dans les écoles de la *Terre pure* *, dans le Tendai et le Shingon japonais, et dans le bouddhisme tibétain.

mūdra. « Sceau. » Position symbolique des mains. Ces gestes rituels sont particulièrement importants dans certaines écoles du *Mahāyāna* * et plus encore dans le bouddhisme tibétain.

nirodha. « Abolition », en particulier l'abolition de la souffrance (*duhkha* *), condition et réalisation du *nirvāna* *.

nirvānā. Ne peut être défini que négativement (voir texte p. 106).

Pāramitā. « Qui atteint l'autre rive. » Les six vertus transcendantales ou perfections que réalisent les *bodhisattvas* * : *Dāna Pāramitā*, le don, la générosité sans réserve ; *Shīla Pāramitā*, l'observation des préceptes ; *Kshānti Pāramitā*, la patience, la persévérance ; *Vīrya Pāramitā*, l'énergie ; *Dhyāna* * *Pāramitā*, la méditation ; *Prajñā* * *Pāramitā*, la sagesse suprême.

Prajñā. La « sagesse » intuitive et immédiate, non soumise à l'intellect (*manas* *), telle qu'elle se manifeste spontanément dans la méditation (*dhyāna* *). *Prajñā Pāramitā* *, la Sagesse transcendante, ou « Sapience », la compréhension parfaite, celle de l'Éveil (*Bodhi* *).

Pratītya Samutpāda. La Production conditionnée et interdépendante. C'est l'explication du destin humain, telle qu'elle fut révélée au *Bouddha* * lors de l'Éveil (*Bodhi* *) et ensuite enseignée par lui. Selon cette explication, tous les phénomènes physiques et psychiques qui constituent la vie individuelle se conditionnent et dépendent les uns des autres, formant une chaîne à douze maillons qui ne peut que se dérouler jusqu'à son terme.

samādhi. Littéralement « fixer ». État de concentration volontaire, obtenu par une diminution progressive de l'agitation du mental. L'esprit apaisé peut alors dépasser le dualisme sujet-objet et parvenir à la parfaite lucidité intuitive. Le *samādhi* est le préalable nécessaire à la méditation elle-même (*dhyāna* *).

samsāra. Littéralement « migration ». Le cycle des vies et morts, série de renaissances successives au sein des six différentes conditions de vie (*gati* *), interminable, si l'être ne s'en évade pas par l'Éveil (*Bodhi* *) et la délivrance finale (*nirvāna* *).

samskāra. Littéralement « impression », « répercussion ». Les formations psychiques, les constructions mentales, les intentions qui s'interposent entre la réalité et nous, les mobiles qui nous font agir. Les *samskāra* correspondent approximativement à ce que la psychanalyse appelle des « projections ».

Sangha. La communauté bouddhique formée des moines, des nonnes (*bhikshu* *, *bhikshunī*) et des novices (*shrāmanera*). On y inclut parfois aussi les adeptes laïcs (*upāsaka*).

shīla. Les préceptes qui doivent être respectés afin d'avoir une conduite juste. Pour les adeptes laïcs, ils sont au nombre de cinq : ne pas détruire une vie, quelle qu'elle soit, ne pas voler, ne pas commettre l'adultère, ne pas mentir, s'abstenir de boissons enivrantes. Les moines et les nonnes doivent de plus observer cinq autres *shīla* : ne pas critiquer, ne pas s'admirer soi-même, ne pas refuser son aide à autrui, ne pas se mettre en colère, ne pas avoir d'opinions erronées ou dogmatiques.

Shūnyatā. La « Vacuité ». Dans le *Hīnayāna* *, ce concept s'appliquait à la « personne », vide, impermanente et douloureuse, du fait qu'elle ne naît que de la réunion provisoire des cinq *skandha* *. Dans le *Mahāyāna* *, le concept de Vacuité s'étend à toute chose, à tout être, puisqu'il est la condition même de leur développement. *Shūnyatā* en vint à désigner l'Absolu en tant que seul non-conditionné, permanent, exempt de toute forme, de toute dualité.

skandha. Les cinq « agrégats » dont la coalescence provisoire constitue la personnalité humaine : *rūpa*, la forme matérialisée, la corporéité ; *vedanā*, les sensations, les sentiments ; *samjnā*, les perceptions ; *samskāra* *, les formations psychiques ; *vijñāna* *, la conscience.

stūpa. À l'origine, tertre funéraire au centre duquel une urne contenait des reliques vénérées du *Bouddha* *. Ce furent bientôt des édifices construits dans les lieux de pèlerinage, marquant les différentes étapes de la vie du *Bouddha*, des monuments de pierre de structure complexe et symbolique. À Sri Lanka, on donne au *stūpa* le nom de *dagaba*, devenu en français « pagode » ; au Tibet, le *stūpa* prend le nom de *chörten*.

sūtra. « Fil conducteur. » Sermons du *Bouddha* *, transmis d'abord oralement, puis par écrit. Le premier recueil de *sūtra* est le *Sutta (Sūtra) Pitaka* (v. *Tripitaka* *) du Canon pāli (Ier s. av. J.-C.). Les *sūtra* du *Mahāyāna* *, en sanskrit, sont postérieurs ; certains d'entre eux ne nous sont parvenus que dans leurs versions chinoises ou tibétaines.

Tathāgata. « Celui qui est parvenu » [au terme]. L'être arrivé à l'Éveil suprême (*Sambodhi*, v. *Bodhi* *), autrement appelé *Samyak-Sambuddha* (v. *Bouddha* *). Titre employé par le *Bouddha*, après son Éveil, pour se désigner lui-même, ainsi que les autres *Bouddhas*, ses prédécesseurs.

Tathāgatagharba. « Embryon de Bouddha. » Concept du *Mahāyāna* *, indiquant que tout être décèle au fond de lui-même, potentiellement, et le plus souvent méconnue et cachée, la Nature de Bouddha (*Buddhatā*), ou *Dharmakāya* (« Corps de la Loi »). V. *Trikāya* *.

Tathāta. Traduit généralement par « Ainsité ». Terme propre au *Mahāyāna* *, désignant la nature ultime de toute chose par-delà les apparences, qui est finalement Vacuité (*Shūnyatā* *).

Terre pure. Conception propre au *Mahāyāna* * selon laquelle chacun des *Bouddhas* * règne sur une « *Terre pure* » ou « Paradis » qu'il a créé. La plus importante de ces « Terres pures » est *Sukhāvati*, le « Paradis de l'Ouest » où Amitābha accueille après leur mort ceux qui l'ont invoqué avec confiance. Cette croyance a donné lieu à la création d'écoles distinctes en Chine et au Japon (v. *Amidisme* *). Leur pratique principale consiste dans la récitation du nom d'Amitābha (en japonais, Amida) : *Namu Amida Butsu* (Hommage au Bouddha Amitābha), abrégé en *nembutsu*. Les écoles japonaises des Terres pures, *Jōdo-shū* et *Jōdo-shin-shū*, sont extrêmement populaires et comptent de très nombreux adeptes.

Theravāda. La « Doctrine des Anciens », seule branche subsistante du *Hīnayāna* *. Fondée par Moggaliputta Tissa, frère de l'empereur Ashoka, cette école fut introduite vers 250 av. J.-C. par le fils d'Ashoka, Mahinda, à Sri Lanka. Du *Theravāda*, qui se considère comme la forme originelle du bouddhisme, est issu le Canon des Écritures, en pāli, mis par écrit au Ier s. av. notre ère, le plus ancien et le seul complet des Canons bouddhiques (v. *Tripitaka* *).

Trikāya. Les « Trois Corps ». Selon la doctrine du *Mahāyāna* *, les trois Corps que possède un *Bouddha* * : *Dharmakāya*, le « Corps du *Dharma* », identique à la Réalité absolue ; *Sambhogakāya*, le « Corps de Félicité ou de jouissance », forme sous laquelle il se manifeste dans sa « Terre pure » ; *Nirmānakāya*, le « Corps de transformation » ou d'« incarnation » que prend un *Bouddha* pour apparaître aux hommes et les guider sur la Voie de la Libération.

Tripitaka. Littéralement les « trois corbeilles ». Canon des Écritures bouddhiques en trois parties : *Vinaya* * *Pitaka*, code de la discipline, *Sūtra* * *Pitaka*, contenant le texte des sermons prononcés par le *Bouddha* * et *Abhidharma* *.

Triratna. Les « Trois Joyaux » ou les « Trois Trésors » : le *Bouddha* *, le *Dharma* *, le *Sangha* *.

Trisharana. La « prise de refuge » auprès des « Trois Joyaux » (*Triratna* *) qui constitue l'adhésion formelle et généralement publique au bouddhisme. L'ensemble de ses adhérents constitue le *Sangha* *.

trishnā. Littéralement la « soif ». Le désir, la convoitise, cause de l'attachement au monde et de la souffrance (*duhkha* *), qui rend l'existant prisonnier du *samsāra* *.

tulku. En tibétain, « corps de transformation ». Ce terme, équivalent de *Nirmānakāya* (v. *Trikāya* *), désigne au Tibet la réincarnation volontaire d'un maître décédé, en tant que *bodhisattva* *. Le premier *tulku* reconnu fut, au XIIIe s., le deuxième *karmapa*, chef spirituel de l'école *Karma-kagyu*. Le plus connu des *tulku* contemporains est le quatorzième *Dalaï-Lama*.

vajra. Dans l'hindouisme, la « foudre », l'« éclair », attribut d'Indra, dieu du firmament et de l'atmosphère. Dans le bouddhisme, et particulièrement dans le bouddhisme tibétain, le *vajra* (en tibétain, *dorje*) est le Diamant, incorruptible, indestructible, lumineux et transparent, tel l'éclair. Il symbolise la Vacuité (*Shūnyatā* *) et aussi la Doctrine, la Voie et le Véhicule ultime, le *Vajrayāna*, nom qui désigne le bouddhisme tantrique du Tibet.

vijñāna. « Conscience. » La conscience discriminatrice, l'instance psychique centrale. Le bouddhisme distingue six consciences, correspondant à chacun des six sens, le sixième étant *manas* *, le mental, qui synthétise les données procurées par les cinq consciences sensorielles. Le *Yogāchāra* * dénomme la sixième conscience *mano-vijñāna*, en tant qu'issue du mental (*manas*), lequel constitue une instance séparée, correspondant au fonctionnement intellectuel qui interprète les éléments synthétisés préalablement par *mano-vijñā na*. *Manas* constitue donc pour lui une septième conscience. Enfin, le *Yogāchāra* fait intervenir une huitième conscience, fondement de toutes les autres, *ā laya* *-*vijñāna*. D'autre part, *vijñāna*, considérée en soi et globalement comme une « conscience évolutive », constitue le point de départ, le germe d'une nouvelle existence, déterminée par le *karma* * précédemment accumulé.

Vinaya. La « discipline », l'ensemble des règles qui régissent le comportement et la vie des moines et des nonnes au sein de la communauté (*Sangha* *).

Yogāchāra. L'« exercice du Yogā », *yogā* désignant ici la discipline spirituelle, la pratique de la méditation. L'une des deux grandes écoles du *Mahāyāna* * – l'autre étant le *Madhyamaka* * –, fondée au IVe s. en tant qu'école distincte par Asanga et Vasubandhu. Le *Yogāchāra* est aussi appelé *Vijñānavāda*, « Enseignement sur la conscience », en raison des importants développements psychologiques qu'il a donnés à la Doctrine.

Bibliographie

TEXTES CITÉS

1. Du Hīnayāna

Anguttara Nikāya, trad. F.L. Woodward et E.M. Hare : *The Books of Gradual Sayings*, 5 vol., PTS *, Londres, 1932-1936, rééd. 1960.

Buddhavamsa, trad. I.B. Horner, in *Minor Anthologies*, vol. 3, PTS, Londres, 1975.

Dhammapada, trad. Nārada Thera, Londres, 1959 – trad. franç. R. et M. de Maratray, rééd. 1989.

Dīgha Nikāya, trad. T.W. et C.A.F. Rhys Davids : *Dialogues of the Buddha*, 3 vol., PTS, Londres, 1899-1921, rééd. 1965-1969.

J. Bloch, J. Filliozot, L. Renou, *Canon bouddhique pāli. Suttapitaka Dīghahikāya*, texte et trad. franç. t. I., fasc. I, Paris, 1949.

Khuddaka-pātha, trad. Bhikkhu Nāmaroli : *Minor Readings and Illustrator*, PTS, Londres, 1960.

Mahāvastu, trad. J.J. Jones, 3 vol., PTS, Londres, 1949-1956.

* PTS : *Pāli Text Society*.

Majjhima Nikāya, trad. I.B. Horner : *Middle Length Sayings*, 3 vol., PTS, Londres, 1954-1959 – trad. franç. des dix premiers discours par J. Bertrand Bocande, Paris, 1953, rééd. Paris, 1987.

Milindapañha, trad. I.B. Horner : *Milinda's questions* – trad. franç. *Les Questions de Milinda*, L. Finot, 1923, rééd. 1983.

Samyutta Nikāya, trad. C.A.F. Rhys Davids et F.L. Woodward : *The Book of Kindred Sayings*, 5 vol., PTS, Londres, 1917-1930, rééd. 1950-1956.

Sutta-nipāta, trad. H. Saddhatissa, Curzon Press, Londres, 1985.

Thera-gātha et *Therī-gātha*, trad. K.R. Norman, *Elder's Verses*, 2 vol., PTS, Londres, 1969 et 1971.

Udāna, trad. F.L. Woodward in *Minor Anthologies*, vol. 2, PTS, Londres, 1935.

Vibhanga, trad. U. Thittila : *The Book of Analysis*, PTS, Londres, 1969.

Vinaya Pitaka, trad. I.B. Horner : *The Book of Discipline*, 6 vol., PTS, Londres, 1938-1966.

Visuddhimagga de Buddhaghosa, trad. Bhikkhu Nāmaroli : *The Path of Purification*, 2 vol., Berkeley, 1976.

2. Du Mahāyāna

Astasāhasrikā Prajnāpāramitā Sūtra, trad. E. Conze : *The Perfection of Wisdom in Eight Thousand Lines and its Verse Summary*, Bolinas, 1973.

Bodhicarāvatara de Sāntideva, trad. franç. L. Finot : *La Marche à la lumière*, rééd. 1987 ; autre trad. franç., *Vivre en héros pour l'éveil*, Paris, 1943.

Buddhacarita or Acts of the Buddha d'Ashaghosha, 2e éd., New Delhi, 1972.

Lalitavistara, trad. franç. P.-E. Foucaux, 1884-1892, rééd. 1988.

Lankāvatāra Sūtra, trad. D.T. Suzuki, Londres, 1938, rééd. 1968.

Chr. Lindtner, *Nagarjuniana Studies in the writings and Philosophy of Nāgārjuna*, Delhi, 1982, rééd., 1990.

Mahāprajnāpāramitā Sāstra, attribué à Nāgārjuna, trad. E. Lamotte : *Traité de la Grande Vertu de Sagesse*, 4 vol., Louvain, 1949-1976.

Mahāyānasamgraha, trad. E. Lamotte : *La Somme du Grand Véhicule d'Asanga*, 2 vol., Louvain, 1938-1939, rééd. 1973.

Māhāyana-sraddhotpāda Sāstra, attribué à Ashvaghosha, trad. Yoshito S. Hakeda : *The Awakening of Faith*, New York, 1967.

Mūlamadhyamakākarika de Nāgārjuna, trad. K.K. Inada, Tokyo, 1970.

Nāgārjana, Traité du milieu, trad. franç., Paris, 1995.

Pancavimsati-sāhasrikā Prajnāpāramitā Sūtra, trad. E. Conze : *The Large Sutra of Perfect Wisdom*, 1961-1964, rééd. Berkeley, 1985.

La Perfection de sagesse, trad. depuis la version tibétaine des *Prajnāpāramitā Sūtra*, suivi de l'*Enseignement d'Akshyamati*, Paris, 1996.

Saddharmapundarīka Sūtra, trad. franç. E. Burnouf : *Le Lotus de la Bonne Loi*, Paris, 1852, rééd. Paris, 1974.

Vajracchedikā Prajnāpāramitā, trad. E. Conze : *The Diamond Sutra* (et *The Heart Sutra*), Londres, 1958.

Vijnaptimātrātasiddhi de Hiuan-tsang, trad. franç. La Vallée-Poussin, 3 vol., Paris, 1928.

Vijnaptimātratāsiddhi de Vasubandhu, trad. S. Levi du *Vimsatikā* (la Vingtaine) et du *Trimsika* (la Trentaine), dans *Matériaux pour l'étude du système Vijnaptimātra*, Paris, 1932.

Vimalakīrtinirdesa, trad. E. Lamotte : *L'Enseignement de Vimalakirti*, Louvain, 1962.

ANTHOLOGIES

Buddhist Mahāyāna Texts, trad. E.B. Cowell, M. Müller, J. Takakusu, 1894, rééd. New York, 1969.

Buddhist Texts through the Ages, trad. E. Conze, I.B. Horner, D. Snellgrove et A. Waley, New York, 1964.

The Buddhist Tradition in India, China and Japon, New York, 1972.

Les Écrits primitifs du bouddhisme, trad. de l'angl. en franç., Paris, 1949.
Les Fleurs du Bouddha. Anthologie du bouddhisme, par P. Crépon, Paris, 1990.
Paroles du Bouddha, tirées de la tradition primitive, trad. J. Éracle, Paris, 1991.
Sermons du Bouddha, trad. Mōhan Wijayaratna, Paris, 1988.

PRINCIPAUX OUVRAGES

Sur le Bouddha

A. Bareau, *Bouddha*, Paris, 1962.
E. H. Brewster, *Gotama le Bouddha. Sa Vie d'après les Écritures pālies*, trad. franç., Paris, 1951.
A. Foucher, *La vie du Bouddha d'après les textes et les monuments de l'Inde*, Paris, 1949.
R. Grousset, *Sur les traces du Bouddha*, rééd. Paris, 1966.
Nāmaroli Bhikkhu, *The Life of Buddha : As it Appears in the Pāli Canon*, Kandy, 1972.
Narada Thera, *The Buddha and His Teachings*, rééd. Kandy, 1981.
J. Thomas, *The Life of Buddha as Legend and History*, Delhi, 1993.

Sur le bouddhisme

A. Bareau, *Les Sectes bouddhiques du Petit Véhicule*, Paris, 1955.
A. Bareau, W. Schulbrig et C. von Fürer-Haimendorf, *Les Religions de l'Inde* : III. *Bouddhisme. Jaïnisme. Religions archaïques*, Paris, 1966.
H. Bechert et R. Gombrich, *Le monde du bouddhisme*, trad. franç., Paris, 1984.
J. Blofeld, *Le bouddhisme tantrique du Tibet*, trad. franç., Paris, 1976.
G. Bugault, « La mystique du bouddhisme indien », dans *Encyclopédie des mystiques orientales*, Paris, 1975, p. 111-140.

Chögyam Trunypa, *Pratique de la voie tibétaine*, trad. franç., Paris, 1976.

E. Conze, *Le Bouddhisme dans son essence et son développement*, trad. franç., rééd. Paris, 1971.

E. Conze, *Buddhist Meditation*, Londres, 1959.

S. Dasgupta, *An Introduction to Tantric Buddhism*, Calcutta, 1958.

R. E. Fisher, *L'Art bouddhique*, Londres, Paris, 1994.

P. Harvey, *Le Bouddhisme. Enseignement. Histoire. Pratique*, Paris, 1993.

E. Lamotte, *Histoire du bouddhisme indien, des origines à l'ère Saka*, Louvain, rééd. 1976.

Nyanatiloka, *Buddhist Dictionary : A Manual of Buddhist Terms and Doctrines*, 3e éd., Kandy, 1986.

Présence du bouddhisme, sous la dir. de R. de Berval, nouv. éd., Paris, 1987.

L. Silburn, *Le Bouddhisme, textes traduits et présentés* sous la dir. de L. Silburn, Paris, 1977, rééd. 1997.

D. T. Suzuki, *Outline of Mahāyāna Buddhism*, Londres, 1907, rééd. New York, 1963.

G. Tucci et W. Heissig, *Les religions du Tibet et de la Mongolie*, trad. franç., Paris, 1973.

Walpola Rahula, *L'enseignement du Bouddha d'après les textes les plus anciens*, trad. franç., Paris, 1961, rééd. Paris, 1978.

TABLE

Achevé d'imprimer en septembre 1997
sur presse Cameron
par ***Bussière Camedan Imprimeries***
à Saint-Amand-Montrond (Cher)

Dépôt légal : septembre 1997.
N° d'Édition : 534. N° d'Impression : 4/844.
Imprimé en France